全国教育科学规划课题"社会分层对高校思想政治教育影响的实证研究"(DIA130328)最终成果

社会分层视域下高校思想政治教育实证研究

张志荣 ◎ 著

中国社会科学出版社

图书在版编目(CIP)数据

社会分层视域下高校思想政治教育实证研究 / 张志荣著. —北京：中国社会科学出版社，2019.4（2020.5 重印）

ISBN 978-7-5203-5498-1

Ⅰ.①社⋯ Ⅱ.①张⋯ Ⅲ.①高等学校—思想政治教育—研究—中国 Ⅳ.①G641

中国版本图书馆 CIP 数据核字（2019）第 232241 号

出 版 人	赵剑英
责任编辑	刁佳慧
责任校对	刘　娟
责任印制	郝美娜

出　　版	中国社会科学出版社
社　　址	北京鼓楼西大街甲 158 号
邮　　编	100720
网　　址	http：//www.csspw.cn
发 行 部	010-84083685
门 市 部	010-84029450
经　　销	新华书店及其他书店
印刷装订	北京君升印刷有限公司
版　　次	2019 年 4 月第 1 版
印　　次	2020 年 5 月第 2 次印刷
开　　本	710×1000　1/16
印　　张	15.75
插　　页	2
字　　数	260 千字
定　　价	88.00 元

凡购买中国社会科学出版社图书，如有质量问题请与本社营销中心联系调换
电话：010-84083683
版权所有　侵权必究

前　言

思想政治教育作为一项社会实践活动，是一定阶级的精神生产和主导意识形态建设的重要方式，[①] 其直接目的就在于通过教育活动使受教育者的思想和行为达到教育者所期望的结果。思想政治教育的对象是在现实的社会中具体存在着的人，这些人的思想和观念随着社会的发展变化不断地发展变化。改革开放以来，中国的社会阶层结构由于社会转型、体制转轨不断分化重组，新的社会阶层结构逐渐形成，在反作用于中国经济社会发展的同时，也深刻地影响着人们的思想和行为，给高校思想政治教育提出了新的课题。

本书将高校思想政治教育问题纳入由主体、客体、介体、环体这四种要素组成的一个"四体结构"中，并立足于这四种要素的相互作用，运用实证研究方法分析了社会分层对高校思想政治教育基本要素的现实影响，并由此探讨社会阶层结构复杂化的背景下高校思想政治教育面临着怎样的困境，最后从高校和思想政治教育主体的角度就高校思想政治教育要如何应对挑战、摆脱所面临的困境提出了具体的解决对策。本书是全国教育科学规划课题"社会分层对高校思想政治教育影响的实证研究"的最终研究成果。由于研究工作的需要，抽样调查的时间跨度和空间跨度不断扩大，调查数据的统计分析工作也随之不断重复，2015年年末至今几经修改、最终成稿。由于受到研究条件的限制，书中不可避免地存在一些不足之处：比如对高校思想政治教育一般主体在社会阶层结构中位置的分析还不够具体，只是根据能够得到的数据对高校思想政治理论课教师和辅导员在社会文化分层、经济分层和职业声望分层中的位置作了粗略的判断；关于社会分层对高校思想政治理论课教师职业认同影响的抽样调查样本量

[①] 张耀灿等：《现代思想政治教育学》，人民出版社2006年版，第52页。

也应该再扩大一些。尽管如此，本书在立足于实证研究成果的基础上仍然对社会分层视域下的高校思想政治教育问题研究做了较为全面的探索和尝试。笔者利用相关调查数据的统计分析结果，尽最大的努力把自己关于社会分层视域下高校思想政治教育受到的影响、面临的困境及发展的路径的粗浅想法表述清楚、呈献给读者，如有不妥之处，还请读者指正。

目　录

第一章　绪论 ……………………………………………………… (1)
　第一节　当代中国社会阶层结构 ………………………………… (1)
　第二节　社会分层视域下高校思想政治教育的研究现状 ……… (4)
　　一　文献检索情况概述 ………………………………………… (5)
　　二　文献研究综述 ……………………………………………… (6)
　第三节　社会分层视域下高校思想政治教育的价值依归 ……… (9)
　　一　高校思想政治教育是大学生自身发展与公民队伍
　　　　整合的内在要求 …………………………………………… (10)
　　二　高校思想政治教育是社会政治体系得以持续的重要
　　　　手段 ………………………………………………………… (14)
　　三　高校思想政治教育为社会主义民主政治发展创造条件 … (18)
　第四节　研究思路和研究方法 …………………………………… (19)
　　一　研究思路 …………………………………………………… (20)
　　二　研究方法 …………………………………………………… (21)

第二章　社会分层视域下高校思想政治教育研究的理论依据、
　　　　理论基础和知识借鉴 ……………………………………… (24)
　第一节　社会分层视域下高校思想政治教育研究的理论依据 … (24)
　　一　唯物辩证法 ………………………………………………… (25)
　　二　马克思主义人学理论 ……………………………………… (27)
　　三　马克思主义意识形态理论 ………………………………… (28)
　第二节　社会分层视域下高校思想政治教育研究的理论基础 … (29)
　　一　马克思恩格斯关于思想政治教育的基本思想 …………… (29)
　　二　中国共产党关于思想政治教育的基本思想 ……………… (34)
　第三节　社会分层视域下高校思想政治教育研究对相关学科
　　　　　知识的借鉴 ……………………………………………… (40)

一　高校思想政治教育研究对社会学知识的借鉴 …………（40）
　　二　高校思想政治教育研究对系统科学知识的借鉴 ………（41）
　　三　高校思想政治教育研究对政治学知识的借鉴 …………（42）
第三章　思想政治教育系统的结构 ……………………………………（45）
　第一节　思想政治教育的主体 ………………………………………（46）
　　一　思想政治教育的一般主体及其主体性 …………………（47）
　　二　思想政治教育的特殊主体及其主体性 …………………（48）
　第二节　思想政治教育的客体 ………………………………………（49）
　第三节　思想政治教育的介体 ………………………………………（50）
　第四节　思想政治教育的环体 ………………………………………（51）
　　一　思想政治教育的微观环境 ………………………………（52）
　　二　思想政治教育的宏观环境 ………………………………（53）
　第五节　思想政治教育系统的"四体结构" …………………………（53）
　　一　思想政治教育系统的结构方式 …………………………（54）
　　二　主体与客体的关系 ………………………………………（55）
　　三　介体与环体的关系 ………………………………………（56）
　　四　主客体与环体的关系 ……………………………………（56）
　　五　主客体关系生成与介体 …………………………………（58）
第四章　社会分层对高校思想政治教育基本要素的影响 ……………（59）
　第一节　社会分层对高校思想政治教育一般主体的影响 …………（59）
　　一　高校思想政治教育一般主体在社会阶层结构中的位置 …（59）
　　二　社会分层对高校思想政治教育一般主体职业认同的影响 …（75）
　　三　社会分层影响力呈现差异化的原因分析 ………………（95）
　第二节　社会分层对高校思想政治教育客体的影响 ………………（99）
　　一　社会分层对大学生人生观影响的实证分析 ……………（101）
　　二　社会分层对大学生道德观影响的实证分析 ……………（105）
　　三　社会分层对大学生政治认同影响的实证分析 …………（110）
　第三节　社会分层对高校思想政治教育介体的影响 ………………（116）
　　一　改革开放初期我国高校思想政治教育的主要内容
　　　　（1979—1984 年） …………………………………………（116）
　　二　全面改革时期我国高校思想政治教育的主要内容
　　　　（1985—1991 年） …………………………………………（119）

三　社会主义现代化建设新阶段我国高校思想政治教育的
　　　　主要内容（1992—1999年） ………………………………（121）
　　四　21世纪以来我国高校思想政治教育的主要内容
　　　　（2000—2016年） …………………………………………（123）
　第四节　社会分层对高校思想政治教育环体的影响 ……………（127）
　　一　社会分层对高校思想政治教育经济环境的影响 …………（128）
　　二　社会分层对高校思想政治教育政治环境的影响 …………（134）
　　三　社会分层对高校思想政治教育文化环境的影响 …………（136）

第五章　社会分层视域下高校思想政治教育面临的困境 …………（138）
　第一节　高校思想政治教育一般主体后续发展乏力 ……………（138）
　　一　思想政治理论课专职教师队伍发展活力不足 ……………（139）
　　二　辅导员的职业意志与职业信念相对薄弱 …………………（146）
　第二节　高校思想政治教育客体的多样性难于承载 ……………（148）
　　一　社会阶层分化背景下高校思想政治教育客体的
　　　　多样性 …………………………………………………………（149）
　　二　师资力量不足导致高校思想政治教育无力托起
　　　　人文关怀之重 …………………………………………………（154）
　　三　思想政治教育环节缺失导致主体无法把握客体
　　　　需求的多样性 …………………………………………………（155）
　　四　辅导员缺位是高校思想政治教育无力面对客体
　　　　多样性要求的重要原因 ………………………………………（158）
　第三节　高校思想政治教育介体的有效转化面临巨大压力 ……（159）
　　一　更为艰巨的价值导向任务对高校思想政治教育介体有效
　　　　转化提出了更高要求 …………………………………………（160）
　　二　实践教学难于落实不利于教材体系向教学体系的
　　　　有效转化 ………………………………………………………（161）
　　三　"以学校为主"的教学评价制度阻碍高校思想
　　　　政治教育介体有效转化 ………………………………………（163）
　第四节　高校思想政治教育宏观环境错综复杂 …………………（165）
　　一　辉煌的经济发展成就与社会贫富差距 ……………………（165）
　　二　不断发展的社会主义民主政治与复杂的政治权利主体
　　　　构成 ……………………………………………………………（172）

三　一元价值导向的中国特色社会主义文化与多元价值取向
　　　　的社会亚文化 ··· (181)

第六章　社会分层视域下高校思想政治教育的发展路径 ········· (185)
　第一节　加强高校思想政治教育工作者队伍建设 ················ (185)
　　一　深化高校教师工资制度改革 ································ (186)
　　二　加大对青年思想政治理论课教师的培养力度 ············· (189)
　　三　建立高校专职辅导员职业终身制 ··························· (192)
　　四　充实高校思想政治理论课教师队伍 ························ (196)
　第二节　做实思想政治教育基础性工作 ···························· (197)
　　一　准确定位调查研究在思想政治教育中的地位 ············· (198)
　　二　科学开展调查研究工作 ····································· (199)
　　三　提高高校教师和辅导员的综合素质 ························ (201)
　　四　推进调查研究工作开展的制度化 ··························· (202)
　第三节　做好教材体系向教学体系的转化工作 ···················· (203)
　　一　坚持社会主义核心价值体系的主线方向 ··················· (204)
　　二　推进落实高校思想政治教育的实践教学环节 ············· (206)
　　三　完善高校思想政治理论课教学评价制度 ··················· (208)
　　四　着力建构人文表达模式 ····································· (213)
　第四节　加大对社会环境影响的控制力度 ························· (215)
　　一　消解贫富差距的负面效应 ··································· (215)
　　二　降低政治参与不均衡的消极影响 ··························· (218)
　　三　排除多元文化价值取向的纷扰 ······························ (222)

附录一　社会分层对高校思想政治理论课教师职业认同影响的
　　　　　调查问卷 ·· (228)
附录二　社会分层对大学生人生观、道德观、政治认同影响的
　　　　　调查问卷 ·· (231)
附录三　大学生道德观、人生观、政治认同的构成因子及对
　　　　　应测度项 ·· (236)

参考文献 ··· (238)
后记 ··· (243)

第一章

绪　　论

社会阶层结构是社会结构中最具影响力的层面，广泛地作用于消费结构、城乡结构、就业结构等其他社会结构领域，既深刻影响着高校思想政治教育系统的各个要素，其本身又是思想政治教育系统要素的重要组成部分。就社会分层对思想政治教育的影响力来看，立足于这一视角的思想政治教育研究理应成为当前思想政治教育研究中一个不可忽视的重要领域。然而，在目前关于思想政治教育的研究当中，无论是理论研究还是应用研究，对于社会分层对思想政治教育的影响的重视程度都很不够。将经典的马克思主义阶级分析方法具体地运用到高校思想政治教育问题的研究当中、深入研究社会阶层结构的复杂化对高校思想政治教育的现实影响、探索提升高校思想政治教育实效性的具体对策，是当前社会阶层结构复杂化的大背景下高校思想政治教育发展的客观需要，对于整合公民队伍、巩固和增强社会政治体系的合法性、推动社会主义民主政治发展具有重要意义。

第一节　当代中国社会阶层结构

中国社会科学院课题组在以往以职业分类作为社会分层划分依据的基础上，进一步将人们对组织资源、经济资源和文化资源的占有情况作为划分社会各阶层的依据。[①] 课题组指出，"在当代中国社会，这三种资源的

[①] 《当代中国社会流动》编写组对组织资源、经济资源和文化资源作了如下解释：组织资源即权力资源，主要指依据国家政权组织和执政党组织系统而拥有的支配社会资源（包括人和物）的能力；经济资源主要是指生产资料所有权、使用权和经营权；文化资源是指社会以证书或资格加以认可的知识和技能的拥有，也就是学历文凭。

拥有状况是各社会群体及其成员在阶层结构中的位置以及个人的综合社会经济地位的标志"①。课题组进一步指出,在当代中国社会中决定上述三种社会资源分配的最主要的四种机制是劳动分工、权威等级、生产关系和制度分割,并据此将人们划分为十大社会阶层,具体的划分步骤和划分结果如图1.1、表1.1所示。

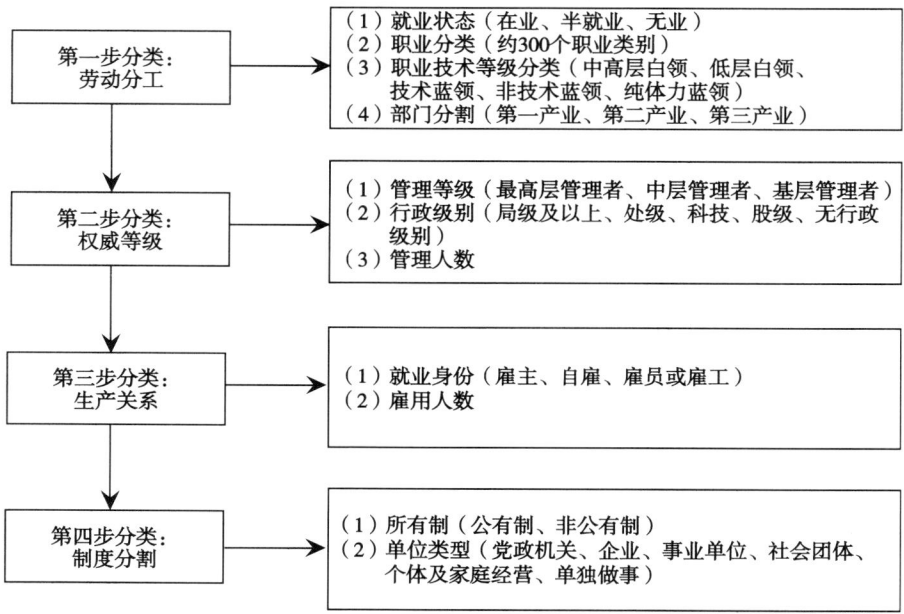

图 1.1　十大阶层的划分步骤和结果②

表 1.1　　　　　　十大阶层在四个分类指标中的位置③

分类指标 阶层	劳动分工	权威等级	生产关系	制度分割	主要资源
国家与社会管理者	中高级专业技术水平	中高层管理	代理(不占有生产资料但可以控制或支配生产资料)	体制内核心部门	组织资源

---

①　陆学艺主编:《当代中国社会流动》,社会科学文献出版社2004年版,第2页。
②　同上书,第7页。
③　同上书,第7—8页。

续表

分类指标＼阶层	劳动分工	权威等级	生产关系	制度分割	主要资源
经理人员	中高级专业技术水平	中高层管理	受雇（不占有生产资料但可以控制和支配生产资料）	体制内、体制内边缘部门或体制外	文化资源或组织资源
私营企业主	不确定	高层管理	雇用他人（占有生产资料）	体制外	经济资源
专业技术人员	中高级专业技术水平	自主从业或被管理（有一定自主性）	受雇或自雇（不占有生产资料）	体制内或体制外	文化资源
办事人员	中低级专业技术水平	被管理或中低层管理	受雇（不占有生产资料）	体制内或体制外	一定量文化资源和少量组织资源
个体工商户	高低不等	管理或自主从业	自雇或受雇（占有生产资料）	体制外	一定量的经济资源
商业服务业员工	技术型、半技术型或非技术型体力劳动	被管理或低层管理	自雇或受雇（不占有生产资料）	体制内或体制外	少量文化资源或组织资源
产业工人	技术型、半技术型或非技术型体力劳动	被管理或低层管理	自雇或受雇（不占有生产资料）	体制内或体制外	少量文化资源或组织资源
农业劳动者	技术型、半技术型或非技术型体力劳动	自主从业	自雇或受雇（占有少量或不占有生产资料）	介于体制内与体制外之间	少量经济资源或文化资源
城乡无业、失业、半失业者	—	—	—	—	基本没有三种资源

需要特别指出的是，在这十大社会阶层中，各阶层内部成员之间在某一指标或更多指标上存在着或大或小的差异，导致了阶层内部的群体性差异，甚至有时阶层内部的群体性差异是较为突出的。根据《当代中国社会流动》课题组所提供的十大社会阶层比例分布，在16—70岁的人口中，国家与社会管理者阶层占2.1%，其中高层行政管理者占9.4%，中高层事业单位管理者占15.7%，中层行政管理者占17.0%，低层行政管理者占57.9%；经理人员占1.6%，其中高层经理人员占12.6%，中层经理人

员占41.4%，低层经理人员占46%；私营企业主占1.0%，但大企业主只有0.5%，小企业主却占到了71.9%；专业技术人员占4.6%，其中有69.3%是科教文卫专业人员，商贸服务业专业人员仅占8.3%，工程技术专业人员有22.4%；商业服务业员工占16—70岁的人口的11.2%，其中4.4%是服务业基层监管人员，78.6%是商业服务业蓝领员工，其余为商业服务业准白领员工；农业劳动者占到了42.9%，其中专业农户仅占农户总数的12.6%，普通农户占到了62.4%，另外还有25%的兼业农户。在产业工人、个体工商户、办事员、城乡无业、失业、半失业者等阶层内部也存在着由于资源占有不同而导致的阶层内部分化。

从宏观上讲，这样的社会阶层结构正是当代大学生所生长的社会环境，中国社会的阶层结构大体反映了当代大学生原生家庭阶层归属的复杂状况。作为高校思想政治教育客体的大学生，正是这样一个原生家庭阶层归属多样化、在校的生活环境与学习环境又具有高度同一性的群体。

第二节 社会分层视域下高校思想政治教育的研究现状

自思想政治教育学科成立以来，高校思想政治教育一直是一个备受关注的研究领域，关于高校思想政治教育（或大学生思想政治教育）的相关研究成果众多，为具体的高校思想政治教育实践提供了理论上的指导，极大地促进了高校思想政治教育水平的整体提升和思想政治教育学科自身的发展。伴随着中国的经济社会发展，思想政治教育的相关研究视角也日益多维。如前所述，改革开放以来，中国的社会阶层结构发生了深刻的变迁，这一现象引起了学术界特别是社会学界越来越多的关注和重视。以陆学艺老师为组长的中国社会科学院"当代中国社会阶层结构"课题组陆续推出了当代中国社会阶层研究的系列报告，在学术界引发了强烈反响，也带动了思想政治教育研究视角的拓宽和转变。作为思想政治教育研究的一个重要领域，高校思想政治教育也开始日益关注当代中国社会阶层结构的深刻变迁给自身工作带来的巨大挑战以及未来可能产生的影响，以便在社会变迁的历史洪流中能够与时俱进，继续保持较好的实效性，为当代中国的经济社会发展、更为当代大学生自身的成长提供更好的服务。

一 文献检索情况概述

思想政治教育学作为一门独立的学科自 20 世纪 80 年代开始迅速发展起来，学术界关于思想政治教育的研究取得了丰硕的成果，这其中不乏对大学生思想政治教育的关注和研究。从中国知网（CNKI）学术期刊网络出版总库的检索情况来看，自思想政治教育学科成立以来，关于大学生思想政治教育的研究成果堪称浩如烟海，相对来说，从阶层的视角对于高校思想政治教育（大学生思想政治教育）相关问题的研究成果则非常有限。总体上看，学术界从阶层的视角来研究思想政治教育问题始于 20 世纪 80 年代中期以后，而从阶层视角来研究高校思想政治教育问题则始于 20 世纪 90 年代初，但从阶层视角对思想政治教育问题特别是高校思想政治教育问题予以较多的关注和研究则是 2009 年以后的事。

从 CNKI 相关文献检索的总体情况来看，截至 2016 年，主题中含有"阶层"并含"思想政治教育"的各类期刊论文共 123 篇（1986 年以前没有相关期刊论文），其中有 84 篇发表在 2008 年以后；以主题中含有"阶层"并含"大学生思想政治教育"作为检索条件，共检索到期刊论文 30 篇（时间段为 2006—2016 年，2006 年以前没有符合条件的期刊论文）；以主题中含有"阶层"并含"高校思想政治教育"作为检索条件，共检索到期刊论文 15 篇（时间段为 2007—2016 年，2007 年以前没有符合条件的期刊论文）。

以篇名中含有"阶层"并含"思想政治教育"作为检索条件，在 CNKI 学术期刊网络出版总库中进行检索，共检索到期刊论文 25 篇（时间段为 1996—2016 年，1996 年以前没有符合条件的期刊论文，2000 年以前仅有 2 篇符合检索条件的期刊论文且发表于 1996 年）；以篇名中含有"社会分层"并含"思想政治教育"作为检索条件，在 CNKI 学术期刊网络出版总库中进行检索，仅检索到 23 篇期刊论文（时间段为 2004—2016 年，2004 年以前没有符合条件的期刊论文）；以篇名中含有"阶层"并含"高校思想政治教育"作为检索条件，在 CNKI 学术期刊网络出版总库中进行检索，仅检索到 4 篇期刊论文（时间段为 2010—2016 年，2010 年以前没有符合条件的期刊论文，将检索条件中的"阶层"替换为"社会分层"，其他检索条件不变，仅检索到 1 篇期刊论文，发表于 2013 年）；以篇名中含有"阶层"并含"大学生思想政治教育"作为检索条件进行检索，共检索到7篇期刊论文（时间段为2009—2016年，2009年以前没有符合条件的期刊论文）。

总体上看，尽管思想政治教育学作为一门独立的学科开始于20世纪80年代，并且从学科独立之初高校思想政治教育（或大学生思想政治教育）就被纳入思想政治教育研究的视野，多年来一直是思想政治教育的重要研究领域，但真正开始从社会阶层结构的视角来研究思想政治教育则是1996年以后的事了，2006年开始这一视域下的思想政治教育相关研究成果逐渐增多。追其原因，从学科的角度看是其他学科特别是社会学的发展推动了思想政治教育研究视角的拓宽和研究领域的拓展，但其根本原因则是改革开放以来中国社会阶层结构的巨大变迁。这种变迁对于人们的思想意识、行为方式的影响是如此深刻，而人们的思想和行为又直接作用于和决定着中国社会的发展，因此也就引起了包括思想政治教育在内的不同学科从自身的角度来研究社会阶层结构变迁所带来的影响。

二 文献研究综述

对相关文献的分析显示，学术界从阶层的视角对高校思想政治教育（大学生思想政治教育）问题的研究主要集中在以下几个方面。

一是立足于当前中国社会阶层结构的宏观分析来研究高校思想政治教育的社会环境和家庭环境的变化，进而研究高校思想政治教育的发展契机和面临的挑战，在此基础之上提出高校思想政治教育为应对阶层结构的复杂化应采取的具体对策，以确保思想政治教育的实效性。

一些学者从正反两个方面分析了社会阶层结构变化对高校思想政治教育的现实影响。

从积极方面看，学者们指出，社会阶层的流动机制变化优化了高校思想政治教育的外部环境。当前，中国的社会分层制度体系已经由改革开放前的"身份制"转变为"契约制"。这种制度安排极大地激发了社会成员的活力和积极性，使得人们可以通过自身的努力突破先天的身份限制，超越父辈的级别。这样一种社会环境有利于大学生增强开放意识、效率意识、竞争意识、创新意识，有利于大学生建立一种信念，即每个人通过自己的知识学习、技能培训、工作努力和机会选择，都有可能改变自己的生命轨迹，实现自己的理想和抱负。① 而伴随着中国经济社会发展不断增强的个体主体性则促使大学生进一步意识到处理好个人发展与社会发展之间的关系的重要性，并积极、主动地处理好二者之间的关系，这对于高校思想政治教育的目标实现具有极大的促进作用。

同时，现代社会的发展使得人们通过接受教育来改变自身的社会地位、把握自己的前途命运的可能性越来越大，在社会阶层流动中教育因素的影响力日益增强。个人后天的教育程度和人们的社会地位、职业声望、工资收入水平的关系越来越紧密，这说明教育极大地影响甚至决定着个人的发展，而"百年大计，教育为本"的人才强国战略则强调了教育对于国家社会发展、对于一个民族的前途命运的重要性。思想政治教育是教育的重要组成部分，其本质和目的一方面决定了其本身对于国家发展、对于民族未来仍然具有不可替代的重要性，另一方面也决定了教育客体（也称教育对象，对于高校思想政治教育来说教育客体指大学生）对于思想政治教育具有实际需求。由于大学生所肩负的历史使命（坚持和发展中国特色社会主义、实现中华民族伟大复兴的中国梦），高校思想政治教育就显得尤为重要。社会发展给高校思想政治教育提出的新课题、新挑战实际上也是高校思想政治教育所肩负的新任务、新使命，党和政府的重视和推动使思想政治教育的发展特别是高校思想政治教育的发展迎来新的契机，大学生自身发展的实际需要则为高校思想政治教育发展注入了源源不断的活力。

从消极方面看，一些学者认为社会阶层结构的深刻变动强化了市场经济的负面效应。由于家庭环境对于大学生世界观、人生观、价值观的先置性影响，社会贫富差距持续拉大的客观事实以及腐败、行业不正之风等使得大学生对于"共同富裕"的目标与贫富差距的事实、义与利、公平与效率之间的关系缺乏正确的认识和深刻的理解，对于马克思主义信仰、社会主义核心价值观产生质疑或态度淡漠，理想信念和人生观价值观出现偏差。学者们普遍认为，当前社会阶层结构的多元化也导致了价值认同的多元化，客观上冲击、削弱或淡化了包括主导政治文化在内的社会主导文化（社会主导文化同社会文化一样，是一个多种社会文化的复合体，主要包

---

① 王志健：《社会分层：大学生思想政治教育面临的机遇与挑战》，《黑龙江高教研究》2007年第1期。

括主导政治文化、道德文化、法制文化等）的导向作用，影响了社会主导文化的传承与内化，因而直接阻碍了高校思想政治教育的目标实现。另外，还有学者指出，当前的社会流动机制在为大学生的发展创造良好的外部条件的同时也强化了竞争机制，加重了大学生（特别是贫困大学生）的心理负担，容易引发心理问题。同时，由于家庭条件的差异以及与之密切相关的进入高校之前接受的教育水平的差异，家庭阶层归属不同的大学生的综合素质也存在较大的差距，综合素质较强的大学生往往更加从容自信，一些综合素质较差的大学生则可能感到自卑和无所适从。

二是从微观的角度来研究当前中国的社会阶层结构对高校思想政治教育的现实影响。一些学者特别关注了新社会阶层对于大学生思想政治教育的影响。认为新社会阶层在中国经济和社会生活领域具有较强的影响力，因此也深刻地影响着大学生的人生观、价值观的形成和发展，高校思想政治教育必须对此予以重视，强化引导。比如，首都大学生思想政治教育研究重点课题"新社会阶层思想行为对大学生影响的实证研究"课题组对北京9所高校进行了调查研究，以了解和把握新社会阶层对大学生人生观形成和发展会产生怎样的影响。该课题组对回收的1309份有效问卷的分析显示，20%以上的大学生认为新社会阶层的自我实现会影响个人的生活目的；将近50%的大学生认为新社会阶层的代表性人物积极做公益的行为影响自己参与公益事业，其"服务社会"的行为对自己的人生价值观具有重要影响。

另有学者研究了社会阶层分化背景下高校的贫困生群体、"权二代"群体以及"富二代"群体的思想政治教育问题。从对相关文献的分析来看，当前这方面的研究主要是通过对大学生中的贫困生群体与"权二代""富二代"群体的比较研究来分析这三个群体各自的特点，并针对这些特点提出具体的解决对策，以确保高校思想政治教育的目标实现。还有一些学者研究了社会分层对大学生政治认同的影响，鉴于高校思想政治教育与大学生政治社会化的密切关系，这部分的研究虽然不多，但对于阶层分化背景下的高校思想政治教育研究来说却具有极大的启示意义和参考价值。

特别值得一提的是，在现有的相关研究成果中，由海南大学马克思主义学院李辽宁教授所著的《社会阶层结构变迁与思想政治教育互动研究（1978—2012）》是本研究领域的一部较为系统、全面、深入的专著。该专著从历史的视角考察了改革开放以来中国社会阶层结构变迁与思想政治教育的互动状况，在系统阐述社会阶层结构变迁与思想政治教育之间的互动机理的基础上，分四个阶段详细介绍了1978—2012年中国社会阶层结构与思想政治教育的互动状况，从中总结出保障思想政治教育实效性的经验，其研究方法及研究内容对于阶层分化视野下高校思想政治教育研究来说具有重要的启示意义和实际的参考价值。

总体看来，从阶层的视角来研究高校思想政治教育还是一个相对较新的研究领域，现有的研究成果在整个思想政治教育研究领域中所占的比例极小。根据对CNKI学术期刊网络出版总库的检索，1986—2016年，篇名中含有"思想政治教育"的各类期刊论文共有60255篇，其中只有0.04%是基于社会分层的视角来研究思想政治教育相关问题的，而从社会分层的视角来研究高校思想政治教育问题的就更少，这方面的研究还有待进一步深化。

第三节 社会分层视域下高校思想政治教育的价值依归

作为中国社会中具有较高科学文化素质的青年群体，大学生在中国社会发展中肩负着特殊的历史使命。这一群体步入社会之后，其思想意识和行为活动对于其他的同龄群体具有极大的辐射作用。大学生的道德社会化水平、政治社会化水平既关系到这一群体的自身发展和自我实现，同时也直接影响着社会整体的道德社会化和政治社会化水平，甚至关系着中国社会的公民队伍整合与政治素质提升以及社会政治体系的合法性维护与中国社会主义民主政治的发展。因此，在社会阶层结构复杂化的今天，改进和加强高校思想政治教育，充分发挥思想政治教育在大学生政治社会化、道德社会化中的重要作用，不仅对于增强大学生的公民权利和公民义务的意识，对于提升这一群体的思想道德素质、政治素质、法律素质等具有重要作用，而且对于增强中国社会政治体系的政治合法性、促进社会主义民主政治的发展具有重大的现实意义。从对相关文献的整理和分析的结果来看，当前高校思想政治教育研究领域理论研究有余、实证研究不足，立足于社会阶层结构复杂化的社会现实来做一些具体的实证研究工作既可以为理论研究提供支撑，又可能从中发现新的问题和规律，进而深化、拓展理论研究工作的内容和视角，同时也为高校思想政治教育工作提供参考和指导。

一 高校思想政治教育是大学生自身发展与公民队伍整合的内在要求

大学生是即将步入社会的学生群体，道德社会化、政治社会化既是大学生积极、有效地介入社会生活的基础性前提，又是社会道德生活、政治生活的重要环节。因此，从个体的角度看，道德社会化、政治社会化是大学生自身发展的内在要求；从社会的角度看，道德社会化、政治社会化又是社会政治体系凝聚社会力量的重要手段，是社会道德建设和政治文明建设的基本途径。思想政治教育的本质、高校思想政治教育的内容和目标决定了其在大学生政治社会化、道德社会化、法制观念的培育与强化中的使命与任务；也决定了在社会阶层结构复杂化的背景下，高校思想政治教育必然要肩负着消解、弱化阶层分化对大学生群体的负面效应的重任，在促进大学生个人发展的同时弥合阶层冲突、整合公民队伍，这是社会发展特别是社会阶层结构的复杂化给高校思想政治教育提出的新课题。

第一，高校思想政治教育是大学生自身发展的内在要求。马克思强调："政治解放当然是一大进步；尽管它不是普遍的人的解放的最后形式。"[①] 相应地，政治发展尽管不是人的发展的全部内容，但它却是人的发展的一个重要方面，对于大学生群体来说也是如此。良好的社会道德风尚的形成和社会主义法治国家的建设与发展则是以个体社会成员的道德水平的普遍提升和高度自觉的法制观念的树立为前提的。如果某一或某些要求的实现能够帮助或促进其他要求的实现，那么前者是后者的手段性要求，即前者是后者实现的工具或手段；后者相对于前者来说是目的性要求，即后者是前者的目标或目的。大学生群体通过政治社会化、道德社会化以及法制观念的养成建构起符合社会发展需要的政治人格和道德人格，并使自身具备较高的法律素质和能够积极有效地参与社会生活、维护自身权益、获得更好的发展的能力，同时也满足了自身的精神需求。道德社会化、政治社会化以及法制观念的树立不仅是大学生自身发展的手段性要求，同时也是这一群体发展的目的性要求。高校思想政治教育作为大学生政治社会化的主渠道，在大学生思想道德素质和政治素质的最终形成、发

---

① 《马克思恩格斯文集》第 1 卷，人民出版社 2009 年版，第 32 页。

展以及法制观念的养成中肩负着重要使命和任务，对于大学生来说，无论是从发展的手段性要求的角度看，还是从其发展的目的性要求的角度看，高校思想政治教育都是帮助其达到这些要求的重要手段和基本途径。

马克思、恩格斯在《德意志意识形态》中强调："以一定的方式进行生产活动的一定的个人，发生一定的社会关系和政治关系……社会结构和国家总是从一定的个人的生活过程中产生的。"[①] 包括国家、政府、政治社团、社会组织、大众传媒等在内的各种社会力量均是现实的、能动的个人活动的结果，是人的本质外化和异化的结果。人与社会的关系是个体与整体、创造与被创造的关系，作为整体而言的社会及各种社会现象、社会关系和组织机构被人创造出来，又影响、制约和决定着现实的个人。社会本身由现实的人构成和创造，但社会在本质上又不是人。因此，思想政治教育的对象是人，其终极关怀的目标指向也只能是现实的个人，而不是社会。人的发展是社会发展的手段也是社会发展的最终归宿。高校思想政治教育的对象是大学生，为社会发展服务不是高校思想政治教育的终极目标，其终极目标是并且也只能是促进大学生的发展。对于主导和推动高校思想政治教育的特殊主体——中国共产党及政府来说，高校思想政治教育首先是促进大学生发展的手段，其为社会发展输送人才的职能和任务是以促进大学生的发展并最终为大学生的发展、为整个中华民族的发展服务为逻辑起点和终极目标的。对于大学生来说，高校思想政治教育不仅仅是使其具备维护自身权益、获得适应社会生活的能力的基本途径，是帮助其更好地实现个人物质利益的辅助手段，同时也是大学生满足自身的精神需求、发展自身的文化之性的重要手段。

第二，高校思想政治教育是公民队伍整合的客观要求。党的十八大报告指出，建设中国特色社会主义的总任务是实现社会化主义现代化和中华民族的伟大复兴。这个总任务是以广大人民群众的根本利益的实现为出发点和最终归宿而定的发展目标，它的实现要在以往所取得的成绩的基础上，继续依靠中国共产党领导下的全国人民的团结奋斗。中国是一个多民族的国家，广大人民群众有着不同的民族归属；中国也是一个社会结构复杂的国家，广大人民群众同时又归属于不同的社会阶层、归属于不同的社会群体。中国共产党的影响力、号召力、凝聚力直接决定了党的领导力度

---

① 《马克思恩格斯文集》第1卷，人民出版社2009年版，第523—524页。

和成效，而广大人民群众对中国共产党、对当前中国社会政治体系的认同程度是决定中国共产党影响力、号召力和凝聚力大小的决定性因素。人民群众的政治情感、态度、政治信仰的形成是在其与社会互动的过程中逐渐形成的，是政治社会化的结果。只有通过有效地推进政治社会化将中国共产党领导下的这支群众队伍塑造成政治素质合格的建设大军，才能促进群众队伍的内部整合并将其紧紧团结在党的周围。

由于大学生群体步入社会之后对其他社会群体特别是同龄群体的潜在辐射作用，高校思想政治教育的成效如何不仅关系着大学生群体自身的整合，更关系着整个中国社会的公民队伍整合。如前所述，大学生原生家庭阶层归属的复杂性源于当前中国社会阶层结构的复杂性。从大学生原生家庭阶层归属多样性的客观事实出发，充分发挥高校思想政治教育在大学生政治人格建构过程中的积极作用，提高大学生的政治社会化水平，促进这一群体政治素质的整体提升也就必然成为当前中国公民队伍整合的客观要求。客观上，进一步提升大学生群体的整体素质特别是思想道德素质和政治素质，引导他们正确看待自身发展及其家庭的阶层归属与其他社会阶层的相互关系、通过阶层意识的整合来促进家庭阶层归属不同的大学生之间的关系整合、使其能够在整个社会关系整合中发挥积极的辐射作用进而提升公民内部的凝聚力是社会阶层结构复杂化背景下高校思想政治教育不可推卸的重要责任。

从思想政治教育的主体方面来看，对大学生阶层意识的整合主要通过两个渠道实现。一是通过物质和制度的渠道。中国共产党和政府是高校思想政治教育的特殊主体，作为社会政治体系的核心，执政党和政府能够通过社会政治体系的政治输出调配社会资源、进行社会制度安排。基于社会存在决定社会意识的基本原理，阶层意识的整合还要以不同群体、不同阶层在社会经济结构当中的地位的调整和社会结构本身的优化为根本。社会政治体系的政治输出直接影响社会的资源分配和制度安排，决定着社会成员的意识包括阶层意识的生成，也影响着包括高校思想政治教育在内的各领域思想政治教育的效能。从个体的角度看，大学生成长的家庭所处的社会经济关系是其政治社会化的基点，也是高校思想政治教育的环境。因此，社会政治体系要通过政策上的输出来调整社会不同群体或阶层在由劳动分工、制度分割、权威等级、生产关系这四种分化机制形成的主要社会关系中的地位，不断优化当前社会结构，从而有效促进社会各阶层的政治社会化，使他们能够在社会政治领域达成广泛的共识，以政治意识的整合拉动阶层意识的全面整合。毋庸置疑，这样的阶层意识的代际传递会为高校思想政治教育奠定较高的起点。同时，家庭生存状况的改善将使大学生特别是那些出身于社会基础阶层的大学生感受到阶层流动的希望，进而激发其在高校思想政治教育中的能动性，进一步促进其政治认同。

二是通过意识层面的教育和引导的渠道。思想政治理论课教师和辅导员作为高校思想政治教育的一般主体，从主观意识层面对大学生的政治认知、政治情感和政治态度的形成和发展即对大学生政治人格的形成所施加的影响相对于家庭成员之间和社会成员之间的影响来说，往往更直接、更明确、更系统。传承、发展和创新政治文化是思想政治教育研究人员和一般思想政治教育工作者的基本使命，而传播主导政治文化、推动"主导"政治文化成为"主流"政治文化自然成为高校思想政治教育最为核心的内容，也是执政党和政府借助于思想政治教育整合社会各阶层的阶层意识的目的在高等教育中最为直接、最为集中的体现。

高校思想政治教育在主观意识层面对大学生群体的阶层意识整合的作用主要体现在两个方面。一是传播社会主导政治文化。政治认知、政治情感、政治意志、政治信念、政治行为是大学生政治社会化的基本环节。在这五个基本环节中，政治认知是居于首要地位的环节，而政治认知结构的建立正是通过外界的灌输、传递以及个体能动地学习既有的政治文化来实现的。灌输、传递以及个体能动地学习使得主导政治文化在代际之间传递、在同一时代的不同个体或群体之间传播，这就是主导政治文化的传承。

二是引导、控制、整合政治亚文化，使之与社会的主导政治文化趋同。从国家的角度来看，这是高校思想政治教育的核心内容，也是高校思想政治教育的一项重要的社会职能。大学生原生家庭阶层归属的复杂性是各类亚文化在这个群体当中共生的内在根源。自从人类社会进入阶级社会以来，文化就具有了阶级性，政治文化是社会文化的重要组成部分，是阶级性特征最鲜明的文化。随着社会的不断发展，社会结构日益复杂，包括政治文化在内的社会文化的阶层化特征日益显著。由于社会环境系统中诸如利益、社会经济发展水平、政治权力、政治权利、社会文化、政治事件、政治社会化媒介及其作用方式等因素在不同的社会群体中的影响力不同，在与社会系统相互作用的过程中不同的阶层基于其自身的利益诉求会选择、接受不同的政治文化，甚至创造出新的政治文化，进而形成具有阶层特色的政治文化。然而，这种基于社会结构分化而形成的政治亚文化并不是必然要与社会的主导政治文化保持趋同的，相反，二者之间还可能存在着一定程度的矛盾和冲突，而成为影响社会稳定的潜在因素。因此，通过化解、缓和或弱化政治亚文化与主导政治文化的矛盾和冲突来实现对政治亚文化的引导、控制和整合，从而实现社会的主导政治文化由"主导"向"主流"的转变也就成为高校思想政治教育引导大学生政治社会化的一项重要任务。

二　高校思想政治教育是社会政治体系得以持续的重要手段

从政治学的角度看，政治社会化对于社会政治体系的维持或改变具有重要影响，这种影响直接地表现为对于社会政治秩序的维持或改变。其作用的机理在于社会成员通过政治社会化而形成的对于政府统治和管理的合法性的认同的强弱，以及与此相对应的政府及领导者的权威状况。正如卢梭在《社会契约论》中所论述的，即使是最强者也决不会强得足以永远做主人，除非他把自己的强力转化为权利，把服从转化为义务。强力并不构成权利，而人们只是对合法的权力才有服从的义务。[①] 在社会政治生活中，政治权力使政治秩序成为可能，政治合法性及权威则是社会政治秩序得以持久的基础，因为合法性及权威的存在使得政治权力具有了法定的要求人们服从的权力。

政治合法性的核心问题是政治权力在对社会进行政治统治或政治管理时是否能够得到或能够在多大程度上得到社会成员的理性认可的问题，它是权力主体和权力客体交互作用的结果。一方面，政治权力主体为获得和不断增强政治统治和管理的合法性而通过各种手段来对社会成员的政治社会化进行引导和控制，思想政治教育因此而成为重要的手段。另一方面，社会成员在政治社会化中形成的政治情感、政治态度、政治信仰等对于执政党和政府的政治合法性又具有直接影响。

政治权威的树立有赖于人们对于政府和领导者的"合法性"的认同和政治信任（政治信任既是政治社会化的逻辑起点，也是政治社会化的结果和政府推动政治社会化的目标，同时还是政府和领导者合法性得以存在的心理前提）的确立。合法性越强，政府和领导者就越有权威，人们

---

① [法]卢梭：《社会契约论》，何兆武译，商务印书馆2003年版，第8页。

就会感到必须而且愿意遵守法律和社会规范，社会秩序因此能够得以维持，政治体系因此能够得以持续。合法性弱，人们的政治信任弱化甚至缺位，政府和领导者的权威就弱，人们就会倾向于漠视现行的政策、规范和法令，社会秩序就会难以维持，政治体系因而变得岌岌可危、甚至发生变革。但无论是合法性还是权威都不是天然形成的，从政府和领导者的角度看是必须去赢得的，于是引导、教育社会成员，控制社会成员政治社会化的方向就成为必要，而训练人们有意识地接受政府及领导者，使政治权力具备得以持久存在的社会心理基础——"合法性"及权威就成为政府及领导者推动公民政治社会化的直接目标。

  社会成员的政治社会化同时也是社会主体与环体相互作用的过程，其结果可能是政府和领导人所期望的，也可能与政府和领导人的期望不一致。当政治社会化使社会成员对现政府的合法性和权威具有强烈的认同、产生足够的政治信任时，它就会成为社会政治秩序的稳定器，社会政治体系就会因具有坚实的合法性基础而稳定地持续和运行。当政治社会化使社会成员和政府及领导者之间产生巨大的排斥力时，就会使社会秩序难以维持，社会成员甚至会要求改变乃至推翻现有政治体系而代之以新的政治体系，这是社会政治体系政治合法性丧失的最为突出的表现。而当政治社会化弱化社会成员对于政府和领导者合法性及权威的认同或不能强化这种认同时，它是在客观上削弱现有政治体系的政治功能，意味着政治体系合法性基础中不稳定因素的出现。

  随着中国高等教育的发展，普通高等学校及各类成人教育学校的招生规模逐年扩大（见表 1.2[①]、表 1.3[②]），民办大学也日益兴起，大学生群体的规模逐年扩大，已经成为当前中国社会的一个重要组成部分，大学生群体政治社会化的整体水平对于社会政治体系政治合法性的巩固和加强具有重要影响。根据国家统计局网站的统计数据，仅 2014 年一年，中国的研究生招生、普通本专科招生及成人本专科的招生总数就达到 1049.135 万人（根据表 1.2 数据计算），同年普通高等学校在校学生数达到 2547.6999 万人（见表 1.3），而 2010—2014 年五年来中国普通高等学校

[①] 数据来源于国家统计局网站发布的"各级各类学历教育招生数"的年度数据（2011—2014），国家统计局网站，http：//data.stats.gov.cn/easyquery.htm？cn=C01。

[②] 数据来源于国家统计局网站发布的"各级各类学历教育在校学生数"的年度数据（2008—2014），国家统计局网站，http：//data.stats.gov.cn/easyquery.htm？cn=C01。

毕业生总数为3106.4万人。① 鉴于这一群体的规模及其在国家社会发展中的使命、地位、对社会同龄群体的重要影响，加强高校思想政治教育、促进大学生的政治认同对于维系社会政治体系具有重要的保障和促进作用。当前，我国大学生成长的家庭阶层归属复杂，他们的人生经历、生活状况（特别是经济生活状况）、父母的职业及文化教育水平等多种因素所共同决定的阶层意识上的差异可能会导致他们对相同的社会政治问题或现象具有不同的态度、看法和评价。因此，高校思想政治教育对于大学生政治社会化的积极干预就更为重要。

表1.2　2011—2014年中国普通高等学校和成人教育学校的招生规模

（单位：万人）

指标＼年份	2014	2013	2012	2011
研究生招生数	62.1323	61.1381	58.9673	56.0168
博士生招生数	7.2634	7.0462	6.8370	6.5559
硕士生招生数	54.8689	54.0919	52.1303	49.4609
普通本科、专科生招生数	721.3987	699.8330	688.8336	681.5009
普通本科招生数	383.4152	381.4331	374.0574	356.6411
普通专科招生数	337.9835	318.3999	314.7762	324.8598
成人本科、专科生招生数	265.6040	256.4934	243.9551	218.5141
成人本科招生数	110.2409	103.8158	98.4817	89.7241
成人专科招生数	155.3631	152.6776	145.4734	128.7900

表1.3　　　　2008—2014年普通高等学校在校学生数　　（单位：万人）

指标＼年份	2014	2013	2012	2011	2010	2009	2008
普通高等学校在校学生数	2547.6999	2468.0726	2391.3155	2308.5078	2231.7929	2144.657	2021.0249

立足于社会阶层分化的视角来看，大学生政治社会化的背后有一个阶层关系问题，这是当前高校思想政治教育不能忽视的社会背景。阶层是当

---

① 数据来源于国家统计局网站发布的"各级各类学校毕业生数"的年度数据（2010—2014）中的"普通高等学校毕业生数"年度数据（2010—2014），国家统计局网站，http://data.stats.gov.cn/easyquery.htm?cn=C01。

前中国社会的基础结构，如前所述，当前中国社会划分为十大阶层。再宏观一点来看，这十大阶层又分为基础阶层、中间位置阶层和优势地位阶层，那么阶层关系则在宏观上体现为这三大社会阶层之间的相互关系。这些现实的阶层关系特别是阶层经济关系对于大学生政治人格的形成和发展具有重要影响，同时，已经形成并不断发展着的政治人格又通过大学生的行为影响着中国社会的当下与未来。从目前中国社会的发展状况来看，"国家还是让私有财产、文化程度、职业以它们固有的方式，即作为私有财产、作为文化程度、作为职业来发挥作用并表现出它们的特殊本质"①，这些实际差别仍然是国家存在的前提。在同一个国度中，一部分人相对于另一部分人来说如果长期地、明显地居于劣势，就可能产生被置于制度体系的框架之外的被边缘化意识，并且这种被边缘化意识会越来越强烈；而优势地位阶层也有可能将自身的优势地位视为理所当然，将基础阶层的弱势归因于所谓的"贫困文化"。于是，对于当前的社会制度规范、对于社会政治体系的不满情绪与被边缘化意识相伴而生，阶层矛盾将日益激烈。鉴于政治情感和政治文化的代际传递，高校思想政治教育必须重视当前中国的社会阶层结构对于大学生政治社会化的影响，并采取积极的干预措施来对大学生政治社会化进行有效的引导和控制、扭转大学生政治社会化中可能出现的偏离正轨的倾向。

20世纪末英国社会学家安东尼·吉登斯提出了"解放政治"和"生活政治"的概念。解放政治的关注点在于对剥削、压迫等不平等社会关系的克服，关注的是权力与资源的差异性分配现象。生活政治则是一种生活方式的政治，关注的重点在于人们在追求自我实现过程中所引发的社会政治问题。② 由当前中国的社会阶层结构所决定，高校思想政治教育面临着解放政治和生活政治的双重问题。一方面，由于社会分层的客观存在，虽然在法律上我国公民具有平等的公民身份，但在实践中其公民权益却没有得到同等的保障和维护，而由于原生家庭环境的影响，来自不同阶层家庭的大学生的政治人格与政治能力必然存在或大或小的差异。另一方面，体制的转轨和社会的转型也对这一群体提出了面临不断发展变化的社会条件和形势如何发展自我、实现自我的问题。就总体而言，家庭阶层归属不

---

① 《马克思恩格斯文集》第1卷，人民出版社2009年版，第30页。
② [英]安东尼·吉登斯：《现代性与自我认同》，赵旭东等译，生活·读书·新知三联书店1998年版，第252页。

同的大学生在如何自我发展和自我实现的问题上存在巨大的差异。关注家庭阶层归属不同的大学生的差异化需求及带有阶层特性的群体特征，及时答疑解惑、对学生的成长施加积极有效的引导，弥合、化解大学校园中的阶层矛盾和阶层冲突，消除当前的社会分层对学生成长的消极影响就成为高校思想政治教育不可推卸的责任和必须完成的任务。

三 高校思想政治教育为社会主义民主政治发展创造条件

民主政治是在特定的经济关系和利益关系的基础上，保障公民政治权利得到平等实现的政治形式。由于政治统治对民主政治的前提意义，政治统治的性质也就决定了民主政治的性质。社会主义民主政治是无产阶级和劳动人民通过社会主义革命而建立起来的政治形态，是保证无产阶级和广大劳动人民政治权利得到广泛、真实、平等实现的政治形式。① 高校思想政治教育的目标和任务决定了其对大学生政治社会化进行积极干预和引导的必然性，客观上为社会主义民主政治的发展创造更好的主体条件。社会阶层结构分化、政治权利主体的多元化以及各阶层政治参与不均衡的现象会给来自不同阶层家庭的学生带来不同的感受，大学生身上所体现出的阶层特征日益鲜明，增强对大学生政治社会化积极干预和引导的针对性，是社会主义民主政治发展对高校思想政治教育提出的新课题。

从思想政治教育的目标和职能来看，高校思想政治教育是弱化、消除来自不同阶层的大学生在政治社会化中的阶层分化特征，将大学生培养成具有积极的政治参与意识和较高的政治参与能力的社会公民的主渠道，是扩大公民有序政治参与的重要途径。扩大公民有序政治参与，是中国特色社会主义民主政治建设的重要内容，不仅意味着参与渠道的扩充和参与形式的丰富，更意味着参与主体规模的扩大和参与程度的加深。由于思想政治教育对于政治人的培养和政治文化发展的重要作用，通过高校思想政治教育加强对来自不同阶层的大学生政治社会化的引导和推动，促进来自不同阶层的大学生政治人格发展和政治素养提升的均衡化，提高大学生整体的政治参与技能和政治参与效能是扩大公民有序政治参与的重要途径。

培养合格的政治人使之适应社会的发展，始终是执政党和政府开展思想政治教育（包括高校思想政治教育）的基本目标，同时社会主义民主

---

① 王浦劬主编：《政治学基础》，北京大学出版社 2006 年版，第 337 页。

政治的发展又为党和政府推动人民群众（包括大学生）的政治实践提供了制度保障、创造了实践条件。可以说，中国特色社会主义民主政治的发展与多元化的政治权利主体对社会政治生活的积极、有效参与是相互促进的。高校思想政治教育是党领导下的思想政治教育工作的一个重要组成部分，其成效极大地影响着大学生的政治社会化水平，影响着来自不同阶层家庭的大学生政治参与的意愿和效能，进而影响着中国特色社会主义民主政治的发展。

从大学生成长的角度来看，通过高校思想政治教育提高自身在社会政治生活中的自治性，是社会主义民主政治不断发展条件下大学生成长的客观需要。社会自治是当前中国特色社会主义民主政治的重要组成部分，其基本含义就是人民群众的自我管理。社会自治的过程就是公民自我管理、自我服务、自我控制、自我约束的过程。社会自治的前提性基础是公民及其社会组织的独立性、自主性和社会责任，概言之，这个基础就是自治性。这里，自治性既包括自治意识，也包括自治能力，而首要的是积极的自治意识。

中国社会主义民主政治的本质和核心是人民当家作主。党的十七大之后，基层群众自治制度的确立为广大基层群众的自我管理和自我服务提供了制度支持和实践平台。这既是上层建筑为适应社会发展的主动自我调整和完善，是社会主义民主政治发展的结果，也在客观上进一步促进了广大基层群众的主体意识和自治意识的提升。大学生走入社会之后积极参与社会自治是社会主义民主政治的本质要求和逻辑必然。作为中国社会未来发展的中流砥柱，大学生群体如何看待社会自治、自治能力如何，对于中国特色社会主义民主政治的发展具有深远影响。由于不同阶层的家庭成员在社会政治生活中的参与度不同、参与社会政治生活的感受不同，成长在不同阶层家庭的大学生对待社会自治的看法和评价也必然存在着或大或小的差异。纠正来自不同阶层家庭的大学生在社会自治认识上的偏差，培育积极的政治参与意识、管理意识，是社会分层条件下社会主义民主政治的发展为高校思想政治教育带来的新任务。

第四节　研究思路和研究方法

研究思路是学术研究的主线，研究方法是学术研究得以顺利进行的具体手段,为了方便读者对本书内容的宏观了解和把握,这里对本书的研究思路和方法作一简要说明。

一 研究思路

思想政治教育的个体目标是通过提升个体的思想道德素养、政治素养,树立必要的法制观念,使个体能够更为积极、有效地介入社会生活,获得更好的发展;思想政治教育的社会目标是通过开展思想政治教育活动,使受教育者的思想道德素质、政治素质、法制观念等达到社会发展的客观要求,为社会发展提供服务,从而促进社会发展与人的发展的良性循环。执政党的性质和中国的国家性质决定了中国共产党及其领导下的政府主导和推动的思想政治教育的个体目标和社会目标具有内在一致性。从个体目标和社会目标实现的角度来看,要保障思想政治教育的实效,使之既能够满足个体自我的价值要求又能够符合社会发展的客观需要、为社会发展服务,就需要在全面分析思想政治教育系统构成的基础上,准确地描述思想政治教育的现状,并对当前存在的问题及其原因进行较好的总结和分析。因此,在一定意义上讲,对于思想政治教育系统结构的正确认识是研究各类思想政治教育问题的逻辑起点。

本书从思想政治教育系统的"四体结构"出发,采用定性研究与定量研究相结合的方式,系统阐述了社会分层对高校思想政治教育基本要素的影响,概括总结了社会分层条件下高校思想政治教育面临的困境,最后探讨了社会分层条件下高校思想政治教育的目标实现路径,研究思路如图1.2所示。

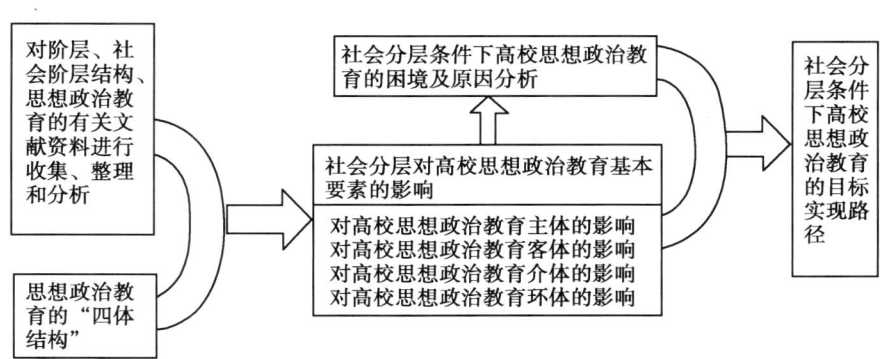

图1.2 研究思路

二 研究方法

立足于社会分层对高校思想政治教育问题的研究，是以马克思主义唯物辩证法为根本指导的。社会存在决定社会意识是历史唯物主义的基本观点。意识"没有历史，没有发展，而发展着自己的物质生产和物质交往的人们，在改变自己的这个现实的同时也改变着自己的思维和思维的产物。不是意识决定生活，而是生活决定意识"①。思想政治教育的对象是人，其实质是通过引导、塑造、改变人的思想意识（思维）来改变思想意识（思维）的产物和人本身的存在样态。如前所述，改革开放以来中国社会阶层结构的变化必然会引发人们思想意识层面的深刻变迁，思想政治教育要保障实效就必须对这些变迁予以充分的重视，必须深入、系统地研究这些变迁已经或可能给包括高校思想政治教育在内的各类思想政治教育所带来的影响，并积极探索应对策略。有鉴于此，本书选择"社会分层"作为高校思想政治教育研究的背景和视角。唯物辩证法强调用全面的、系统的、联系的和发展的观点来研究客观事物。基于大学生对于中国社会发展的特殊重要作用、高校思想政治教育的任务以及对人与社会的互动关系的考虑，本书选择了"高校思想政治教育"作为研究的主题。在坚持唯物辩证法的基本前提下，本书综合运用了比较分析法、经验研究与理论研究相结合、实证研究与规范研究相结合的方法。

第一，比较分析法。从以往学术界的相关成果来看，虽然我国关于高校思想政治教育的研究从20世纪80年代"思想政治教育"作为一门独立的学科成立之前就已经开始了，但深入系统地研究高校思想政治教育则始于"思想政治教育"学科独立之后，特别是高校的思想政治教育专业设立之后（即1983年之后）。自学科成立和思想政治教育专业设立以来，伴随着中国社会的快速发展，思想政治教育的环境、教育对象、载体不断地发生着变化，高校思想政治教育在中国社会发展的不同阶段所面临的机遇与挑战不同，肩负的使命和主要任务不同，工作的方式、方法和途径也具有较大的差异。当前，我国高校思想政治教育的对象是这样一个群体：他们出生在改革开放成效日益显著、现代社会阶层结构初步形成的信息化社会；他们身上既有"90后"同期群的共性特

---

① 《马克思恩格斯文集》第1卷，人民出版社2009年版，第525页。

征，又因深受家庭环境的影响而在思想和行为方面具有明显的阶层区隔。而高校思想政治教育工作者本身由于学校性质、自身级别、职称、工龄等多种因素的影响也归属于不同的社会阶层，在职业认同等方面存在着或大或小的差异。本书关于高校思想政治教育问题的研究是在充分借鉴和吸收以往关于思想政治教育的相关研究成果特别是高校思想政治教育的相关研究成果的基础上进行的。立足于当前中国复杂的社会阶层结构，依据抽样调查所获得的数据对来自不同阶层家庭的大学生群体的人生观、道德观、政治认同进行了比较分析，同时也从阶层分化的视角对高校思想政治教育工作者的职业认同进行了比较分析。总体来说，本书对于比较分析法的运用集中表现在两个方面：一是对高校思想政治教育客体的人生观、道德观、政治认同的比较分析；二是对高校思想政治教育一般主体职业认同的比较分析。

第二，经验研究与理论研究相结合。经验研究与理论研究是两种相对的研究方法。经验研究以经验（或观察）为研究的基础，以研究者自身的经验或研究者能够观察到的直接经验以及别人观察到的间接经验事实为依据，对经验事实进行理论抽象或归纳，是由具体到抽象的研究方法；理论研究则是以理论推导作为研究的基础，以对现有理论的分析为根据，推导出新的理论，在学术研究中两者往往是交叉并用的。用理论研究提出假设、建构出理论模型，用经验研究来验证假设，为理论研究提供支撑，或经由对经验事实的理论抽象和归纳上升到理论层面。本书一方面运用理论研究来建构高校思想政治教育系统的结构框架，另一方面运用经验研究来分析系统各要素之间的关系以及系统要素的变化对于高校思想政治教育的现实影响。

第三，实证研究与规范研究相结合。实证研究没有立场上的偏好，不涉及"应该"与"不应该"这类的价值判断问题，而只是基于大量的事实得出的对事物或现象"是什么""是什么样子的""在什么条件下会发生什么事"等这样的结论，它的主要作用是按照事物的本来面目来描述事物。规范研究要回答的是"应该是什么样的""应当怎么样""应该怎样解决"等问题。其主要特点是在进行分析以前，预先确定了一定的规则，然后再依据这些规则来分析、判断研究对象目前所处的状态是否符合这些规则。如果不符合，离这个预设的规则有多远即其偏离的程度如何，又应当如何调整，等等。本书运用实证研究的方法从主体、客体、介体和社会环境等方面对社会阶层结构复杂化对高校思想政治教育的现实影响进行了描述，运用规范研究的方法概括和总结了当前高校思想政治教育面临的困境，并对这些困境产生的原因作了深入的分析，最后指出了社会阶层结构复杂化背景下高校思想政治教育的目标实现路径。

第二章

社会分层视域下高校思想政治教育研究的理论依据、理论基础和知识借鉴

社会成员的思想政治教育与针对大学生的高校思想政治教育是一般与特殊的关系。马克思主义唯物史观的基本观点和唯物辩证法的基本原理为高校思想政治教育研究提供了直接的理论依据，马克思主义关于思想政治教育的一般理论是研究高校思想政治教育问题的理论基础，西方学者关于政治社会化的主要理论观点对高校思想政治教育相关问题的研究具有重要借鉴意义。另外，针对大学生的高校思想政治教育既涉及个体学习也涉及社会的影响、引导和控制，是个人与社会的互动过程，立足于社会分层视角的高校思想政治教育研究则更侧重对社会环境变化带来的影响或未来可能给高校思想政治教育带来怎样的影响以及高校思想政治教育又要采取哪些应对策略才能保障其实效性的研究。因此，这一选题的研究既涉及政治学也涉及社会学。

值得注意的是，高校思想政治教育又是当代中国马克思主义大众化在高校校园中推进的基本途径。因此，总体上看，这一研究主题必然需要融汇和借鉴政治学、社会学以及马克思主义理论等学科的基本理论和知识。本章概述了与基于社会分层视角的高校思想政治教育研究关系密切、应用最多、为本书的研究内容提供了直接理论依据和方法论指导的马克思主义基本原理，总结了具有基础理论意义的马克思主义关于思想政治教育及政治社会化的基本思想，并对借鉴的相关学科的理论知识进行了介绍。

第一节 社会分层视域下高校思想政治教育研究的理论依据

学术研究本身是否具有可行性、学术研究的结果是否科学，在很大程

度上取决于指导思想是否科学，取决于研究本身所依据的理论是否科学、完整和系统。唯物辩证法是指导人类认识世界、改造世界的科学的方法，是指导学术研究的基本理论原则和方法论原则，为基于阶层分化视角的高校思想政治教育研究提供了科学的理论依据和方法论上的指导。唯物辩证法、马克思主义人学理论、马克思主义意识形态理论等马克思主义基本原理为本书的研究内容提供了基本理论依据。

一 唯物辩证法

作为唯物史观最根本的原理，社会存在与社会意识辩证关系原理科学地回答了社会历史观的基本问题。"思想、观念、意识的生产最初是直接与人们的物质活动，与人们的物质交往，与现实生活的语言交织在一起的……表现在某一民族的政治、法律、道德、宗教、形而上学等的语言中的精神生产也是这样。人们是自己的观念、思想等等的生产者……不是意识决定生活，而是生活决定意识。"① 社会存在决定社会意识，社会意识反映着社会存在，并且随着社会存在的发展变化而发展变化。社会意识具有相对独立性，突出地体现为其对社会存在所具有的能动的反作用。它可能促进社会的进步，也可能阻碍社会的发展。马克思主义一向主张经济的前提和条件是社会历史进程中的决定性因素，而这些决定性因素归根到底是现实生活中的生产和再生产。政治是经济的集中反映，政治意识是对现实的社会经济关系的最集中、最直接的反映。

社会存在与社会意识的辩证关系原理是从阶层的视角来研究高校思想政治教育问题的最直接的理论依据。大学生的意识包括政治意识是由其所生活的社会物质生活条件所决定的，同时对于社会的发展又具有能动的反作用。由于大学生具有较高的科学文化素质，这一群体对中国未来的经济社会发展相对于其他社会群体来说具有更大的影响力。因此，我们必须重视对大学生的思想道德素质、政治素质及法制观念的形成和发展的现实样态的准确把握，必须重视对其发展方向和发展趋势进行积极而有效的引导。相应地，从党和政府到各高校就必须对高校思想政治教育的必要性和重要性予以充分的重视，要从大学生群体自身的特点、从其在社会生活中的地位、从其所置身的社会环境入手去研究高校思想政治教育问题、做好

---

① 《马克思恩格斯文集》第 1 卷，人民出版社 2009 年版，第 524—525 页。

大学生思想政治教育工作。因此，在社会阶层结构复杂化的背景下，重视和研究大学生原生家庭阶层归属的复杂化对高校思想政治教育的影响也就自然成为当前高校思想政治教育不能忽视且必须要解决的一个具有时代特色的课题。

普遍联系和永恒发展是唯物辩证法的总特征。事物之间是普遍联系的，普遍联系的事物又是不断发展的。普遍联系的观点和永恒发展的观点要求人们在观察和分析问题时，要从事物之间的相互联系和相互作用入手，不能只看到一个个孤立的事物；要把事物的现状与它的过去和将来联系起来考察。所谓的联系是普遍的、客观的、多样的。所谓的发展是指前进上升的运动，发展的实质是新事物取代旧事物，判断新旧事物的标准是看事物本身是否符合社会历史发展的客观规律、是否具有强大的生命力和远大的发展前途。用联系的眼光看问题即系统论，强调事物之间的相互作用。用发展的眼光看问题即过程论，强调一切事物都是发展的，都有其产生、发展和转化的历史。

普遍联系和永恒发展的观点为基于社会分层的视角来研究高校思想政治教育问题提供了方法论上的指导。大学生群体不是一个孤立的社会群体，作为社会群体的一个重要组成部分，这一群体与其他社会群体之间有着密不可分的关系，共同构成了当今的中国社会。群体之间的关系和相互作用特别是社会经济关系对于大学生群体的人生观、价值观的形成和发展，对于大学生的政治社会化具有决定性的影响。伴随着整个社会环境的发展和变化，大学生群体自身的阶层归属（即大学生原生家庭的阶层归属）日趋复杂。由其父母的文化教育水平、职业所决定的他们所归属的家庭的经济条件、文化氛围等都存在着或大或小的差异，其结果是这一群体在学校的生活条件、生活习惯、生活方式、综合素质等也必然存在着或大或小的差异。这些都是影响大学生政治社会化以及人生观、价值观形成和发展的重要因素，研究大学群体的思想政治教育就必须透过这些不断变化的因素、透过不同社会群体、阶层之间的关系和相互作用去观察种种社会化现象、探寻其背后的原因并寻求解决问题的出路。

矛盾分析法是唯物辩证法的根本方法，是我们认识事物、解决矛盾的根本方法。矛盾分析法要求我们一分为二地看问题——既要看到矛盾的普遍性，又要看到矛盾的特殊性，具体问题具体分析；既要看到矛盾的同一性，又要看到矛盾的斗争性；既要抓住主要矛盾、看到矛盾的主要方面，也不能忽视次要矛盾、要看到矛盾的次要方面，要坚持两点论和重点论的统一。

用矛盾分析法来研究高校思想政治教育问题，就是既要看到大学生群体作为一个整体，相对于其他社会群体来说具有自己鲜明的群体性特征，那么高校思想政治教育必然具有自己的特点，在内容、方式、方法、途径和目标要求上都有自己的特殊性；又要看到这一群体也是社会的一个重要组成部分，针对这一群体的思想政治教育（即高校思想政治教育）也要具有思想政治教育的一般性，思想政治教育的基本理论、基本内容、总体目标要求等也同样适用于高校思想政治教育。另外，大学生群体自身阶层归属的差异性也决定了这个群体内部同样存在着分化，阶层归属不同的大学生在思想意识和实际需求等各方面会有或大或小的差异，对于高校思想政治教育会有不同的要求。高校思想政治教育必须注意到这些差异，在开展一般性教育的同时又要具有较强的针对性，唯有一般性与特殊性并重才能确保高校思想政治教育的目标实现。

二　马克思主义人学理论

人的存在与人的发展是马克思主义人学的基本内容。与一般的人学理论不同，马克思主义人学不仅关注人的存在、存在与本质的价值关系，它更为关注人的发展，尤其是在关注人的存在与发展的具体内容方面更具有马克思主义人学的鲜明特色。

社会性是人的本质属性。"全部人类历史的第一个前提无疑是有生命的个人的存在……一当人开始生产自己的生活资料，即迈出由他们的肉体组织所决定的这一步的时候，人本身就开始把自己和动物区别开来。人们生产自己的生活资料，同时间接地生产着自己的物质生活本身……他们是什么样的，这同他们的生产是一致的——既和他们生产什么一致，又和他们怎样生产一致。因而，个人是什么样的，这取决于他们进行生产的物质条件。"[①] 现实的个人，总是在特定的物质条件下从事物质生产活动的，历史过程中的决定性因素是现实生活的生产和再生产。不同的物质生产条件会有不同的物质生产水平，社会的物质、政治和精神文明的程度也会不同，不同的社会文明程度就会有不同的个人存在方式。人的存在不是抽象

---

① 《马克思恩格斯文集》第 1 卷，人民出版社 2009 年版，第 519—520 页。

的存在，也不是单纯的自然的存在或感性的存在。

日常生活世界是人的发展的现实平台。人的发展是一个在现实物质生活条件下的实践过程。马克思主义一向认为："以一定的方式进行生产活动的一定的个人，发生一定的社会关系和政治关系……这些个人是从事活动的，进行物质生产的，因而是在一定的物质的、不受他们任意支配的界限、前提和条件下活动着的……是处在现实的、可以通过经验观察到的、在一定条件下进行的发展过程中的人。"①

马克思主义人学理论启示我们，高校思想政治教育问题的实质是社会发展与人的发展问题，具体来说就是大学生的发展与中国社会的发展问题。大学生群体的思想政治素质、道德素质、法制观念等的现状及其未来发展趋向从根本上取决于其自身的家庭生活环境和宏观的社会环境，因此，解决高校思想政治教育过程中出现的问题，对大学生的世界观、道德观、人生观、价值观、法制观等施加有效的引导和控制以确保高校思想政治教育的目标实现，根本出路还在于从当前中国社会的现实情况特别是社会阶层结构的现状入手，在坚持共享发展、增强发展动力的基础上缩小阶层差距，提高社会基础阶层特别是社会底层的生活条件，弥合阶层冲突。同时，高校的思想政治教育也必须关注社会分层所带来的现实影响，注重从理论与实践相结合的角度引导和帮助学生客观、正确地认识当前中国社会分层的现实状况以及由此而产生的一系列社会影响。总体来说，立足于当前社会分层的现实来研究高校思想政治教育问题和开展思想政治教育工作，是马克思主义人学理论的基本观点在思想政治教育研究中的具体应用。

三 马克思主义意识形态理论

"统治阶级的思想在每一时代都是占统治地位的思想。这就是说，一个阶级是社会上占统治地位的物质力量，同时也是社会上占统治地位的精神力量。"② 思想政治教育的过程，从个体的角度讲是个体通过与社会互动进而形成一定的世界观、人生观、价值观、政治观、法制观、道德观的过程，从社会特别是执政者的角度讲就是通过传播社会主导文化，以一定

---

① 《马克思恩格斯文集》第 1 卷，人民出版社 2009 年版，第 523—525 页。
② 同上书，第 550 页。

标准和模式来塑造社会成员，使其世界观、人生观、价值观、政治观和法制观能够按照预期的方向发展的过程。但"主导"不等同于"主流"。马克思在《〈黑格尔法哲学批判〉导言》中强调："理论在一个国家实现的程度，总是取决于理论满足这个国家的需要的程度……理论需要是否会直接成为实践需要呢？光是思想力求成为现实是不够的，现实本身应当力求趋向思想。"① 因此，高校思想政治教育预期目标的实现不能仅仅依赖于以国家政权为核心的政治的力量从上至下的推动和灌输。以国家政权为核心的政治力量来推动的高校思想政治教育如果脱离社会发展的现实、脱离大学生现实的生长环境、忽视学生的现实要求来改造学生的思想，就必然会沦为空洞的说教。要有效地引导大学生群体的世界观、人生观、价值观、道德观、政治观和法制观的形成与发展方向，使当前中国社会的主导文化特别是主导政治文化（当代中国的马克思主义）能够为这一群体所广泛接受和认同，能够用主导文化的"一元性"统领社会文化的多样性，就必须重视当前中国社会阶层结构复杂化的现状对大学生的思想意识、思维方式和行为模式等方面的影响，重视了解和把握在不同的阶层环境下成长起来的学生的思想政治素质和道德素质的现状，重视了解和把握他们在思想上日益走向成熟过程中的差异化需求，把握这些来自不同阶层家庭的学生对于高校的思想政治教育都有哪些特殊的要求。

第二节　社会分层视域下高校思想政治教育研究的理论基础

理论基础是学术研究的基石和平台，任何学术研究都是在以往所取得的成果的基础上进行的。马克思恩格斯关于思想政治教育的基本思想、中国共产党主要领导人关于思想政治教育及高校思想政治教育的主要观点为高校思想政治教育的研究奠定了坚实的理论基础。

一　马克思恩格斯关于思想政治教育的基本思想

马克思恩格斯虽然没有明确地提出思想政治教育的概念，但其《共

---

① 《马克思恩格斯文集》第 1 卷，人民出版社 2009 年版，第 12—13 页。

产党宣言》《黑格尔法哲学批判》《德意志意识形态》《关于共产主义者同盟的历史》《论犹太人问题》《1848年至1850年的法兰西阶级斗争》《法兰西内战》以及《〈黑格尔法哲学批判〉导言》等著作却包含着丰富的思想政治教育思想。一百多年过去了，这些深刻的思想对于如何认识新的历史时期思想政治教育系统本身及其存在的价值、对于深化理解党的群众路线的思想政治教育功能、理解思想政治教育必须坚持中国共产党的领导的必要性和重要性，以及充分认识理论掌握群众的理论观点与推动高校思想政治教育的内在关联，仍然具有重要的参考价值和现实的指导意义。

第一，历史的发展造就自觉的历史创造者。马克思恩格斯在《神圣家族》中指出："历史活动是群众的活动，随着历史活动的深入，必将是群众队伍的扩大。"① 伴随着社会历史的发展，社会成员的个体主体意识逐渐发展，对活动的目的的"关注"程度将日益增强，群众对于活动目的本身究竟怀有多大的"热情"将越来越取决于活动（或革命）的原则中是否能体现他们的现实的利益，或在多大程度上体现了他们的现实利益，而不是仅仅包含着能够激起暂时热情和掀起表面风潮的对象（思想）。"历史的活动和思想就是'群众'的思想和活动。"② 历史发展本身既是群众的思想和活动的结果，同时又决定了现实的人——群众的思想和活动，使越来越多的群众成为越来越自觉的社会历史的创造者。

作为社会的存在基础，现实的个人首先是具有自我意识、主体意识的能动的个人。由既定的生活条件所决定的，这些现实的个人有着自己的现实需要，这些需要无论是私人的、还是基于社会的公共需求，都是他们一切行为的动力基础和源泉。作为社会主体的人的精神发展的实际需要以及实现政治统治的利益诉求是思想政治教育发生的内在依据，从当前中国共产党的性质、我们国家的性质及思想政治教育的阶级属性来看，思想政治教育的根本的目标指向在于促进个人在社会发展的过程中实现本身的发展。个体主体意识的觉醒是思想政治教育的前提。纵观人类社会的发展史特别是政治发展史中民主模式的变迁，现实的个人有效地参与社会生活（特别是社会政治生活）是以其主体意识的觉醒为前提的。由一定的社会生活条件所决定的个体自我意识、主体意识发展的程度客观上决定了其政

---

① 《马克思恩格斯文集》第1卷，人民出版社2009年版，第287页。

② 同上书，第286页。

治社会化的广度、深度、速度和效能，也决定了这些现实的个人在思想政治教育过程中的自主性、自为性、选择性和创造性。伴随着社会的发展，教育对象在思想政治教育系统中的能动性日益增强，因此，作为教育主体只有在充分重视教育对象的个体主体性的前提下来开展思想政治教育才能保证实效性。

第二，党群利益的一致性是决定党群关系的根本，也是执政党能够推动公民政治社会化、促进公民政治认同、维持和提升政治合法性的关键所在，是党和政府作为思想政治教育的特殊主体来主导、推动各类思想政治教育按自己的预期目标顺利开展的前提条件。马克思恩格斯在《共产党宣言》中指出：共产党人"没有任何同整个无产阶级的利益不同的利益"。[①] 这是马克思恩格斯对共产党人和全体无产者的关系在理论上的界定和说明。无论从共产党的性质、成立的目的还是从其在实践中的目标追求上看，共产党人的利益同整个无产阶级的利益都是直接同一的。但是当共产党领导无产阶级夺取政权成为执政党之后，这个政党如同其他以往的一切政党一样，同样存在着脱离群众的蜕变风险。在《法兰西内战》中，马克思关于民主的思想的论述实质上就隐含着对无产阶级政党由社会公仆蜕变为社会主人的担忧。为此，马克思在高度肯定了巴黎公社的民主措施及其在建设"廉价政府"方面的有益探索的基础上，特别明确、具体地提出了关于建设防止由于国家机关工作人员滥用权力、立法和行政大权集于一身而导致无产阶级政党执政后发生质变的新型民主的具体构想。马克思强调，要防止官僚的出现，最重要的是必须强化人民的参与权与监督权，建立新型的"人民监督制"。新型的"人民监督制"包含公社的选举应受到人民监督、公社的政务应公开并受人民监督、公社的行政开支应受人民监督等几项基本的原则。其根本的目标指向就在于通过建立和完善真正的民主制度和社会监督机制确保无产阶级政党的纯洁性，使党的利益和群众的利益始终保持一致性。

因此，重视和加强党的自身建设以确保党的性质和党群利益的一致性是执政党能够对人民群众的思想意识特别是政治思想和政治意识的发展发挥引领作用的基本保障。无论过去、现在还是将来，重视和加强党的建设工作以保障党的先进性和纯洁性，始终是确保党群利益的一致性、密切党

---

① 《马克思恩格斯文集》第 2 卷，人民出版社 2009 年版，第 44 页。

群关系以增强党的影响力、号召力和凝聚力的关键所在，也是促进社会信任从而确保中国共产党能够始终代表先进文化的前进方向的法宝，是确保中国共产党及其领导的政府能够引领、推动思想政治教育富有成效地开展以满足个人发展和国家社会发展需要的重要前提。

第三，坚持中国共产党的领导是自觉的群众运动的内在要求，是广大人民群众政治社会化的客观需要。马克思主义经典作家一向强调人民群众是创造历史的主体，但历史证明，群众要在创造历史的活动中实现自己的目的，就必须有能够真正代表自身利益的政党的领导、有真正属于群众的科学的理论的指导。在群众创造历史的实践中，没有代表自身利益的政党的领导的群众运动和活动都是在"为他人做嫁衣"，没有科学理论作为思想的武器和行动的指南的群众运动都注定归于失败。

"在实践方面，共产党人是各国工人政党中最坚决的、始终起推动作用的部分；在理论方面，他们胜过其余无产阶级群众的地方在于他们了解无产阶级运动的条件、进程和一般结果。"[①] 群众自觉创造历史的活动需要有科学的理论作为自己的行动指南，需要有强大的改造社会、创造历史的思想武器，并在实践中将这一思想武器转变为现实的物质力量。但是，思想的闪电不会一下击中所有的无产阶级群众，它首先能够击中的是那些群众中最先进的、能够推动所有其他部分前进的那一部分，即由于其先进性理所当然地成为群众代表的那一部分。如前所述，作为最先进的、推动所有其他部分前进的部分，在理论方面，共产党人胜过其余无产阶级群众的地方在于他们了解无产阶级运动的条件、进程和一般结果。革命的运动，需要革命的理论。正是因为过去"共产党人一分钟也不忽略教育工人尽可能明确地意识到资产阶级和无产阶级的敌对的对立"[②]，于是有了自觉的无产阶级革命运动，并最终在一些国家成功地使无产阶级上升为统治阶级。共产党人为群众的最近的目的和利益而斗争，"但是他们在当前的运动中同时代表运动的未来"[③]，中国共产党始终是广大人民群众的领路人。包括高校思想政治教育在内的一切思想政治教育都必须在坚持党的领导的前提下进行。坚持党的领导是确保思想政治教育方向的根本原则。

第四，理论掌握群众是无产阶级政党推动广大人民群众政治社会化的

---

① 《马克思恩格斯文集》第 2 卷，人民出版社 2009 年版，第 44 页。
② 同上书，第 66 页。
③ 同上书，第 65 页。

重要内容。对于执政党和政府来说，也是其主导和推动思想政治教育的一个核心目的。理论掌握群众，即用科学的理论武装群众。理论只有内化为人的主观意识、上升为主观意识范畴，才会具有能动的作用。恩格斯在《关于共产主义者同盟的历史》中论述道："我们决不想把新的科学成就写成厚厚的书，只向'学术'界吐露……我们有义务科学地论证我们的观点，但是，对我们来说同样重要的是：争取欧洲无产阶级，首先是争取德国无产阶级拥护我们的信念。"① 社会主义建设、民族国家的发展任务同社会主义革命的任务一样，都不是只要具备了科学的理论、只要有掌握了科学理论的少数先进分子就能够实现的。它必须要争取到广大人民群众的支持。而为了获得这种支持，首先要做的就是通过对广大人民群众的政治社会化实施积极的引导，争取广大人民群众对科学理论的拥护和信服。思想政治教育是人民群众政治社会化的基本途径，高校思想政治教育更是大学生政治社会化的主渠道，鉴于大学生对于中国经济社会发展的重要性，在新形势下做好高校的思想政治教育工作依然是必要而且重要的。

　　理论只有掌握群众才能转变成现实的物质力量。马克思在《〈黑格尔法哲学批判〉导言》中指出："批判的武器当然不能代替武器的批判，物质力量只能用物质力量来摧毁；但是理论一经掌握群众，也会变成物质力量。"② 作为科学的理论，其"科学性"的根本恰恰在于它是专注于"现实"、致力于"实践"并且是"可实现"的。理论如果不致力于在实践中解决现实问题，就只能停留在彼岸世界——抽象的思维；理论如果仅仅依靠少数掌握它、信服它的人去实践，那么这种力量就会由于自身的羸弱而注定走向失败。"思想本身根本不能实现什么东西。思想要得到实现，就要有使用实践力量的人。"③ 理论要转变成足以改变世界、创造历史的强大的力量就必须在社会中拥有足够多的"信徒"——广大人民群众。因此，理论掌握群众既是社会发展的客观需要，也是中国共产党人推动广大人民群众政治社会化的重要任务。对于当前高校的思想政治教育来说，就是要将推动当代中国马克思主义的大众化作为一项基本任务，要让马克思主义理论中国化的最新理论成果——当代中国的马克思主义不仅在形式上进入高校的课堂、进入学生的头脑，还要真正进入青年学生的心中、内化

---

① 《马克思恩格斯文集》第 4 卷，人民出版社 2009 年版，第 233 页。
② 《马克思恩格斯文集》第 1 卷，人民出版社 2009 年版，第 11 页。
③ 同上书，第 320 页。

为学生的信仰。

社会力量是人自身的固有力量。"为了激起人民的勇气，必须使他们对自己大吃一惊。这样才能实现德国人民的不可抗拒的要求，而各国人民的要求本身则是能使这些要求得到满足的决定性原因。"① 为了激发人民群众实现社会主义现代化的目标和中华民族伟大复兴的梦想的热情与勇气，同样需要唤起人民的自觉意识——既要让人民意识到已取得的成就以确立自信，又要让人民意识到现实与理想之间的巨大差距以激发斗志。对于大学生群体来说，只有现代化的目标和民族复兴的梦想真正地内化为广大青年学生的共同理想，才能最大限度激发起广大青年学生改造社会、创造历史、追求自身美好生活的能动性，大学生才能成长为担起祖国的未来、民族的希望的栋梁之才。

二 中国共产党关于思想政治教育的基本思想

中国共产党关于思想政治教育的思想是对马克思主义思想政治教育思想的继承和发展，是中国共产党人将马克思主义理论的基本观点应用于中国革命和社会主义建设实际的过程中所得出的宝贵成果，对于包括高校思想政治教育在内的各领域、各类别的思想政治教育具有一般性的指导意义。

第一，新中国成立之前的思想政治教育思想。

在人民群众是社会历史的创造者、革命的组织只有通过无产阶级政党来建立的基础上，以毛泽东为代表的中国共产党人根据当时中国的实际情况强调，要通过无产阶级的先锋队——中国共产党来组织和教育革命的重要同盟军——广大农民，特别是要加强政治教育。毛泽东在深刻分析了半封建半殖民地条件下农民兼具的革命性和保守性特点的基础上提出了"严重的问题是教育农民"的论断，强调了对广大农民进行政治教育以促进这一群体政治社会化的必要性和重要性，并鲜明地指出：要通过宣传和教育促进广大人民群众政治社会化以达到和实现带领人民群众参与革命运动的目的。毛泽东将利益因素视为群众政治社会化的基本动因，由此提出了党的群众工作的基点和切入点就是群众利益。他认为：我们对于广大群众的切身利益问题，群众的生活教育问题，就一点也不能忽视，一点也不

---

① 《马克思恩格斯文集》第1卷，人民出版社2009年版，第7页。

能看轻……总之,一切群众的实际生活问题,都是我们应当注意的问题。① 这一观点为后来中国共产党及其领导下的政府主导、推动社会各领域、各群体的思想政治教育奠定了基调,指明了大方向——一切思想政治教育都不能够脱离群众的利益,都必须在以重视和保障群众的利益为出发点和落脚点的前提下开展。针对抗日战争时期的特殊情况,基于"动员一切力量争取抗战胜利"的客观需要,毛泽东指出,党对广大人民群众的宣传和教育工作要注意一般与个别相结合。强调既要有能动员广大群众行动起来的一般的、普遍的号召,又要从具体、深入的工作实际出发,总结经验来检验和充实一般号召的内容。这种一般与个别相结合、在总体目标和方向保持不变的前提下具体问题具体分析、多样化地开展宣传和教育工作的思路对于今天中国的思想政治教育仍然具有重要的启示意义。但总体看来,由当时的国内、国际形势及条件的特点和当时的时代主题所决定,新中国成立之前中国共产党人关于思想政治教育的思想集中表现为政治教育的思想,其宗旨可概括为"政治教育为无产阶级专政服务"。

第二,新中国成立之后至改革开放之前的思想政治教育思想。

中国共产党在这一时期的思想政治教育理论,"是中国社会主义改造和建设理论与实践探索的重要组成部分",② 这一时期的重要理论成果包括《中共中央关于宣传唯物主义思想批判资产阶级唯心主义思想的指示》(以下简称《指示》)、《论十大关系》以及《关于正确处理人民内部矛盾的问题》等等。

《指示》是新中国成立之后中国共产党制定并通过的关于思想政治教育的一部纲领性文件。通过阐述一系列宣传思想工作方针、政策和基本原则来"确立和巩固我国整个学术界马克思主义思想的领导地位"③,对思想政治教育的实施方式、领导方式等一系列重大问题作了明确的规定,奠定了中国思想政治教育制度的基本框架。④《指示》强调了加强党的思想政治教育对于改进党和国家的工作具有决定性的意义,要求各级党委必须

---

① 《毛泽东选集》第 1 卷,人民出版社 1991 年版,第 137 页。
② 王树荫、王炎:《新中国思想政治教育史纲(1949—2009)》,人民出版社 2010 年版,第 131 页。
③ 陈清泉、宋广渭:《陆定一传》,中共党史出版社 1999 年版,第 391—392 页。
④ 《指示》规定的思想政治教育制度有演讲制度、干部轮训制度、在职学习制度、学校政治理论课教学制度、报刊学术争鸣批判制度、日常群众宣传教育制度等。

真正把思想领导当作自己领导的首要职责，要重视党的理论宣传和思想政治教育并通过这一优势来实现党的领导职能。1955年，毛泽东结合当时的农业社会主义改造运动第一次明确提出了"政治工作是一切经济工作的生命线"的论断，确立了思想政治教育在社会主义经济建设中的重要地位。社会主义建设初期，以毛泽东同志为核心的党的第一代中央领导集体为了实现思想政治教育任务的战略性转变，通过一系列的论著、讲话、报告和文件对思想政治教育的实施方式、领导方式和方针政策等作了原则性的规定和阐述：强调要加强党对思想政治教育的领导；思想政治教育必须长期坚持；提出具体措施以健全思想政治工作制度；重视思想政治教育理论队伍建设；思想政治教育必须结合实际工作去做，要解决实际问题；运用批评和自我批评的武器正确开展思想斗争；认清社会矛盾的性质是正确开展思想政治教育的前提；解决人民内部矛盾只能采用民主、教育、说服的方法；要加强对知识分子、青年学生和工商业者的思想政治教育，等等。

以毛泽东同志为代表的中国共产党人在社会主义建设初期关于思想政治教育理论的探索，是中国共产党社会主义建设理论的重要组成部分。其基本思想、基本原则和关于思想政治教育的领导方式、实施方式及基本制度的规定，对于今天包括高校思想政治教育在内的各类思想政治教育工作仍然具有重要的指导意义。

第三，改革开放以来的思想政治教育思想。

改革开放以来，历届党中央领导集体对于加强和改进新形势下的思想政治教育工作做了积极的探索，提出了许多重要的思想论断。这些思想政治教育理论是马克思主义思想政治教育基本原理与当代中国实际相结合的产物，是对毛泽东思想政治教育理论的继承和发展，是当前中国思想政治教育的实践指南，为思想政治教育问题研究提供了直接的理论基础，极大地促进了思想政治教育学的学科发展和各领域思想政治教育工作水平的提高。

邓小平指出：我们要建设社会主义国家，不但要有高度的物质文明，而且要有高度的精神文明。[①] 他在继续强调思想政治教育的重要地位和作用的同时，进一步指出了思想政治教育不仅是中国两个文明建设的基本保

---

① 《邓小平文选》第2卷，人民出版社1994年版，第367页。

证，更是精神文明建设的基础性工作和重要手段。20世纪70年代末，邓小平基于时代主题的转变对"政治教育为无产阶级专政服务"的宗旨进行了修正，在1981年《关于加强部队青年工作的指示》中提出了"有理想、有道德、有知识、有体力"的口号。1982年邓小平明确提出了社会主义精神文明建设的主要任务是"使我们的各族人民都成为有理想、有道德、有文化、守纪律的人民"，总政治部在1983年根据党的十二大文件中关于社会主义精神文明建设的有关提法，将"四有"的内容调整为"有理想、有道德、有文化、有纪律"。1986年党的十二届六中全会通过《中共中央关于社会主义精神文明建设指导方针的决议》，明确提出了社会主义精神文明建设的根本任务，是适应现代化建设的需要，培育有理想、有道德、有文化、有纪律的社会主义公民，提高整个中华民族的思想道德素质和科学文化素质，[①] 由此确定了思想政治教育的指导方针——为社会主义现代化建设服务。在这一指导方针下，新时期思想政治教育的根本任务和目标是培养"四有新人"。

以邓小平同志为核心的党的第二代中央领导集体丰富和发展了思想政治教育的理论和实践，党的基本路线教育、爱国主义教育、艰苦奋斗的创业精神教育、社会主义民主法制教育等被明确纳入思想政治教育的内容；实事求是、理论联系实际、精神鼓励和物质鼓励相结合、言教与身教相结合被明确为思想政治教育必须坚持的基本原则；确定了说理与讨论、因人施教、典型示范等思想政治教育的基本方法。为了进一步加强党对思想政治教育的领导，邓小平指出：党的领导机关除了掌握方针政策和决定重要干部使用以外，要腾出主要的时间和精力来做思想政治工作，做人的工作，做群众工作。[②] 此外，邓小平还提出要建立和健全思想政治教育的专门机构，建设一支高素质的思想政治工作队伍。可以说，在以邓小平同志为核心的党的第二代中央领导集体的大力推动下，党的十一届三中全会之后中国思想政治教育的理论与实践进入了一个蓬勃发展的新时期。思想政治教育作为一门学科、高校思想政治教育作为一个重要的实践和理论研究领域迅速发展起来。

21世纪以来，中国的国际国内形势发生了深刻变化，思想政治教育

---

① 《中共中央关于社会主义精神文明建设指导方针的决议》，《人民日报》1986年9月29日第1版。

② 《邓小平文选》第2卷，人民出版社1994年版，第365页。

面临着新的机遇与挑战。在对国内外形势和党所肩负的历史任务的深刻认识和准确把握基础上，江泽民于 2000 年春提出了"三个代表"思想。这个论述是对党的性质、宗旨和历史任务的新概括，是对马克思主义建党学说的新发展，也是对各级党组织和广大党员的新要求，进一步明确回答了在机遇与挑战并存的 21 世纪，我们要建设一个什么样的党和怎样建设党的问题，为党员的思想政治教育提出了明确的目标，指明了大方向。2001 年，中共中央印发了《公民道德建设实施纲要》（以下简称《纲要》），强调了公民道德建设的重要性，确立了公民道德建设的指导思想、方针原则和主要内容，指出要大力加强基层公民道德教育，深入开展群众性的公民道德实践活动，积极营造有利于公民道德建设的社会氛围，努力为公民道德建设提供法律支持。同时，《纲要》强调了要切实加强党对公民道德建设的领导。

2004 年，中共中央下发了《中共中央国务院关于进一步加强和改进大学生思想政治教育的意见》（以下简称《意见》）。《意见》指出加强和改进大学生思想政治教育是一项重大而紧迫的战略任务，明确了加强和改进大学生思想政治教育的指导思想和基本原则、主要任务。《意见》强调要充分发挥课堂教学在大学生思想政治教育中的主导作用，并就如何发挥主导作用提出了具体意见。《意见》还指出要努力拓展新形势下大学生思想政治教育的有效途径，充分发挥党团组织在大学生思想政治教育中的重要作用，大力加强大学生思想政治教育工作队伍建设，努力营造大学生思想政治教育工作的良好社会环境，切实加强对大学生思想政治教育工作的领导，并就如何做好上述工作提出了具体的指导意见。《意见》是 21 世纪伊始关于改进和加强高校思想政治教育的一份纲领性文件，对新形势下高校思想政治教育的理论与实践具有重要的指导意义。

2007 年，胡锦涛在党的十七大报告中全面阐述了科学发展观的科学内涵，强调了科学发展观的第一要务是发展，核心是以人为本，基本要求是全面协调可持续，根本方法是统筹兼顾。科学发展观是中国共产党的重大战略思想，党的十七大将科学发展观写入党章，党的十八大将科学发展观列为党的指导思想。科学发展观的提出对于思想政治教育工作的巨大指导意义在于：要在个体主体性不断发展的条件下适时调整思想政治教育的根本目标——由凸显社会目标（为社会发展服务）转变为个人的发展与社会发展并重，强调个人发展与社会发展的统一。科学发展观的提出意味着由中国共产党及其领导的政府所推动的思想政治教育的价值取向向以人为本的根本转变,这一转变对于各领域的思想政治教育的内容、方式、方法、途径特别是目标要求具有重大的指导意义。

党的十八大以来,习近平总书记在不同场合的系列讲话中关于思想政治教育的重要论述,将我国思想政治教育的发展推向了新高度,对于思想政治教育学科建设具有重要的指导意义。"两个巩固"[1]的重要论述,解释了马克思主义理论一级学科及思想政治教育二级学科的学科特色和学科定位;"增强国家精神力量"的重要论述,提出了学科建设的新目标和新格局;培育、践行和遵循"明大德、守公德、严私德"的重要论述,提出了思想政治教育要承担起"明大德"及其与"守公德""严私德"整体并进的理论研究和实践指引的科学责任,提出了思想政治教育要增强"本领意识",加强学科建设的科学性、针对性和实效性的要求。[2]

胸怀大局、把握大势、着眼大事,做到因势而谋、应势而动、顺势而为,[3] 这是我们宣传思想工作的总体要求,也是思想政治教育学科建设的总体要求。思想政治教育学科要从"大局""大势"和"大事"上,确定新的发展起点,形成新的发展定位。习近平总书记指出,要深入开展中国特色社会主义宣传教育,把全国各族人民团结和凝聚在中国特色社会主义伟大旗帜之下。[4] 丰富人民精神世界的同时,要"坚持巩固壮大主流思想舆论,弘扬主旋律,传播正能量,激发全社会团结奋进的强大力量",[5] 增强人民的精神力量。习近平总书记的上述观点给思想政治教育提出了新的要求。思想政治教育工作、思想政治教育学科建设的新目标的确定以及新格局的形成都要以此为核心,要从增强国家精神力量、满足人民精神需要的高度拓展思想政治教育的学科视域,丰富思想政治教育的内容与形式、过程与方法,使思想政治教育能够在弘扬中国精神、增强国家精神力

---

[1] 2013年,习近平总书记在全国宣传思想工作会议上指出,宣传思想工作就是要巩固马克思主义在意识形态领域的指导地位,巩固全党全国人民团结奋斗的共同思想基础。

[2] 顾海良:《思想政治教育学科建设的新起点——学习习近平系列重要讲话中阐发的思想政治教育思想》,《教学与研究》2014年第9期。

[3] 习近平:《胸怀大局把握大势着眼大事 努力把宣传思想工作做得更好》,《人民日报》2013年8月21日第1版。

[4] 同上。

[5] 同上。

量中，在实现中华民族伟大复兴中发挥更为显著的作用。①

第三节 社会分层视域下高校思想政治教育研究对相关学科知识的借鉴

如前所述，本书是基于社会分层视角的高校思想政治教育研究，是以马克思主义为指导，涉及政治学、社会学、教育学、系统科学等多学科知识的研究论题，对于这些学科知识的充分借鉴和综合吸收既是论题研究的必须、保证了论题研究的顺利进行，也拓展了论题研究的视角。

一 高校思想政治教育研究对社会学知识的借鉴

基本概念的界定是学术研究的初始。本书研究高校思想政治教育问题的立足点是阶层，研究背景是当前中国的社会阶层结构现状。阶层、阶层结构、社会分层等概念是社会学中的重要概念，特别是社会学中的社会分层理论对于"社会分层视域下高校思想政治教育实证研究"这一论题研究工作的具体开展具有直接借鉴意义。

阶层既是人们主观建构的、想象的共同体，又是客观存在的差异化群体（非平等关系的差异化群体）。作为差异化群体，阶层的边界即阶层划分的标准是人们主观意识的产物，但社会成员在阶层归属上的自我认同与外界依据一定的标准对其进行的阶层划分不必然同一。

阶层的存在是一个客观事实，这一事实说明一个社会内部的各成员不是毫无差别的存在，这些成员之间总是存在着这样那样、或多或少的差异，阶层是从更为宏观的视角来观察这些差别，并将这些个体差别依据一定的标准进行归类。那么一个现实的问题是，我们要以什么样的标准来区分不同的阶层，或用什么来说明一个阶层是特别的、区别于其他阶层的群体性存在？作为社会成员的个体又是根据什么认为自己是归属于某个特定的阶层而不属于另外的阶层的？这就是社会分层理论所要解决的问题。社会分层作为一个社会学的概念，是指依据一定具有社会意义的属性，将一

---

① 顾海良：《思想政治教育学科建设的新起点——学习习近平系列重要讲话中阐发的思想政治教育思想》，《教学与研究》2014年第9期。

个社会的成员区分为高低有序的不同层次的过程和现象。在社会学中，"社会分层是从静态的角度，分析描述社会阶层结构的分化内容、形式、形成的层次和分布形态，是研究社会阶层结构分化的质变过程"①。近现代以来，生产力的提高带来了生产方式的变革，社会经济快速发展，由此引发的社会阶层结构的变化日益引人注目。在社会分层领域里，存在着两大传统或两大分层模式，即马克思主义的阶级理论和韦伯主义的阶层理论。马克思和马克斯·韦伯作为两种社会分层理论的创始人，他们对社会分层的本质、要素、形式等分别作出了不同的理论解释，代表了两种在本质上不同的理论取向，形成了两种不同的社会分层模式，这两种分层模式对现代社会的分层有着广泛而深远的影响。

  阶级分析理论是马克思主义理论的重要组成部分，阶级分析法是马克思主义分析社会政治现象的基本方法。马克思的阶级分析理论的主要观点包括以下几个方面。第一，阶级的存在是一种历史现象。第二，阶级是一个经济范畴。阶级的划分是由于人们在特定的生产体系、经济结构中处于不同的地位、结成不同的关系所决定的。第三，阶级斗争对阶级社会发展有巨大的推动作用。与马克思阶级分析理论不同，德国社会学家马克斯·韦伯建立了社会阶层分析理论。在西方社会学史上，韦伯是最早明确提出社会分层理论的社会学家。韦伯主张从经济、政治和社会三项标准来进行社会分层，即经济标准、政治标准和社会标准（经济标准即财富标准，政治标准即权力标准，社会标准即威望或声望标准）。由陆学艺主编的关于中国社会阶层研究的系列报告中对于当前中国社会阶层结构的分析就是对马克思主义的阶级分析理论和韦伯的社会分层理论的继承和发展。本书在绪论中借用陆学艺老师主编的关于中国社会阶层研究的系列报告中的相关成果对当代中国社会阶层结构的现状作了简要说明，以满足课题研究的需要。

二　高校思想政治教育研究对系统科学知识的借鉴

  广义的系统科学是包括系统论、控制论、信息论、突变理论、超循环理论、耗散结构理论等学科在内的一门综合性科学。这些学科以不同方式、从不同的角度研究系统的性质和运动状况，深刻揭示了系统所具有的普遍联系和不断发展的基本特征和规律，丰富和发展了唯物辩证法。系统

---

① 陆学艺主编：《当代中国社会流动》，社会科学文献出版社2004年版，第1页。

科学所提供的"系统"与"要素"这对范畴相对于以往哲学中的"部分"与"整体"更能深刻反映事物之间的关系。系统科学强调系统是事物的存在形式，系统科学中的系统与要素、开放与封闭、结构与功能、有序与无序这些具有普遍性的辩证的对偶范畴，丰富和发展了唯物辩证法，拓展了哲学基本范畴，对于立足于社会分层视角的高校思想政治教育研究来说具有极大的借鉴和启示意义。高校思想政治教育及相关研究工作要将学生置于社会大系统之中，既要注意到这一群体作为部分的独特性，同时也不能忽视这一群体是社会整体的一个有机组成部分，与其他社会群体存在着复杂的相互关系和作用；既要看到大学生群体的思想政治教育与社会系统环境之间的相互作用，从外部环境入手探索加强和改进高校思想政治教育的方法和途径，也要从高校思想政治教育自身也是一个系统的客观事实出发，分析和研究这个系统自身的构成要素及其相互作用，寻求改进和加强高校思想政治教育的具体对策。同时，要将两者结合起来，积极探索在当前社会阶层结构复杂化的背景下，要如何通过协调、优化高校思想政治教育系统内部要素的作用方式来改进和加强高校思想政治教育，使之能够适应和更好地满足新形势下大学生发展与中国社会发展的双重需要。

三 高校思想政治教育研究对政治学知识的借鉴

思想政治教育学是一门独立的学科，但由于思想政治教育在理论和实践层面与社会政治的直接关联性，这门学科从学科成立伊始就不可避免地要与政治学有着千丝万缕的联系。政治学的相关学科知识对于包括高校思想政治教育在内的一切思想政治教育问题的研究来说具有直接的借鉴意义。提升大学生的政治社会化水平，帮助大学生建构符合自身发展和社会发展需要的政治人格是高校思想政治教育的基本任务。鉴于大学生政治社会化与高校思想政治教育的直接关系，政治学中的政治社会化理论对于高校思想政治教育研究来说具有尤为重要的借鉴和启示意义。现代意义上的政治社会化研究始于西方，因此，西方学者关于政治社会化的研究成果对具体、深入、系统地研究高校思想政治教育问题具有重要的前提性、基础性意义。20世纪50年代以来的西方政治社会化基本理论主要包括以下几个方面。

第一，儿童政治社会化理论。在现代意义上的政治社会化研究的早期，多数学者都将政治社会化研究的着眼点放在儿童和青少年身上。其代表人物有格林斯坦、戴维·伊斯顿、杰克·丹尼斯等。其主要理论观点包括：儿童和青少年的政治态度、政治评价等受家庭和学校的影响较大；家庭成员中的父亲形象对儿童和青少年的政治社会化具有更为重要的影响；另外，电视、广播、书籍等大众传播媒介在政治文化传播的过程中发挥着重要的作用，特别是会影响儿童对于权威人物的看法。由于以上这些因素的存在，儿童和青少年在对权威人物、社会政治现象和政治体系等还没有清晰认识之前，就已经开始对其产生了好恶的情绪。这可能给社会政治制度提供扩散性支持，也可能给社会政治体系的维系带来潜在隐患，从而对政治权威的树立、对政治体系的政治合法性基础起到促进、巩固或削弱的作用。这一时期的政治社会化研究是建立在儿童和青少年具有较高的可塑性基础之上的，非常重视家庭、学校以及其他媒介和社会环境因素对于儿童和青少年的政治行为的影响。这一理论启示我们必须充分重视大学生原生家庭的阶层归属的差异性对其政治社会化可能产生的巨大影响，高校思想政治教育只有在重视和实际把握这些影响的前提下才能有针对性地开展工作，进而保证思想政治教育的实效性。

第二，政治社会化方式理论。政治社会化方式理论的基本观点是：政治社会化是公民学习获得的、对政治世界形成一定认识的过程，是将其政治标准和政治信仰从一代传给另一代的方式。政治社会化分为学习和传授两个过程。公民学习政治知识和政治文化的方式有直接的也有间接的。政治社会化的不同媒介如学校、家庭和包括社会机构、社会环境在内的其他媒介对公民政治社会化的作用力如果能够在大方向上保持一致、形成合力就会增强政治社会化的效果；反之，就会削弱彼此对公民政治社会化的影响。这一理论还特别强调教师对于学生政治社会化的影响，认为教师相对于父母来说更具有权威性。这一理论对于研究不同媒介对社会个体政治社会化的影响及这些媒介的作用方式和作用力彼此之间的相互影响具有重要的启示意义。在当前的社会阶层结构背景下，如何协调这些不同的媒介对大学生的作用方式和作用力，尽可能使其对于来自不同阶层家庭的大学生都能够发挥积极的影响是高校思想政治教育特别是从事高校思想政治教育理论研究的人员和思想政治理论课教学的一线教师所不能回避的重要问题。

第三，群体社会化理论。这一理论的主要观点是：强调了社会成员所归属的群体对其人格形成具有决定性影响，儿童成长的过程中逐渐将自己归属于某一群体，并渐渐接受了这个群体的文化、规则和准则，同一群体中的儿童由于同化现象而变得十分相似。正是这种群体内部的同化现象深刻地影响着个体的社会化包括政治社会化的内容、途径、方式和方法，最终在很大程度上决定了社会化的结果。因此，借鉴和应用群体社会化理论，将教育对象视为群体成员、重视研究和有效利用群体成员之间的相互影响，将会大大提升当前高校思想政治教育工作的成效。

第四，政治心理视角的政治社会化理论。这一理论的代表人物是威廉·斯通，其主要观点是：认为社会成员作为个体的性格结构（由认知、认同和情感这三个要素组成）是其政治态度赖以确立的基础，决定了个体对他所置身的政治世界的不同方面的信念的接受，也决定了他怎样将这些信念组织起来……正是在这种个人的基础上，形成了信念和态度结构，而这种结构又构成了个人对他的政治环境的取向。[①] 有鉴于此，斯通指出，社会环境因素诸如社会经济背景和地位等对于个体政治社会化施加影响，个体所处的环境不同会导致其在取得文化资本的数量和类型上存在差异时产生不同的政治认知，从而影响个体的政治认同。这一理论既看到了社会环境因素对个体政治社会化的影响，也为优化人的认知结构、提高个体的自我认同以促进政治社会化提供了一个独特的视角，对于社会分层背景下的高校思想政治教育研究来说具有直接的启示意义。

总体上看，思想政治教育学科交叉特征明显，思想政治教育研究及具体的思想政治教育实践需要借鉴、运用到多学科的知识，思想政治教育从业者的培养必须立足学科本身的交叉性，注重提升从业者的综合素质和能力，以满足本学科人才培养及思想政治教育工作实践的客观需求。

---

① [美]威廉·F.斯通：《政治心理学》，胡杰译，黑龙江人民出版社1987年版，第57—59页。

第三章

思想政治教育系统的结构

如前所述，从系统论角度看，思想政治教育是一个由不同的要素、通过一定的方式有机结合所组成的结构体系，系统内各要素的相互作用力和作用方式决定了思想政治教育的发生、发展，也决定了思想政治教育的目标能否实现、能够在多大程度上实现以及怎样实现。这个系统的组成非常复杂，过于细致的分析会导致主要因素淹没在大量信息之中，过于简化的系统模型又会因失去一些重要因素而阻碍我们去发现规律，因而难以说明原因和解决问题。这里我们根据课题研究的需要忽略了一些因素，得到了一个相对简单的系统模型：它既在总体上反映了思想政治教育的系统构成，又把系统简化到能够很好地服务于我们的研究目的。这个系统模型的构成要素如下：主体、客体、介体和环体。

"要素"一词在英文中的表述为"essentiality"，基本含义有"根本性""基本性""必要性""本质"等。中文里，"要素"通常被作为与系统联系起来的一个概念来使用。相互作用的诸要素集合起来就构成了系统，可以说，要素是构成有机系统的最基本的要件，对于一个系统来说，这个构成要件是系统中不可再次分割的基本组成部分。思想政治教育系统的构成要素是思想政治教育得以存在和发展的决定性因素。对思想政治教育系统结构进行分析，必须在立足于整体的基础上，从构成这个系统的要素入手进行研究，可以说，对一个系统的构成要素的分析，是系统性研究的核心内容。

本书着眼于思想政治教育系统的整体，提出了"四要素论"的观点，即认为思想政治教育系统由思想政治教育的主体（思想政治教育活动的发起者）、思想政治教育的客体（接受思想政治教育的人、思想政治教育的对象）、思想政治教育的介体（思想政治教育者传递给受教育者的信息）、思想政治教育的环体（思想政治教育环境）等四个要素构成。从系统论的角度来研究思想政治教育问题，就是要从上述四个要素入手，研究这些要素的产生和发展过程、条件以及它们之间的相互作用方式。

虽然思想政治教育在 20 世纪 80 年代才作为一门独立的学科发展起来，但思想政治教育活动却与阶级社会的历史一样漫长，并且随着社会历史的发展不断演化，在不同的历史时期有不同的内容、途径和方式。即使在同一历史时期，在不同的群体、不同的民族、不同的国家中，思想政治教育的内容、途径和方式也是多种多样的，作用上也存在着或多或少的差异，但从总体上讲，构成思想政治教育系统的基本要素却是不变的——主体、客体、介体、环体这四个要素缺一不可。从实践层面看，思想政治教育主要是人类在社会政治生活领域的实践，就当前而言，以大学生为教育对象的思想政治教育是人们在社会政治生活领域的实践活动的重要组成部分。人类的实践活动离不开主体（发起活动的人）、客体（活动的对象）、介体（活动的载体）、环体（活动发生的环境）等四个方面的基本要素，这四个基本要素在思想政治教育中也同样不可或缺。没有主体，思想政治教育就无从发生；没有客体，思想政治教育就失去了实践的对象；没有介体，思想政治教育的主体与客体之间就失去了桥梁和纽带，对象性关系就不能生成；没有环体，思想政治教育的主客体就无法存在，就从根本上违背了社会存在决定社会意识的马克思主义基本原理，在历史观上就陷入了唯心主义，对于思想政治教育本身及相关问题的探讨就会沦为抽象的思辨。

第一节 思想政治教育的主体

思想政治教育的主体[①]是思想政治教育活动的发起者，这是思想政治教育系统构成的主体要件。思想政治教育的主体是思想政治教育活动的主导者，这个主体的主体性如何直接决定了思想政治教育的目标能否实现以及在多大程度上实现。

---

① 需要特别指出的是，本书中所提及的思想政治教育是指教育者与教育对象不同一的教育活动。在自我教育中，思想政治教育的主客体具有同一性。本书中的思想政治教育主体不包括自我教育中的教育主体。

一 思想政治教育的一般主体及其主体性

在思想政治教育系统中，一般主体是教育者，① 其作为思想政治教育的一般主体的主体性是指教育者在思想政治教育活动中的能动性、主导性。自主性、自为性、选择性、创造性是教育者主体性的具体化。教育者主导思想政治教育活动的能力与其作为教育主体的主体性强弱具有直接的关联性。在思想政治教育活动中，教育者的自主性即教育者把自己视为思想政治教育活动的主导者、要主导教育活动的意识的外化，是教育者在对教育对象施加影响的过程中所显示出来的"主人"性质。自为性一方面表现为教育者对于教育对象的需要、特征的自觉，另一方面也表现为对于思想政治教育的目标和任务的自觉，自为性是教育者自主性的展开形式。选择性是扬弃了的自为性，是教育者作为人的意志自由或自由决断的性质和本质力量在思想政治教育中的反映，是教育者根据思想政治教育的目的、在充分考察教育对象的基础上针对教育对象的主要需求或主要问题确定思想政治教育的内容和方式、方法、途径，即做出最优决断和决策来对教育对象施加最有效的影响。在思想政治教育活动中，教育者的选择性的状况在很大程度上决定了教育者在教育活动中所表现出来的主体性的强弱，并最终决定了教育者对于思想政治教育活动的主导能力。创造性是教育者在思想政治教育活动中的主体性的最高形式。在选择性里，教育者还只是做出了最佳决断，使自身作为主体的目的与作为客体的教育对象的主要需要的满足或问题的解决具有了统一的可能，但这种可能依然停留在理论的王国，教育者的创造性却使这种可能变为现实，通过自己的实际活动改造了教育对象，实现思想政治教育的预期目标。

综上所述，思想政治教育者的主体性是作为社会主体的人的主体性在思想政治教育领域的具体表现。思想政治教育者的主体性本身不仅是一个主观能动的范畴，同时还是一个客观实践的范畴。教育者的主体性要通过而且必须通过实践活动即通过教育者的对象性活动才能得以实现和自我确证。因此，教育者在思想政治教育中的主体性是一个意识与活动、应然属性与实然能力相统一的范畴。

---

① 对于高校思想政治教育来说，其一般主体即教育者是指高校的思想政治理论课教师和辅导员，不包括全员育人语境下的其他专业课教师。

二 思想政治教育的特殊主体及其主体性

需要特别指出的是，政府和以执政党为核心的社会政治组织既是社会政治体系的重要组成部分，参与建构着思想政治教育的系统环境，又是思想政治教育的特殊主体，其作为主体的特殊性一方面表现为对于社会主导政治文化和社会道德风尚的引领和控制，另一方面表现为政府和以执政党为核心的社会政治组织兼具直接主体和间接主体的双重身份。作为直接主体，政府和社会政治组织直接向客体传递思想政治教育信息；作为间接主体，政府和社会政治组织通过教育者（一般主体）将承载着思想政治教育目标的信息传递给教育对象。引导推动社会成员的政治社会化、使之符合自身发展的需要既是任何政治体系运行过程中的一种必然的内在诉求，也是政府和社会政治组织积极介入社会成员的政治社会化、竭尽所能对其施加影响的根本内驱力。在思想政治教育过程中，政府和社会政治组织作为特殊主体的能动性主要表现为：第一，在主体层面上，积极推进思想政治教育者的队伍建设，培育素质过硬的思想政治教育从业者；第二，在介体层面上，创新、发展和传播主导政治文化，引领社会道德风尚，引导和控制政治亚文化；第三，在客体层面上，培养和提升社会成员的思想道德素质、政治素质和法律素质；第四，在环体层面上，不断完善政策、优化社会环境，通过有效的社会制度安排，对社会成员的政治社会化从外部环境方面施加积极影响，同时重视并不断加强执政党自身建设，不断提升广大党员的政治社会化水平，以配合思想政治教育活动。

社会政治体系维护与巩固自身的需要而产生的内驱力以及自身所具有的政治能力使政府和社会政治组织在思想政治教育系统中的能动性得以生成。维护和巩固社会政治体系的需要是促使政府和社会政治组织的能动性在主观方面得以生成的关键因素，而政治能力则是促使其能动性在客观层面（实践层面）得以生成的关键因素。站在社会政治体系的角度，维护和巩固社会政治体系就意味着要增强其政治合法性，即要不断巩固和强化群众基础，这就需要对社会成员的政治社会化过程进行有效引导，使之向着执政党和政府所预期的方向发展，思想政治教育因此而成为执政党及其领导下的政府实现这一目的的重要手段。而政府和以执政党为核心的社会政治组织在思想政治教育中的能动性能够由主观意愿走向客观实践层面则有赖于其自身所具有的政治能力。政治能力是建立在国家政权基础之上的，主要包括政治意识能力、政治力量和政治文化培育能力。政治意识能力是指对社会中政治利益关系现状及其优化等社会政治问题进行自觉而集中的思考以寻求解决办法的能力，以及进行意识形态生产从而为政治体系合法性进行论证的能力。政治力量集中表现为能够自由调配社会的各种政治社会化资源。作为在社会政治体系中具有支配作用的重要组成部分，政府和执政党由于拥有政治权力而能够对社会资源包括社会政治资源进行权威性分配，比如对于广播、电视、报纸甚至网络等大众传播媒介的控制，对于各级、各类教育机构的管理和控制，使其成为传播主导政治文化、对社会成员进行意识形态同化及引导社会道德风尚的工具和机构，等等。社会政治体系由于具有建立在国家政权基础之上的政治能力，因而在思想政治教育中具有强大的主导性和能动性。

第二节　思想政治教育的客体

思想政治教育的客体是主体的思想政治教育活动所指向的对象，即教育对象，思想政治教育的实效性最终要通过作为客体的教育对象的思想和行为体现出来。思想政治教育的客体又不是一般的实践客体，他们是一些生活在现实的社会中的、能动的个人。这些能动的个人不是被动地接受教育主体对他们施加的影响，在思想政治教育的过程中，他们同样具有自主性、自为性、选择性、创造性，即思想政治教育系统中的客体是具有主体性的客体。

在思想政治教育中，客体的自主性表现为教育对象对于自己作为社会主体的地位的确认，以及基于此所表现出来的、将自己视为接受主体，将教育者传递的信息和对其施加的影响视为客体的意识。自为性是客体在思想政治教育过程中对于思想政治教育的目的、对于主体传递给他的信息以及自身需求的自觉。思想政治教育中，客体的选择性是指客体在自为性的基础上对于教育者所传递的信息和施加的影响要作出何种反映的决策——选择接受、认同，以及在多大程度上认同，还是选择拒绝接受、拒绝认同，即表现为客体在思想政治教育活动中所具有的通过理性思考从而做出自主选择的意识。在思想政治教育系统中，客体的创造性则表现为教育对象在自己通过理性思考而做出的最优决断或决策的指导下开展实践活动。

客体的实践活动是其思想观念的外化,也是评价客体的思想道德素质、政治素质和法律素质的根本依据,是评估思想政治教育实效性的根本尺度。

人性即人之存在的特殊性,主体性内含于人性当中,是人的存在的特殊性的最集中、最突出的表现形式,也是人性中最为根本的层面。教育对象作为思想政治教育的客体,其在思想政治教育中的主体性的生成是人性中的最根本层面在思想政治教育中的具体表现。客体作为现实的、能动的人,不是无时无刻都具有思想政治教育的主体性的。主体性本质上是作为主体的人在与客体的对象性关系当中所表现出来的特殊性。思想政治教育活动一旦开始,就意味着教育主体与客体这种对象性关系的确立,客体在思想政治教育中的主体性正是在二者之间的对象性关系中得以展现和自我确认的。因此,客体在思想政治教育中主体性的生成过程与思想政治教育过程是同始终的。

第三节 思想政治教育的介体

中介是不同事物之间或同一事物的不同要素之间发生间接联系的表征,它是一种哲学概念。如前所述,思想政治教育中的主体与客体是一种对象性关系,主体与客体也只有在这种对象性关系中才能够确定自身。思想政治教育主客体之间关系的建立离不开中介,这个中介就是思想政治教育的介体,是思想政治教育的主体与客体之间的对象性关系得以生成的纽带和桥梁。

思想政治教育主体对客体施加的任何影响都是通过信息的传递来实现的,信息的传递总是要借助一定的载体,大部分学者据此将承载信息的载体称为思想政治教育的介体。笔者认为,这些承载信息的工具并不是思想政治教育的介体,因为主客体之间的对象性关系最终是以信息为纽带和桥梁才得以建立的。因此,在思想政治教育系统中,介体只能是信息,是作为主体的教育者所要传递给作为客体的教育对象的信息集合,即思想政治教育的内容,它是思想政治教育介体的组合形式。语言、文字、符号、声音是信息的具体存在形式;包括报刊、电视、互联网、手机等则是信息传递或流动的工具,只是信息的载体(是信息传播的媒介或介体),而不是思想政治教育系统的介体。因此,从介体的本质和思想政治教育的主体与客体的对象性关系的实质来看，只有特定的信息即思想政治教育的内容才符合思想政治教育介体的本质规定。

作为连接教育主体与教育客体的纽带，思想政治教育介体的作用通过主客观两个方面体现出来。一是作为可供客体学习、选择、内化的对象而存在，即作为客体的认知对象而存在，体现着当前社会对个体在世界观、人生观、价值观、政治观、道德观、法制观等方面的基本要求，思想政治教育主体正是通过介体改变客体的认知结构，影响、塑造客体的政治人格、道德人格，提升客体的法律素质，实现主体对客体在主观意识层面的改造目的的。二是指导思想政治教育客体的行为，即通过影响客体的主观意识最终影响客体的行为，实现主体在实践层面对客体的改造目的。

第四节 思想政治教育的环体

思想政治教育的环体即思想政治教育环境。思想政治教育总是在一定的社会历史条件下、在一定的环境中进行，并受这些条件和环境的影响、制约和决定。"不是意识决定生活，而是生活决定意识"[1]，这里的生活，即社会生活，即现实的人的生活。社会环境和条件既是这些现实的人的活动的结果，也是人的活动包括思想政治教育活动得以进行的环境和条件。环境是思想政治教育发生和开展的重要条件和支撑。它不仅为思想政治教育提供场景，而且嵌入在思想政治教育系统中，是思想政治教育主客体生存和发展的现实条件，从而成为对思想政治教育的发生发展具有决定性影响的系统内部要素。"思想政治教育环境是一种特殊意义的环境，它不同于对人们起自然影响作用的广义的环境或普通环境，而是特指影响和制约思想政治教育活动和思想政治教育对象的思想品德形成与发展的一切外部因素的总和，包括社会环境、家庭环境、学校环境和人际环境。"[2] 其中家庭、学校、同辈群体及社会组织是思想政治教育的微观环境，社会环境是思想政治教育的宏观环境。

---

[1] 《马克思恩格斯文集》第1卷，人民出版社2009年版，第525页。
[2] 陈万柏、张耀灿主编：《思想政治教育学原理》，华中师范大学出版社2009年版，第79页。

一 思想政治教育的微观环境

思想政治教育的家庭环境是指影响个体世界观、人生观、价值观、法制观等形成和发展的各种家庭因素,包括家庭成员之间的关系、家庭经济状况、父母的思想道德素质和政治素质及其对子女的教育理念和态度等多种因素。在个体成长的过程中,家庭环境具有先置性、基础性。父母的人生观、价值观、政治观、道德观以及法制观和日常生活中的行为方式等对于子女具有潜移默化的影响。从家庭是个体成长中的先置环境和条件的角度看,家庭对于社会成员道德人格和政治人格成长的影响是长期的、基础性的,这是家庭环境和思想政治教育的其他环境因素之间的最根本区别。

作为特殊的社会组织,学校是培养社会成员的专门机构。思想政治教育的学校环境主要包括学校的文化氛围、校园活动和校园风气,等等。从学校的职能上来看,学校是能够为社会成员提供专业化、系统化的思想政治教育的场所,因此,学校环境对于个体成员的思想道德素质和政治素质的形成和发展来说具有更直接的、正向的和全面的指导作用,使之发展趋向于社会发展要求。

一般来说,社会成员一生中大部分时间是作为一个职业人而存在的,职业角色是其走出校门、离开家庭开始相对独立的社会生活之后的一个重要角色,社会组织环境也因此成为构成思想政治教育系统的一个重要环境因素。社会组织的风气、管理方式、效益、领导者形象、组织内部的人际关系等是组织内部思想政治教育活动开展的现实环境,对于思想政治教育的成效具有重要影响。

社区是一定地域生活上相互关联的人群所组成的生活共同体,是思想政治教育微观环境的一个组成部分,具体包括社区的生活秩序、经济发展程度、社区风气及社区内部的人际关系,等等。加强社区环境建设、使社区在社会成员的道德人格和政治人格的发展过程中发挥积极影响是当前思想政治教育环境建设的一个重要课题。

同辈群体是指年龄上比较接近的人们所构成的非正式的、初级的群体。研究表明,十五岁之后,年龄相近的个体在交往的过程中彼此发生影响的可能性更大,影响也更为深刻,并且这种影响的自发性更强、群体效应也更强,其结果是同辈群体具有不同于其他年龄群体的鲜明的群体性特征。宏观上来看，最具代表性的同辈群体是同期群。微观上看，年龄上较为接近、同时在学习、生活或工作中又具有一定关联性的人们所组成的同辈群体彼此发生影响的可能性更大，影响也更为直接，比如一个学校的学生群体、同一社会组织中的年龄相近的成员，等等。

二 思想政治教育的宏观环境

思想政治教育的宏观环境即思想政治教育开展的社会环境，主要包括社会经济环境、政治环境和文化环境三个方面。经济环境即开展思想政治教育的社会经济制度背景和人们的经济生活条件。社会经济制度安排的科学性与人们现实的经济生活条件是评价执政党及其领导下的政府执政效能的根本标准，是社会政治体系政治合法性的最重要的基础和来源，深刻地影响着人们的政治认同，并最终决定着思想政治教育的实际效果。缺乏物质基础的思想政治教育也许能够激起人们短暂的热情，但不足以让人们对于执政效能低下的社会政治体系予以持久的认同和无限期的义务支持。政治环境是指社会的政治制度及其影响、制约下的现实政治生活状况。社会政治环境从根本上决定着思想政治教育的目的和内容，也影响着思想政治教育客体的政治态度和政治认同，进而影响着思想政治教育预期目标的实现。思想政治教育的文化环境是指一定地域内的社会文化（特别是社会政治文化）、社会风俗、历史传统、宗教信仰、教育水平以及生活方式等，也是构成思想政治教育环境的重要因素。

第五节 思想政治教育系统的"四体结构"

系统要素及其相互作用是系统的存在方式。如前所述，思想政治教育系统是一个由主体、客体、介体、环体四个基本要素组成的"四体结构"体系，探讨思想政治教育系统的"四体结构"，不仅要了解构成这个系统的基本要素，而且要进一步分析和研究构成这个系统的各个基本要素的相互关系和结合方式，从整体上把握主体、客体、介体和环体在这些相互关系中的地位和作用。厘清构成思想政治教育系统的各要素之间的关系对于思想政治教育相关研究工作的开展具有重要意义。

一 思想政治教育系统的结构方式

思想政治教育系统中诸要素之间相互结合的方式，即思想政治教育系统的结构方式。不同的观察视角会使得相同的要素在思想政治教育系统中凸显不同的作用和地位，因此会产生对思想政治教育系统的结构方式的认识差异。

从主体的角度看，思想政治教育系统的结构方式即主体中心模式。相应地，思想政治教育则更倾向于是教育者对教育对象的思想道德人格、政治人格等的形成和发展施加影响的活动。从客体的角度看，思想政治教育系统的结构方式即客体中心模式。思想政治教育则更倾向于是教育对象了解把握道德规范和政治知识、树立法制观念，并进行道德实践和政治实践的过程。从介体的角度看，思想政治教育的结构方式即介体中心模式，思想政治教育则是思想道德信息、政治信息以及法律信息等的传递方式，是社会的思想道德文化、政治文化的维持、发展和变迁的重要途径。正是在思想政治教育的作用下，社会的思想道德文化和政治文化才能够顺利实现代际传承、群体间传递（包括阶层之间的传递）、群体内部的传递，社会主导政治文化才能够由社会政治体系统地传递给社会成员，并在传递的过程中又不断地发展。从环体的角度看，思想政治教育系统的结构方式又是环体中心模式，思想政治教育是在一定的社会环境中进行的，是思想政治教育主体与客体在一定社会环境中生成和发展的过程。思想政治教育的主体、客体、介体的产生和发展都深受社会环境的影响，又彼此相互作用，社会环境因此也决定着思想政治教育的发生和发展。

可见，站在不同的角度去观察思想政治教育系统会有不同的侧重点，思想政治教育系统的诸要素在系统中的地位和作用的重要性也会因此而不同，思想政治教育系统会呈现不同的结构方式。基于本书前面对于思想政治教育的概念的界定，思想政治教育过程就是思想政治教育的主体、环体、客体、介体相互联系和相互作用的过程，思想政治教育主体、环体、客体、介体的相互作用而构成的"四体结构"体系既不是以主体为中心，也不是以客体为中心，而是以主客体之间的对象性关系为主轴，以介体为纽带，以环体为支撑的基本框架。这一主体、介体、客体与环体相互联系、相互作用的"四体结构"体系及方式（如图3.1），决定着思想政治教育的发生和发展。

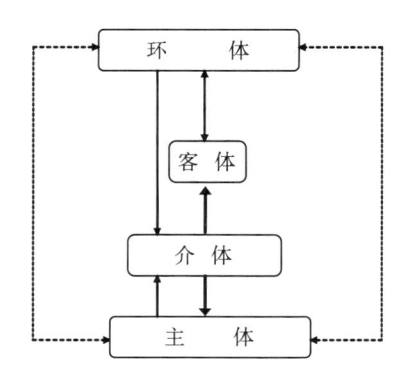

图 3.1　思想政治教育系统的结构方式

二　主体与客体的关系

主体与客体之间的对象性关系是思想政治教育系统诸要素的相互关系中最基本的一对关系。这一关系决定着思想政治教育的实际效果，也赋予了思想政治教育的环体和介体的存在以实际的价值和意义。主体与客体正是在对象性关系中确证着自身的存在。二者之间的对象性关系建立的目的是满足教育对象精神世界发展的需要，提高教育对象的思想道德素质和政治素质等以满足社会发展的要求，"这一特点将教育者与教育对象之间的关系与一般的人际关系明显地区别开来"[①]。思想政治教育主客体之间的这种对象性关系是一种建立在双方对思想政治教育的共同需要基础之上并依赖于双方之间良好的情感互动才能实现目标的工作关系。一方面，教育主体与教育客体双方都要通过思想政治教育活动来实现自己的目标要求，这使得思想政治教育活动能够顺利地开展；另一方面，思想政治教育活动（工作）的开展又离不开双方在情感上的表达与互动。在思想政治教育主客体的对象性关系中，这种工作的目的性和工作本身必须附带的情感性并不矛盾，而是有机地统一于思想政治教育的实践当中。教育者作为思想政治教育的主体是思想政治教育活动的主导者，但思想政治教育的终极目的在于促进人的生存与发展，在于对"人"自身的观照，因此，思想政治教育系统中的主客体关系是由主体主导的但却以客体的需求为中心的关

---

① 陈万柏、张耀灿主编：《思想政治教育学原理》，华中师范大学出版社 2009 年版，第 136 页。

系，客体在思想政治教育活动中所感受到的信任、尊重、温暖和满足对思想政治教育的目标能否实现及实现程度如何具有重要影响。

三 介体与环体的关系

社会文化既是环体要素的一个构成单位，是文化环境中的一个重要组成部分，又是一定的社会生产力发展水平基础之上的社会经济关系、政治关系在精神、心理层面的具体体现。当社会文化作为思想政治教育的内容被传递给教育客体时，这部分社会文化又成为思想政治教育的介体。社会经济、政治环境的变化以及整体社会文化的发生和发展决定不同时期的思想政治教育具有不同的目标和任务，对思想政治教育的主体与客体也会提出不同的要求，思想政治教育因此也就具有不同的内容。思想政治教育的内容是作为教育者的主体传递给受教育者即教育客体的信息的集合，这个信息集合在实质上是社会文化的组成部分，是思想政治教育的介体。从作为思想政治教育介体的社会文化与整体社会文化的关系上看，思想政治教育的介体与环体之间存在着从属关系，思想政治教育的介体因此具有双重身份——既是思想政治教育的介体，又是思想政治教育系统中环体的一个重要组成部分。

不同的社会经济、政治、文化环境会孕育出不同的思想政治教育介体。从宏观层面看，由思想政治教育的根本任务所决定，当代中国的马克思主义作为马克思主义中国化的最新理论成果，是当前中国社会的主导政治文化，担负着引导和整合各种政治亚文化的重任，因此也是思想政治教育的最为重要的介体。从微观层面上看，各社会群体或阶层都有自己特定的生长环境，这个环境就是各群体或阶层范围内的社会经济、政治和文化环境，这个环境既生产了阶层或群体本身，也生产了属于阶层或群体的独特的社会文化及相应的文化需求，因此不同的客体会对思想政治教育介体有不同的要求，对相同的介体也可能会有不同的认同度。思想政治教育环境的变化，促使介体在具体内容和表现形式等方面发生相应的变化。比如，当前思想政治教育介体相对20世纪的来说，在内容上更为丰富，在表现形式上更为多样，传播方式和渠道选择更多、传播的速度更快等，这些都是中国社会经济、政治和文化全面发展的结果。

四 主客体与环体的关系

马克思主义关于人与环境关系的理论为我们认识和理解思想政治教育

系统中环体与主体及客体的关系提供了根本性指导。人们的意识、行为总是随着生活条件、社会关系，随着人们的社会存在的改变而改变。构成多样的思想政治教育环体形塑着人们的思想和行为，影响着思想政治教育的实际效果，社会成员的思想道德水平、政治认知、政治态度和政治行为也在改造着思想政治教育环境。一方面，环境使人的本质得以生成，从思想政治教育的发生来看，正是人的发展以及在此基础之上的社会发展使思想政治教育的主体和客体具备了产生的主客观条件，思想政治教育是人的发展与社会发展相互作用的结果。另一方面，人通过实践活动改造环境，确证着自己的本质力量。因此，在思想政治教育中，主体、客体与环体是双向建构关系。其一，思想政治教育的环体是思想政治教育发生的基础和条件，表现为主体与客体的生成、发展条件和主体开展思想政治教育活动、客体接受思想政治教育的现实环境和条件。即环体影响、决定着思想政治教育主体与客体的发生和发展，形塑着主体与客体的思想和行为。其二，环体又是思想政治教育主体与客体实践活动的对象，即环体在作用于思想政治教育主体与客体的同时，主体、客体作为能动的个人对于环体要素同样具有改造和建设作用。通过思想政治教育活动来实现对环体的改造和建设是主体开展思想政治教育活动的一项重要任务。

在思想政治教育环境中，社会经济环境特别是个体成员在社会经济关系当中所处的地位对他的政治社会化方向和效果具有决定性影响。一般来说，利益是人们学习政治知识、认识社会政治现象、参与社会政治生活、结成社会政治关系的根本动力。人们认识社会政治现象、了解社会政治生活、形成特定的政治心理和政治意识以及相应的政治参与实践往往是从认识自身的利益及其与社会政治的关系开始的。社会成员积极地关注政治、参与社会政治生活，其对于社会政治体系的情感和态度的倾向性从根本上来讲是由社会政治体系的运行效能来决定的。也就是说，社会政治体系在运行过程中对社会成员利益要求的满足和实现程度是决定其自身政治合法性强弱的关键因素，也是决定社会政治体系对社会成员的政治社会化进行引导和控制力大小的关键因素，也就在客观上决定了思想政治教育的目标能否实现及在多大程度上实现。社会政治体系运行效能越高、对人们利益要求的满足和实现程度越大，人们对政治体系的接受、认同和维护的意愿就越强、程度就越高。相应地，社会政治体系对整个社会生活的影响和控制力也就越强，整合社会政治文化、引导和控制人们政治社会化也就越容易，思想政治教育的目标也就越容易实现。

五 主客体关系生成与介体

介体是思想政治教育中主体与客体相互联系、相互作用的中介因素。在思想政治教育系统中，介体在主客体关系生成过程中的中介性主要表现为关联性、传导性。关联性是指思想政治教育主体通过介体对客体施加影响，这是主客体之间的对象性关系得以生成的纽带和桥梁。传导性是指思想政治教育介体发挥作用的方式。信息的传递即信息流动，是信息的作用方式，作为思想政治教育介体的信息承载着思想政治教育的目标，带有明确的目的性，当信息由主体传递给客体，也将主体的目的、思想政治教育的目标传递给了客体。另外，在思想政治教育系统中，介体又是主体与客体相互作用的媒介。不仅主体可以通过介体对客体施加影响，教育对象作为客体也可以通过一定的介体作用于作为思想政治教育主体的教育者。教育者通过了解从客体反馈回来的信息把握客体的现实情况和需求，调整和确定思想政治教育的内容、方式、方法及途径，制定相应的教育工作计划，这是提高思想政治教育的针对性和实效性的重要途径，是思想政治教育工作的重要环节。

第四章

社会分层对高校思想政治教育基本要素的影响

现实的社会阶层结构是思想政治教育环境的一个重要组成部分。作为高校思想政治教育的一般主体与客体，高校思想政治教育工作者和大学生既是社会阶层结构本身的构建者，又深受其影响。如前所述，社会分层是以社会资源的不均等分配为前提的。作为思想政治教育客体的大学生来自归属于不同阶层的家庭，而作为思想政治教育一般主体的高校思想政治教育工作者（思想政治理论课教师和辅导员）的阶层归属则取决于其在社会资源分配中所处的地位。社会资源的不均等分配以及由此而产生的社会阶层结构既是高校思想政治教育的外部环境（高校思想政治教育主客体成长和生活的外部环境），又是高校思想政治教育的内部环境（主客体将其带入高校思想政治教育当中），深刻地影响着高校思想政治教育系统的构成要素。

第一节 社会分层对高校思想政治教育一般主体的影响

当前中国的社会阶层结构既是高校思想政治教育一般主体生活的现实条件，影响和决定着高校思想政治教育一般主体的职业认同，也是思想政治教育特殊主体制定政策、出台文件以引导和推动高校思想政治教育发展的客观环境依据，影响着高校思想政治教育发展的大方向。思想政治理论课教师和辅导员作为高校思想政治教育的一般主体，是大学生思想政治教育的具体实施者，对于大学生思想政治教育效能的影响更为直接，本节从一般主体的层面考察社会分层的现实影响。

一 高校思想政治教育一般主体在社会阶层结构中的位置

如前所述，高校思想政治教育的一般主体是高校思想政治理论课教师和辅导员。高校的性质、高校思想政治理论课教师和辅导员的受教育水平（主要表现为学历水平）、工资收入水平以及职业声望客观上反映了二者的社会资源占有状况以及二者作为高校思想政治教育一般主体在当前中国社会阶层结构中的位置。中国普通高等院校在单位性质上均属于事业单位，高校思想政治理论课教师及辅导员在制度分割中自然也均属于优势地位阶层。因此，本节将省去制度分割的影响，仅从文化资源占有情况、经济资源占有情况和职业声望三个方面分别考察高校思想政治教育一般主体在当前中国社会阶层结构中的位置。这是高校思想政治教育一般主体生活的现实条件，这个条件影响和决定着高校思想政治教育一般主体的职业认同，在很大程度上决定着高校思想政治教育的成效。

（一）高校思想政治教育一般主体在文化分层中的位次

以学历和学位水平为代表的社会成员的文化教育水平，是衡量其拥有文化资源多少的根本指标。笔者将在描述当前中国人口的学历结构状况的基础上，结合高校思想政治理论课教师和辅导员的学历、学位水平的抽样调查数据来考察高校思想政治教育一般主体在当前我国文化分层中的位次。

根据国家统计局网站发布的 2010 年人口普查数据，2010 年中国人口总数为 133972 万人，[①] 而当年我国普通高等学校专任教师总数为 134 万人，[②] 即意味着 2010 年中国每十万人当中有 100 个高校专任教师。[③] 图 4.1[④] 是 2010 年中国人口普查发布的人口学历状况信息，调查显示当年中国每十万人口中有 8930 人受大专及以上教育，这 8930 人当中包括 100 个高校教师在内。

根据图 4.1 中的数据，在 2010 年，中国社会成员的文化资源占有情况存在较大差异：接受大专及以上教育的人口在总人口中所占比例不足

[①] 数据来源于国家统计局网站发布的"人口普查人口基本情况"数据，国家统计局网站，http://data.stats.gov.cn/easyquery.htm? cn=C01。

[②] 数据来源于国家统计局网站发布的"各级各类学校专任教师数"的年度数据（2010），国家统计局网站，http://data.stats.gov.cn/easyquery.htm? cn=C01。

[③] 在此笔者引用 2010 年的统计数据是因为中国最近的一次人口普查数据是 2010 年的人口普查数据，作为全国性的人口普查结果，国家统计局官网发布的数据更为权威、准确。另外，对国家统计局官网发布的数据的分析显示，2010—2014 年中国共有 3106 万普通高等学校毕业生步入社会，但相对于中国庞大的人口基数而言，这一增长对于中国人口的学历结构影响不大。因此，2010 年的数据基本能反映当前中国人口受教育的实际情况。

[④] 根据国家统计局网站发布的"人口普查人口基本情况"数据（2010）中的相关数据绘制，国家统计局网站，http://data.stats.gov.cn/easyquery.htm? cn=C01。

第四章　社会分层对高校思想政治教育基本要素的影响

图 4.1　中国人口的学历状况

10%，高中及中专学历的人口不足 15%，一半以上人口仅有初中和小学文化水平。尽管随着我国普通高等院校招生规模的逐年扩大，2010—2014 年共有 3106 万[①]本专科毕业生步入社会（如图 4.2），但人口总数也由 133972 万人增加到 136782[②] 万人，因此，接受大专及以上教育的人口在

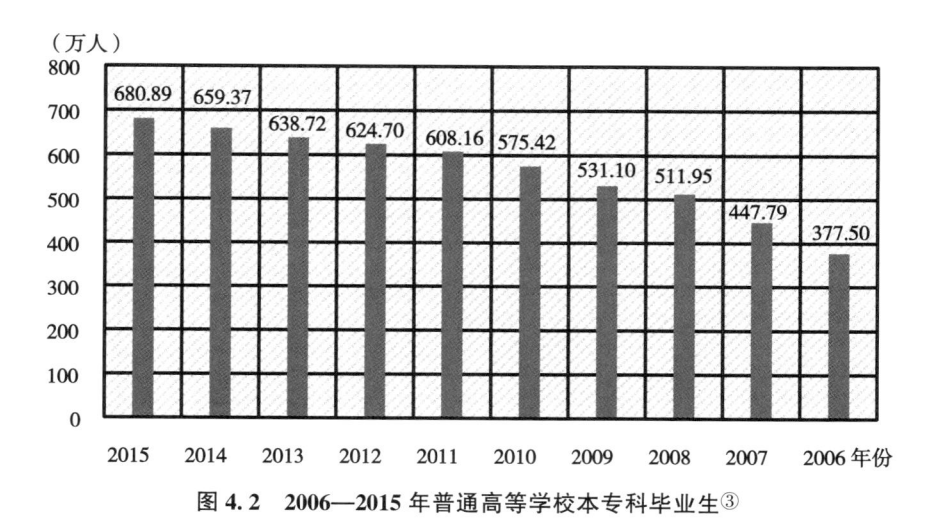

图 4.2　2006—2015 年普通高等学校本专科毕业生[③]

---

① 根据图 4.3 中的相关数据计算。
② 数据来源于国家统计局网站发布的"总人口"的年度数据（2014），国家统计局网站，http://data.stats.gov.cn/easyquery.htm?cn=C01&zb=A0301&sj=2014。
③ 根据国家统计局网站发布的"各级各类学历教育毕业生数"的年度数据（2006—2015）中的相关数据绘制，http://data.stats.gov.cn/easyquery.htm?cn=C01。

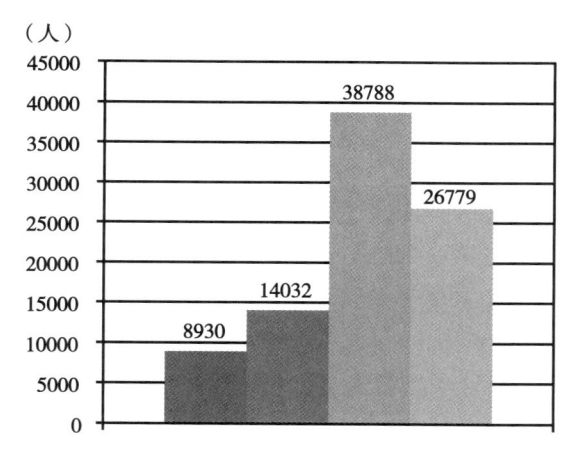

总人口中所占比例变动不大，2010年人口普查的相关数据基本呈现了当前中国社会成员占有文化资源的总体状况。

当前承担高校思想政治理论课的高校专职教师所在学科一般属于马克思主义理论学科。清华大学马克思主义学院组织编写的《高校马克思主义理论学科发展报告（2014）》中的统计数据显示，截至2014年12月31日，在参加调研的287所高校中，"具有博士学位的教师占45.7%，具有硕士学位的教师占41.6%，具有学士学位的教师占12.7%"[①]（287所高校马克思主义理论学科专职教师的学位具体情况如图4.3所示）。从各高等学校官网的招聘条件看，各校招聘辅导员的最低学历要求是本科，而在一般省属院校和部属院校的招聘条件中，辅导员招聘的学历要求则是研究生、学位要求为硕士，专职教师招聘的学历要求是研究生、学位要求则是博士。这意味着这些高等学校35周岁以下青年教师（包括思想政治理论课专任教师）均具有研究生学历并且具有博士学位，辅导员则均具有本科以上学历，而绝大多数省属和部属高等院校的辅导员具有研究生学历。结合图4.1中的中国人口学历状况的四个等级数据来看，毋庸置疑，高校思想政治理论课专任教师和辅导员在由文化资源的占有量所决定的人口的社会结构中归属于社会优势地位阶层（或社会顶层）。

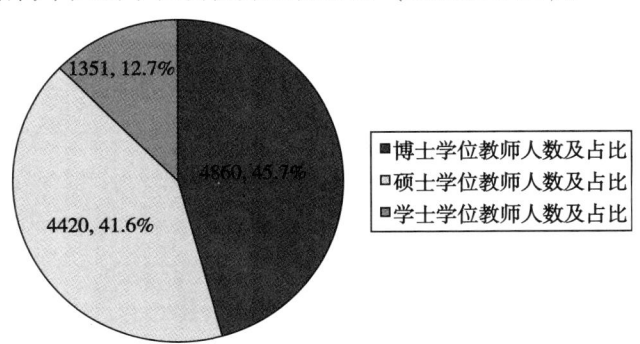

图4.3 马克思主义理论学科专职教师学位结构

（二）高校思想政治教育一般主体在经济分层中的位次

占有经济资源的数量决定了社会成员在社会经济分层中的位置，财产和工资收入是反映社会成员经济资源占有情况的最好指标，但我们很难获

---

① 艾四林、吴潜涛主编：《高校马克思主义理论学科发展报告（2014）》，高等教育出版社2015年版，第33页。

得个人财产的准确信息,因此,这里选用工资收入作为衡量个人经济资源占有情况的一项重要指标。另外,个人占有经济资源的数量不是完全取决于工资收入,还与福利有密切的关系,与工作的稳定性也有一定的相关性。而福利的获得则是由社会分配体系决定的,社会分配体系又由制度决定:一是城乡分割制度,二是单位制度。工作的稳定性也在一定程度上影响着个人财产的累积。因此,本书在考察不同职业的社会成员经济资源占有情况的时候也将福利与工作的稳定性作为两项衡量指标。基于中国的高等教育机构主要集中在城镇的具体情况,本书在考察高等教育从业人员工资状况时以城镇单位就业人员的相关数据作为统计分析的一项基本依据。

从行业划分来看,包括思想政治理论课专任教师在内的高校教师以及高校辅导员作为高等学校的就业人员均属于教育单位的就业人员。根据国家统计局网站发布的就业人员的工资信息,2008—2014 年,中国教育城镇单位就业人员的年平均工资为 43257 元,在 19 个行业中位列第十,高于城镇单位就业人员平均工资 2.96%,基本居于平均线位置。从这 7 年的平均工资水平来看,教育业与平均工资水平最高的行业——金融业相比差距较大,同一时期内,教育业就业人员的年均工资仅仅是金融业城镇就业人员年均工资的 53.8%,教育业与平均工资水平最低的行业——农、林、牧、渔业城镇单位从业人员年平均工资水平的差距也比较大,后者是前者的 46.2%。[①]

从北京大学由由、朱菲菲所做的抽样调查及对相关数据统计分析的结果来看,1999 年以来,我国高校教师的工资水平同教育业就业人员的整体工资水平一样保持提升,并且多年以来,中国高校教师的工资水平在教育行业内部一直处于优势地位,这与高校教师在劳动力市场中的高端劳动力的身份是相符合的。该调查结果表明,1999 年以来,我国高校的名义工资水平提升显著,但物价水平的增长抵消了一部分名义工资增长,用居民消费价格指数(CPI)调整后的高校实际工资水平的提升相对平缓,并处于城镇单位职工平均工资和工资水平最高行业的平均工资之间。虽然高校工资水平一直高于教育行业的整体平均工资水平,而与科研行业的平均工资基本持平,但 2007 年以后开始落后于科研行业的工资水平,且在 2010 年以后,高校与工资水平最高行业之间的工资差距扩大趋势明显

---

① 数据来源及计算依据是国家统计局网站发布的"按行业分城镇单位就业人员平均工资"的年度数据(2009—2014),http://data.stats.gov.cn/easyquery.htm? cn=C01。

(如图4.4)。同一时期内,教育行业平均工资水平与城镇单位职工的平均工资水平接近(见表4.1)①。显然,中国高校工资水平的持续提升及其一直以来在教育行业内部的比较优势并不意味着中国高校的工资水平在社会各行业中的竞争力②也同样处于持续的提升态势。

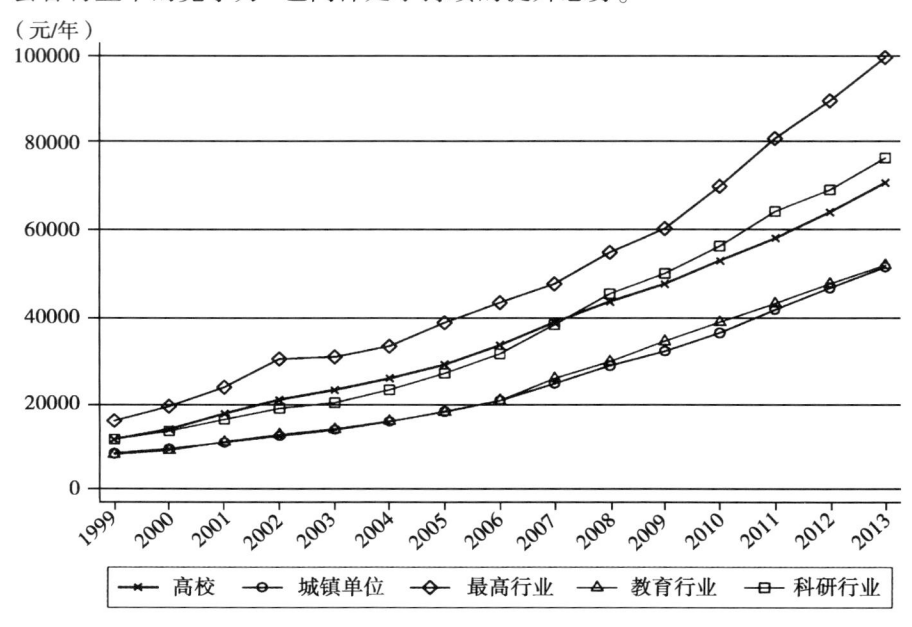

图4.4 高校相对其他行业的工资水平③

表4.1 按行业分城镇单位就业人员工资情况(按七年均值降序排列)④

(单位:元)

指标 \ 年份	2014	2013	2012	2011	2010	2009	2008	七年均值	位次
金融业城镇单位就业人员平均工资	108273	99653	89743	81109	70146	60398	53897	80459	1

---

① 参见由由、朱菲菲:《我国高校工资水平竞争力的实证分析》,《教育与经济》2017年第4期。

② 工资的竞争力既涉及工资水平,也涉及行业间的比较。某一行业的工资水平是指一定区域、一定时间内该行业劳动者平均工资收入的高低,分为名义工资水平和实际工资水平。其中名义工资水平以当期货币为衡量标准,实际工资水平以购买力为衡量标准。由于不同地区、不同时间的劳动者的生活成本不同,排除了生活成本因素的变化的实际工资水平更具有可比性。

③ 由由、朱菲菲:《我国高校工资水平竞争力的实证分析》,《教育与经济》2017年第4期。

④ 数据来源于国家统计局网站《中国统计年鉴》(2015)"按行业分城镇单位就业人员平均工资",国家统计局网站,http://www.stats.gov.cn/tjsj/ndsj/2015/indexch.htm。

续表

指标\年份	2014	2013	2012	2011	2010	2009	2008	七年均值	位次
信息传输、计算机服务和软件业城镇单位就业人员平均工资	100845	90915	80510	70918	64436	58154	54906	74383	2
科学研究、技术服务和地质勘查业城镇单位就业人员平均工资	82259	76602	69254	64252	56376	50143	45512	63485	3
电力、燃气及水的生产和供应业城镇单位就业人员平均工资	73339	67085	58202	52723	47309	41869	38515	54149	4
采矿业城镇单位就业人员平均工资	61677	60138	56946	52230	44196	38038	34233	49637	5
文化、体育和娱乐业城镇单位就业人员平均工资	64375	59336	53558	47878	41428	37755	34158	48355	6
租赁和商务服务业城镇单位就业人员平均工资	67131	62538	53162	46976	39566	35494	32915	48255	7
交通运输、仓储和邮政业城镇单位就业人员平均工资	63416	57993	53391	47078	40466	35315	32041	47100	8
卫生、社会保障和社会福利业城镇单位就业人员平均工资	63267	57979	52564	46206	40232	35662	32185	46871	9
教育城镇单位就业人员平均工资	56580	51950	47734	43194	38968	34543	29831	43257	10
公共管理和社会组织城镇单位就业人员平均工资	53110	49259	46074	42062	38242	35326	32296	42338	11
房地产业城镇单位就业人员平均工资	55568	51048	46764	42837	35870	32242	30118	42064	12
批发和零售业城镇单位就业人员平均工资	55838	50308	46340	40654	33635	29139	25818	40247	13
制造业城镇单位就业人员平均工资	51369	46431	41650	36665	30916	26810	24404	36892	14
建筑业城镇单位就业人员平均工资	45804	42072	36483	32103	27529	24161	21223	32768	15
居民服务和其他服务业城镇单位就业人员平均工资	41882	38429	35135	33169	28206	25172	22858	32122	16

续表

指标\年份	2014	2013	2012	2011	2010	2009	2008	七年均值	位次
水利、环境和公共设施管理业城镇单位就业人员平均工资	39198	36123	32343	28868	25544	23159	21103	29477	17
住宿和餐饮业城镇单位就业人员平均工资	37264	34044	31267	27486	23382	20860	19321	27661	18
农、林、牧、渔业城镇单位就业人员平均工资	28356	25820	22687	19469	16717	14356	12560	19995	19
城镇单位就业人员平均工资	56360	51483	46769	41799	36539	32244	28898	42013	—

从高校工资水平的竞争力指数①来看（如图4.5），1999—2003年我国高校工资水平的竞争力指数提高较快，而2003年以后呈现小幅波动趋势，2013年的工资竞争力指数与2003年水平基本一致。高校工资水平的竞争力指数的变化同样表明，虽然1999年以来，我国高校的名义工资水平一直呈大幅上升趋势，但并不意味着高校工资水平的行业竞争力也呈现同样的提升趋势。2003年以后，高校工资对于吸引和保留人才上的优势并没有呈现明显的上升趋势。长远来看，这必将对高校吸引人才、留住人才产生不利影响，从而影响我国高等教育事业的发展。

将由由等人关于我国普通高等学校教师工资水平的调查结果与表4.1中的数据结合起来，我们可以得出如下的结论：我国普通高等学校教师的年平均工资远高于教育行业整体的平均水平，基本相当于科学研究、技术服务和地质勘查业城镇单位就业人员整体的年平均工资水平。因此可以断定，尽管2003—2013年我国普通高等学校教师工资水平的竞争力指数变化不大，但这期间我国普通高等学校教师的工资水平在19个行业年平均工资排名中的具体位次始终居于中等偏上的位置。值得注意的是，虽然自2006年我国高校开始实行岗位绩效工资制度以来，高校教师的名义工资

---

① 由由、朱菲菲构建的高校工资水平竞争力指数公式为 $HESC\ Index = \sqrt{\dfrac{HES}{C} \times \dfrac{HES}{AOS}}$，其中 HESC Index 为高校工资水平的竞争力指数，HES 是指高校的名义工资水平，C 代表生活成本，AOS 代表其他行业的名义工资水平。具体由体现实际工资和相对工资的两个部分构成，其中，HES 与 C 的商代表考虑生活成本因素的实际工资，HES 与 AOS 的商代表考虑工资水平行业竞争力的相对工资。如此计算得出的高校工资水平的竞争力指数不仅可以在行业间进行比较，同时也具备了时间与地区间的可比性。

水平呈快速增长态势,但以购买力为衡量标准的高校教师的实际工资水平却并没有呈现出同样的增长态势,并且与金融行业等高收入行业的工资水平差距越来越大。这表明我国高校现行的薪酬调整机制对于劳动力市场薪酬水平调整的响应还不够及时、不够迅速,结合高校工资竞争力指数变化情况来看(如图4.5),高校薪酬水平的外部竞争力不强。

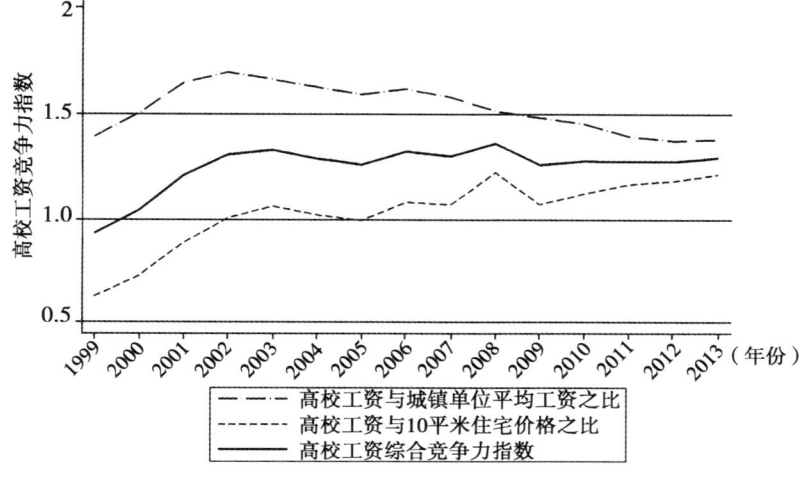

图 4.5 高校工资竞争力指数及变化(1999—2013年)①

基于中国普通高等学校现行的工资制度,同一学校内教师的工资一般只由工龄、职称等级来决定,与教师的学科归属无关。因此,高校思想政治理论课教师的年平均工资水平等同于高等教育行业教师的年平均工资水平。另外,从当前高校专职辅导员的现实情况来看,绝大多数辅导员的职称为中级(一般高校辅导员的评职单列为德育系列),这一级别的辅导员工资水平较讲师职称的高校教师略低;但行政科级岗的辅导员较其他辅导员工资稍高,与讲师职称的高校教师相当;处级辅导员人数是极少的,仅仅是个别现象。有鉴于此,本书忽略了高校辅导员与专任教师之间的细微

---

① 由由、朱菲菲:《我国高校工资水平竞争力的实证分析》,《教育与经济》2017年第4期。为了构建高校教师工资水平的竞争力指数,笔者采用了1999—2013年我国大陆31个省级行政区的面板数据,共465个样本点。并收集了《中国统计年鉴》《中国劳动统计年鉴》《中国教育统计年鉴》《中国教育经费统计年鉴》等统计年鉴中关于行业工资水平、生活成本、经济发展和政府教育投入、高校教师队伍结构、高校收支以及科技产出等方面的数据。抽样样本中的高校均是普通高等学校,根据高校人员性支出中的工资和福利支出与高校教职工人数计算得出各省的高校平均工资水平。

工资差别，视辅导员的工资水平等同于高校讲师职称的教师的工资水平。至此，我们可以得出这样的结论：如果忽略同一行业从业人员工资的地区差异和行业内部的等级差别，以上关于高等教育业年平均工资在当前中国社会工资收入的等级结构中处于中等偏上位置的结论适用于高校思想政治理论课教师和辅导员，二者作为高校思想政治教育的一般主体，其工资收入水平在当前中国社会各行业工资收入的等级结构中居于中等偏上的位置。

从享有福利的状况来看，作为高等教育从业人员，思想政治理论课专任教师和辅导员享有的福利待遇水平总体较高。如前所述，由陆学艺老师主编的关于中国社会阶层研究的系列报告根据劳动分工、权威等级、生产关系、制度分割四项机制将社会成员划分为国家与社会管理者、经理人员、私营企业主、专业技术人员、办事人员、个体工商户、商业服务业员工、产业工人、农业劳动者和城乡无业、失业、半失业者十大社会阶层。按照这一划分方法，作为高校思想政治教育一般主体的思想政治理论课专任教师与辅导员自然是归属于专业技术人员阶层。中国社会科学院学者李春玲从户口身份和工作单位提供的福利状况两个方面以这十大社会阶层作为目标群体进行了抽样调查，① 得出的数据如表 4.2 所示。

根据表 4.2 的数据，专业技术人员阶层特别是城镇的专业技术人员阶层的平均福利得分较高，即在医疗、养老和住房等方面能够享受到较好的福利待遇。从各阶层福利的全国平均水平看，专业技术人员阶层的全国平均福利得分位于第二位。当前普通高等学校在制度分割中仍然是位于体制之内的事业单位，其专任教师和辅导员均属于城镇专业技术人员阶层。因此，普通高等学校的思想政治理论课专任教师和辅导员享有的福利待遇水平至少等同于专业技术人员阶层福利待遇得分的均值（1.5217），在福利待遇的层级结构中应居于比较高的位次。虽然近年来农村福利待遇提升较快，在医疗、养老等方面均发展迅速，我国的养老金制度也进行了改革，但由于制度安排上的城乡二元分化及由单位性质不同（在制度分割中的位置不同）所决定的福利分配差异在不同行业、不同领域长期存在，表

---

① 问卷中的提问是"这个企业、单位或机构是否向您提供或将会向您提供下列福利待遇？a 公费医疗或医疗保险　b 退休金或养老保险　c 住房/价格优惠住房/住房补助津贴"，可选择的答案是"提供"或"不提供"。表 4.2 中"福利得分"的计算是：提供一项即为 1 分，提供两项为 2 分，提供三项为 3 分。

4.2 仍然能够较为真实地反映出当前中国各大阶层享有医疗、养老和住房福利的总体情况。

表 4.2　各阶层享有医疗、养老和住房福利的状况及非农户口比例①　（单位:%）

类别	福利状况	享有三项福利	享有两项福利	享有一项福利	无福利	平均福利得分	非农户口比例
国家与社会管理者阶层	全国	50.0	28.9	7.9	13.2	2.1250	100
	城镇	52.8	27.8	8.3	11.1	2.2131	—
	农村	—	—	—	—	1.1110	—
经理人员阶层	全国	27.7	26.2	15.4	30.7	1.5113	77.8
	城镇	31.3	21.6	19.6	27.5	1.5859	—
	农村	14.2	42.9	0.0	42.9	1.2371	—
私营企业主阶层	全国	1.7	0.0	3.3	95.0	0.0905	35.4
	城镇	2.9	0.0	5.9	91.2	0.1587	—
	农村	0.0	0.0	0.0	100	0.0000	—
专业技术人员阶层	全国	28.8	27.2	11.4	32.6	1.5217	72.8
	城镇	36.6	30.1	8.9	24.4	1.7840	—
	农村	13.6	20.3	15.3	50.8	0.9780	—
办事人员阶层	全国	17.8	16.2	19.5	46.5	1.0551	59.2
	城镇	27.8	21.5	17.2	33.5	1.4348	—
	农村	1.5	7.7	23.9	66.9	0.4484	—
个体工商户阶层	全国	1.0	0.2	0.3	98.5	0.0356	20.4
	城镇	1.0	0.3	0.3	98.4	0.0423	—
	农村	1.0	0.0	0.3	98.7	0.0287	—
商业服务业员工阶层	全国	6.3	4.2	3.5	86.0	0.3069	39.7
	城镇	8.9	5.9	3.3	81.9	0.4178	—
	农村	0.5	1.1	3.8	94.6	0.0662	—
产业工人阶层	全国	12.2	10.7	8.8	68.3	0.6698	42.9
	城镇	23.0	13.3	9.4	54.3	1.0516	—
	农村	1.8	7.9	8.3	82.0	0.3039	—

---

① 李春玲:《断裂与碎片:当代中国社会阶层分化实证分析》,社会科学文献出版社 2005 年版,第 150—151 页。

续表

类别	福利状况	享有三项福利	享有两项福利	享有一项福利	无福利	平均福利得分	非农户口比例
农业劳动者阶层	全国	0.0	0.3	0.0	99.7	0.0063	1.5
	城镇	0.0	0.0	0.0	100	0.0000	——
	农村	0.0	0.3	0.0	99.7	0.0064	
城乡无业失业半失业者阶层	全国	0.0	0.0	0.0	100	0.0000	63.1
	城镇	0.0	0.0	0.0	100	0.0000	
	农村	0.0	0.0	0.0	100	0.0000	
平均	全国	5.4	4.7	3.6	86.3	0.2924	27.1
	城镇	16.3	11.1	6.9	65.7	0.7790	
	农村	0.6	1.8	2.2	95.4	0.7721	——

从工作的稳定性方面来看，高校思想政治理论课专任教师和辅导员的工作具有较高的稳定性。相关调查显示，当前中国工作稳定性最高的是国家与社会管理者阶层，在调查对象当中有超过97%的人认为他们的工作稳定，失业的可能性较小；其次就是掌握着较多文化资源的经理人员阶层和专业技术人员阶层，这个阶层中有80%左右的人认为自己的工作非常稳定，也不太可能失业；再次就是私营企业主阶层，这个阶层中约有67%的人认为自己的工作还算稳定；工作稳定性自我评价方面最差的就是商业服务业员工阶层，约有60%的人认为自己目前的工作是不稳定的，随时有可能失业。[①] 鉴于当前普通高等学校的人事聘任制度，普通高校的思想政治理论课专任教师和辅导员作为事业单位的从业人员，相对于专业技术人员阶层当中的其他非事业单位从业人员来讲显然稳定性更高。即使在国家事业单位人事制度改革全面推进、高等学校自然减员逐步收回事业编制、全面推行聘用制度的条件下，由于教育行业本身对于该行业就业者队伍的稳定性的较高要求，高校思想政治理论课专职教师和辅导员的职业相对于其他行业领域工作的就业人员的职业来说仍然具有很大的稳定性。

---

① 数据来源于李春玲《断裂与碎片：当代中国社会阶层分化实证分析》，社会科学文献出版社2005年版，第150—151页。

(三) 高校思想政治教育一般主体在职业声望分层中的位次

职业声望是人们对各种职业所做的主观评价。在当前的中国社会，职业声望同财产和工资收入一样，是衡量个人社会地位（在社会阶层结构中的位置）的一项重要指标。在《断裂与碎片：当代中国社会阶层分化实证分析》一书中，中国社会科学院学者李春玲对分属于国家与社会管理者、经理人员、私营企业主、专业技术人员、办事人员、个体工商户、商业服务业员工、产业工人和农业劳动者这九个阶层的 81 种职业的职业声望进行了抽样调查，结果如表 4.3[①] 所示。所调查的 81 种职业的声望排名按得分分为 4 个等级，其中得分在 75 分以上的为上层，是表 4.3 中排在前 17 位的群体。得分在 50—75 分的为中层，是表 4.3 中排在第 18—49 位的群体。得分在 30—50 分的为中下层，是表 4.3 中排在第 50—72 位的群体。得分在 30 分以下的为下层，排在第 73 位之后。[②]

调查显示，大学教授和大学教师的职业声望得分较高，均在 85 分以上，分列第七位和第八位。从调查数据看，专业技术人员这一阶层各职业的声望得分的均值约为 68.6，大学教授与大学教师[③]的职业声望得分均高于这一均值 20% 以上，在专业技术人员阶层内部各职业声望得分中排在第三位和第四位。图 4.6 显示了各阶层内部不同职业的职业声望平均值，专业技术人员这一阶层内部各职业的声望得分均值在九个阶层中排在第三位，声望总体水平在九个阶层的比较中处于较高的位置。因此，无论是从各阶层总体的职业声望得分情况来看，还是从阶层内部各职业的声望得分情况来看，普通高等学校教师在职业声望分层中均居于优势地位。

---

① 该调查对于职业声望的测量采用了林楠和叶晓兰（Lin and Ye, 1997）设计的分组职业声望测量方法，并对调查取得的数据（各职业的职业声望得分）进行了两次标准化转换，使得各职业的得分为 0—100 分。数据及具体转换方法详见李春玲《断裂与碎片：当代中国社会阶层分化实证分析》，社会科学文献出版社 2005 年版，第 170 页。

② 李春玲对表 4.3 中的部分职业的排名作了特别的解释说明：由于部分农民或文化水平较低的人不清楚或完全不知道"国务院部长"这一行政职位，因此这一职业的得分偏低，影响了这一职业在职业声望分层调查表中的位次；另外，普通高等学校大多分布在大中城市，在小城镇及农村地区，中学教师特别是高级中学教师在人们眼中就是高级知识分子。

③ 表 4.3 中的大学教师是不具有教授职称的普通高等学校教师。调查数据的细微差异说明人们往往更倾向于赋予具有高级职称的高校教师更高的职业声望值。

表 4.3 不同阶层职业群体的声望分层

阶层归属	职业分类	得分	得分排序	声望分层
国家与社会管理者	市人大常委会主任	90.15	1	上层
	市长	89.87	2	上层
	法院院长	88.61	3	上层
	县委书记	85.18	6	上层
	政府机关局长	81.1	9	上层
	政府机关科长	79.87	11	上层
	国务院部长	75.96	17	上层
	市民主党派负责任	66.72	31	中层
	乡镇长	65.8	33	中层
	企业工会主席	60.36	37	中层
经理人员	外资企业经理	80.15	10	上层
	国有企业厂长	78	14	上层
	集体企业厂长	74.95	18	中层
私营企业主	私营企业老板	66.64	32	中层
	建筑队包工头	59.66	38	中层
专业技术人员	工程师	87.92	4	上层
	科学家	86.49	5	上层
	大学教授	85.15	7	上层
	大学教师	85.14	8	上层
	中学教师	79.4	12	上层
	中学校长	78.18	13	上层
	报社记者	77.32	15	上层
	律师	76.12	16	上层
	电影明星	73.43	19	中层
	电视台主持人	72.12	21	中层
	作家	71.3	23	中层
	飞机驾驶员	69.46	26	中层
	体育运动员	68.21	28	中层
	医生	67.04	29	中层

续表

阶层归属	职业分类	得分	得分排序	声望分层
专业技术人员	企业技术员	67.01	30	中层
	服装设计师	63.53	34	中层
	小学教师	62.65	35	中层
	幼儿园老师	56.48	41	中层
	服装模特	54.98	42	中层
	护士	53.8	44	中层
	会计	51.54	47	中层
	农技站技术员	46.19	54	中下层
	兽医	44.84	56	中下层
办事人员	机关政工干部	72.41	20	中层
	工商税务人员	71.58	22	中层
	银行出纳员	71.28	24	中层
	政府机关办事员	71.18	25	中层
	警察	69.44	27	中层
	军人	62.53	36	中层
	企业采购员	57.79	39	中层
	机关单位小轿车司机	57.11	40	中层
	居委会主任	54.79	43	中层
	保险公司业务员	52.94	45	中层
	村委会主任	52.12	46	中层
	电脑打字员	45.4	55	中下层
	图书管理员	39.78	64	中下层
个体工商户	养殖专业户	50.04	49	中层
	个体运输专业户	47.42	52	中下层
	个体小商店店主	42.67	60	中下层
	个体裁缝	34.35	70	中下层
商业服务业员工	邮递员	50.96	48	中层
	推销员	46.67	53	中下层
	饭店厨师	43.78	59	中下层
	出租汽车司机	42.02	61	中下层
	宾馆服务员	40.75	62	中下层
	殡葬厂火化工	37.1	65	中下层

续表

阶层归属	职业分类	得分	得分排序	声望分层
商业服务业员工	理发师	36.92	67	中下层
	清洁工	34.79	69	中下层
	公共汽车售票员	32.37	71	中下层
	商店营业员	28.62	75	下层
	菜市场小摊贩	26.35	78	下层
	三轮车夫	15.91	79	下层
	保姆	9.73	81	下层
产业工人	外资企业电工	49.43	50	中下层
	集体企业电工	47.69	51	中下层
	国有企业电工	44.58	57	中下层
	私营企业电工	44.57	58	中下层
	建筑工人	39.8	63	中下层
	矿工	37.07	66	中下层
	纺织工人	36.36	68	中下层
	车工	29.12	74	下层
	印刷工人	28.33	76	下层
	农民工	28.22	77	下层
	搬运工	14.71	80	下层
农业劳动者	种田农民	31.82	72	中下层
	渔民	29.91	73	下层

综上所述，如果不考虑高校思想政治教育一般主体内部由职称、级别、地域、学校类型等因素所决定的群体内部差异，将思想政治理论课专任教师与辅导员作为一个整体综合考量其社会文化资源、经济资源占有状况及职业声望情况，那么相对于社会其他行业、职业群体或阶层来说，思想政治理论课专任教师与辅导员作为高等教育从业者（按照陆学艺老师主编的关于中国社会阶层研究的系列报告中对于中国社会阶层的划分方法应属于专业技术人员阶层）在上述三个方面均处于较高的位次：在文化资源的占有方面居于社会最顶层，在社会经济分层中处于中等偏上位置，在职业声望分层中也居于优势地位。

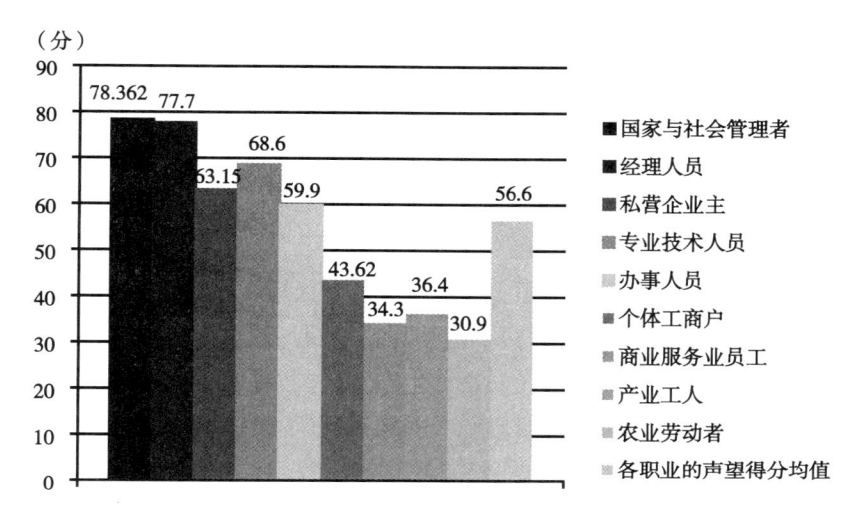

图 4.6　不同阶层内部各职业群体的职业声望得分均值①

二　社会分层对高校思想政治教育一般主体职业认同的影响

职业认同指的是个体在认识和了解职业的性质、功能和意义的基础上，从心里接受自己的职业身份，认同和遵守职业道德与职业规范，并对职业的未来发展充满信心。② 根据上述对于职业认同的界定，笔者认为，高校思想政治教育一般主体的职业认同是高校思想政治理论课教师和辅导员对其所从事的职业的心理体验和行为倾向的综合，是在思想政治教育一般主体与其所从事的职业、所置身的环境的互动过程中建构、形成和发展的，具体表现为高校思想政治理论课教师和辅导员对于自身所从事的职业的认知、情感、信念、意志和行为，在某一具体的时段具有相对稳定性。高校辅导员和思想政治理论课教师的职业认同关系着其在思想政治教育过程中主导性与能动性的发挥，关系着其能否担负起作为思想政治教育一般主体的神圣使命，能否从职业中获得归属感与幸福感，并因此对未来职业发展充满信心。

（一）社会分层对高校思想政治理论课教师职业认同的影响

基于对职业认同内涵的理解，"社会分层对高校思想政治教育影响的实

---

① 根据表 4.3 中的数据计算绘制。

② 赵联：《高校思想政治理论课教师职业认同状况调查研究》，《教育学术月刊》2014 年第 8 期。

证研究"课题组在测量高校思想政治教育一般主体职业认同时使用了刘世勇博士在其博士论文《高校辅导员职业认同研究》中提出的高校辅导员的职业认同五因子结构模型，包括：职业认知、职业情感、职业信念、职业意志和职业行为五种成分在内的职业认同结构模型。考虑到研究目的、研究对象和研究视角的差异，我们根据课题研究的实际需要及职业认同结构的每个成分的内涵和外延，按照成分与题项匹配的原则重新编制了题项，每个维度对应3—4个三阶因子，形成了由17个三阶因子组成的高校思想政治理论课教师职业认同预测量量表的征求意见稿。量表采用语义对比刻度，刻度细度为7。0代表"非常不认同"，1代表"比较不认同"，2代表"不认同"，3代表"不确定"，4代表"认同"，5代表"比较认同"，6代表"非常认同"。所有测度项评分均为正向得分，各因子的得分为因子内部各测度项分值之和，职业认同的得分为构成职业认同五个维度的各因子得分之和，得分越高，职业认同度越高。课题组就这一征求意见稿中的职业认同的维度构成、各测度项的语义表达是否准确易懂以及各认同维度在测度项构成上有无疏漏向心理学、社会学和思想政治教育学的专家征求意见，并向30名思想政治理论课教师进行试测和征求意见。在有关专家和教师提出意见的基础上，对测度项进行了修改和调整，形成了高校思想政治理论课教师职业认同预测量量表（题项构成见表4.4）。

表 4.4　高校思想政治理论课教师职业认同预测量量表题项

维度	题项描述
职业认知	A1 思政课教师具有传递知识和对学生进行情感关怀的双重职责
	A2 思政课教师应努力成为学生健康成长的知心朋友和人生导师
	A3 思政课教师在思想政治素质和道德素质等方面对自己要有更高的要求
	A4 思政课教师必须具备一定的政治学、社会学、心理学等相关学科的宽口径知识储备
职业情感	B1 我认为思政课教师是值得尊敬的职业
	B2 我在乎别人如何看待思想政治理论课教师这一职业
	B3 我喜欢从事思想政治理论课的教育教学工作
职业意志	C1 在产生职业倦怠时我能够积极想办法克服
	C2 我能够以积极的心态面对工作中遇到的困难并努力想办法解决
	C3 我能够接受新的、富有挑战性的任务
	C4 即使有重新选择职业的机会我仍然会选择当前所从事的职业

续表

维度	题项描述
职业信念	D1 我对于做好思想政治理论课教学工作充满信心
	D2 即使总体收入低于专业课教师但我从不后悔自己的职业选择
	D3 我认为做一名思想政治理论课教师能够实现自己的人生价值
职业行为	E1 我在工作中积极帮助同事解决工作中的相关问题或主动分担工作任务
	E2 我能够主动学习知识、借鉴他人工作方法、提高职业素养和能力
	E3 我认真对待职责范围内的工作并按要求及时完成工作任务

为了确保测量工具的可靠性和有效性，在形成正式的测量量表之前，我们在 DL 地区选取了 105 名高校思想政治理论课教师作为对象对预测量量表进行了试测，回收有效问卷 90 份。用 SPSS19.0 对预测量所获得的数据进行信度分析。SPSS 的分析报告显示，信度分析的有效个案为 90 个，排除在外的个案为 0 个，整个信度分析是基于所有个案来进行的（见表 4.5）。SPSS 分析报告中给出的总量表的克朗巴哈系数为（Cronbach）0.926，基于标准化项调整的克朗巴哈系数为 0.909（见表 4.6）。构成高校思想政治理论课教师职业认同结构的五个维度的五因子克朗巴哈系数在 0.667 至 0.948 之间，基于标准化项调整的克朗巴哈系数在 0.648 至 0.958 之间（见表 4.7）。只有职业认知因子的克朗巴哈系数偏低，说明职业认知因子的测度题项可能需要进一步调整。

表 4.5　　　　　　　　　　　案例处理汇总

		N	%
案例	有效	90	100.0
	已排除[a]	0	0.0
	总计	90	100.0

注：[a] 在此程序中基于所有变量的列表方式删除。

表 4.6　　　　　　　　　　　可靠性统计量

Cronbach's Alpha	基于标准化项的 Cronbach's Alpha
0.926	0.909

用 SPSS19.0 对预测量获得的数据进行 KMO 和巴特利特（Bartlett）

球形检验，结果显示 KMO 值为 0.829，Bartlett 的球形度检验近似卡方值为 1482.715，自由度为 136，显著性水平 P 值为 0.000（见表 4.8），达到极显著水平，表示数据群适合进行因子分析。为了进一步查看是否存在不符合要求的测度项以最后确定高校思想政治理论课教师职业认同的因子结构，课题组对数据群进行了因子分析。SPSS19.0 给出的采用主成分分析法进行因子分析的总方差解释显示，有四个因子特征根取值大于 1，这前四个因子的累积方差贡献率为 76.974%（见表 4.9）。按斜交旋转法获得的因子载荷模式矩阵数据显示：除 A2 这个测度项的因子载荷小于 0.5 以外，其他测度项的因子载荷均大于 0.5（见表 4.10）。

表 4.7　　高校思想政治理论课教师职业认同预测量量表的信度系数

职业认知		职业情感		职业意志		职业信念		职业行为	
Cronbach's Alpha	基于标准化项的 Cronbach's Alpha	Cronbach's Alpha	基于标准化项的 Cronbach's Alpha	Cronbach's Alpha	基于标准化项的 Cronbach's Alpha	Cronbach's Alpha	基于标准化项的 Cronbach's Alpha	Cronbach's Alpha	基于标准化项的 Cronbach's Alpha
0.667	0.648	0.756	0.771	0.916	0.918	0.948	0.958	0.843	0.850

表 4.8　　KMO 和 Bartlett 的检验

取样足够度的 Kaiser-Meyer-Olkin 度量。		0.829
Bartlett 的球形度检验	近似卡方	1482.715
	df	136
	Sig.	0.000

表 4.9　　解释的总方差

成份	初始特征值			提取平方和载入			旋转平方和载入[a]
	合计	方差的（%）	累积（%）	合计	方差的（%）	累积（%）	合计
1	8.398	49.399	49.399	8.398	49.399	49.399	8.341
2	2.219	13.055	62.453	2.219	13.055	62.453	2.216
3	1.448	8.517	70.971	1.448	8.517	70.971	2.744
4	1.021	6.003	76.974	1.021	6.003	76.974	1.656
5	0.856	5.034	82.007				
6	0.650	3.825	85.833				

续表

成份	初始特征值			提取平方和载入			旋转平方和载入[a]
	合计	方差的(%)	累积(%)	合计	方差的(%)	累积(%)	合计
7	0.570	3.353	89.186				
8	0.530	3.115	92.300				
9	0.309	1.818	94.119				
10	0.243	1.428	95.546				
11	0.220	1.293	96.840				
12	0.168	0.988	97.828				
13	0.123	0.723	98.551				
14	0.097	0.572	99.123				
15	0.073	0.432	99.555				
16	0.044	0.259	99.814				
17	0.032	0.186	100.000				

注：提取方法：主成份分析。
[a] 使成份相关联后，便无法通过添加平方和载入来获得总方差。
[b] 无数据的部分是因为用 SPSS 软件分析后，结果只对特征根值大于 1 的因子提取平方和载入并提供结果。

表 4.10　　　　　　　　　　模式矩阵[a]

	成份			
	1	2	3	4
A1	−0.010	**0.930**	−0.025	0.004
A2	*0.185*	*0.333*	*−0.361*	*0.470*
A3	−0.098	−0.067	0.112	**0.966**
A4	−0.172	0.915	0.099	−0.019
B1	0.324	0.206	**0.662**	−0.030
B2	−0.159	−0.034	**0.913**	0.038
B3	**0.653**	−0.001	0.412	0.079
C1	**0.914**	−0.135	−0.124	−0.092
C2	**0.884**	−0.120	−0.140	−0.062
C3	**0.751**	−0.156	0.076	0.203
C4	**0.925**	−0.062	0.030	−0.038
D1	**0.943**	−0.065	−0.013	0.037

续表

	成份			
	1	2	3	4
D2	**0.912**	-0.134	0.048	0.002
D3	**0.931**	-0.056	-0.022	0.013
E1	**0.894**	0.139	-0.048	-0.016
E2	**0.832**	0.298	-0.108	-0.090
E3	**0.565**	0.254	0.132	-0.037

注：提取方法：主成份。

旋转法：具有 Kaiser 标准化的倾斜旋转法。

a 旋转在 6 次迭代后收敛。

删除 A2 这个测度项，用 SPSS19.0 再次对预测量数据进行信度分析，结果如表4.11所示：构成高校思想政治理论课教师职业认同五个维度的各因子的克朗巴哈信度系数在 0.756 至 0.948 之间，基于标准化项的克朗巴哈系数在 0.771 至 0.958 之间，总量表的克朗巴哈系数为 0.929，基于标准化项的克朗巴哈系数为 0.913。用 SPSS19.0 对删除 A2 测度项后的预测量数据进行第二次因子分析，结果显示 KMO 值为 0.831，Bartlett 检验显著性为 0.000（见表4.12），修改后的量表仍然非常适合做因子分析。按主成分分析法进行因子分析结果显示，特征根值大于 1 的因子有 3 个，累积方差贡献率为 74.521%（见表4.13），斜交旋转后得到的因子载荷模式矩阵（见表4.14），结果显示各题项的因子载荷均大于 0.5。SPSS19.0 对数据的相关性分析结果显示，除了职业认知这个因子之外，构成职业认同的其他四个因子与职业认同总分之间均存在显著相关或高度相关，职业认知这个因子与其他四个因子之间低度相关，职业情感、职业意志、职业信念、职业行为四个因子之间存在中度以上相关（见表4.15）。

数据分析的结果与经验事实是相符合的：职业情感、职业意志、职业信念这三个因子之间具有较大相关性，它们对于职业行为来说具有直接的、决定性的影响，但职业认知更倾向于是职业情感、职业意志、职业信念、职业行为的充分但不必要条件。数据分析的结果显示，删除 A2 这一测度项之后，总体上量表的质量是完全可以接受的，可以用于高校思想政治理论课教师职业认同的测量。因此，我们将删除 A2 测度项以后由其他测度项共同组成的测量量表作为"高校思想政治理论课教师职业认同测量量表",这一量表的测度项与姓名性别等基本情况题项、工资收入的满意度题项、阶层归属的自我认同题项、对思想政治教育重视程度的心理感受题项等组合形成了"社会分层对高校思想政治理论课教师职业认同影响的调查问卷"(见附录一)。

表4.11　删除A2后高校思想政治理论课教师职业认同预测量量表的信度系数

职业认知		职业情感		职业意志		职业信念		职业行为		总量表的可靠性统计量	
Cronbach's Alpha	基于标准化项的 Cronbach's Alpha	Cronbach's Alpha	基于标准化项的 Cronbach's Alpha	Cronbach's Alpha	基于标准化项的 Cronbach's Alpha	Cronbach's Alpha	基于标准化项的 Cronbach's Alpha	Cronbach's Alpha	基于标准化项的 Cronbach's Alpha	Cronbach's Alpha	基于标准化项的 Cronbach's Alpha
0.781	0.774	0.756	0.771	0.916	0.918	0.948	0.958	0.943	0.850	0.929	0.913

表4.12　KMO 和 Bartlett 的检验

取样足够度的 Kaiser-Meyer-Olkin 度量。		0.831
Bartlett 的球形度检验	近似卡方	1476.751
	df	120
	Sig.	0.000

表4.13　解释的总方差

成份	初始特征值			提取平方和载入			旋转平方和载入[a]
	合计	方差的(%)	累积(%)	合计	方差的(%)	累积(%)	合计
1	**8.353**	52.204	**52.204**	8.353	52.204	**52.204**	8.285
2	**2.272**	14.199	**66.403**	2.272	14.199	**66.403**	2.263
3	**1.299**	8.118	**74.521**	1.299	8.118	**74.521**	3.330
4	0.935	5.843	80.365				
5	0.694	4.338	84.702				
6	0.570	3.564	88.266				
7	0.536	3.352	91.618				
8	0.327	2.044	93.662				
9	0.253	1.584	95.246				
10	0.233	1.456	96.702				

续表

成份	初始特征值			提取平方和载入			旋转平方和载入[a]
	合计	方差的(%)	累积(%)	合计	方差的(%)	累积(%)	合计
11	0.158	0.985	97.687				
12	0.118	0.737	98.424				
13	0.106	0.662	99.086				
14	0.071	0.443	99.529				
15	0.045	0.279	99.808				
16	0.031	0.192	100.000				

注：提取方法：主成份分析。

[a] 使成份相关联后，便无法通过添加平方和载入来获得总方差。

表 4.14　　　　　　　　　模式矩阵[a]

	成份		
	1	2	3
A1	0.076	**0.943**	−0.088
A3	−0.007	**0.624**	−0.025
A4	−0.127	**0.888**	0.048
B1	0.235	0.095	**0.734**
B2	−0.249	−0.099	**0.954**
B3	**0.612**	−0.048	0.458
C1	**0.910**	−0.110	−0.141
C2	**0.882**	−0.110	−0.145
C3	**0.818**	−0.029	−0.001
C4	**0.905**	−0.054	0.043
D1	**0.956**	−0.022	−0.028
D2	**0.901**	−0.126	0.054
D3	**0.950**	0.000	−0.055
E1	**0.893**	0.122	−0.033
E2	**0.814**	0.229	−0.067
E3	**0.515**	0.188	0.210

注：提取方法：主成份。

旋转法：具有 Kaiser 标准化的倾斜旋转法。

[a] 旋转在 5 次迭代后收敛。

表 4.15　　　　　　　　　　　相关性矩阵

	职业认知	职业情感	职业意志	职业信念	职业行为	职业认同
职业认知	1.000	0.089	−0.058	−0.050	0.172	**0.003**
职业情感	0.089	1.000	0.572	0.611	0.568	**0.654**
职业意志	−0.058	0.572	1.000	0.898	0.744	**0.880**
职业信念	−0.050	0.611	0.898	1.000	0.813	**0.929**
职业行为	0.172	0.568	0.744	0.813	1.000	**0.868**
职业认同	0.003	0.654	0.880	0.929	0.868	1.000

为了考察社会分层对于高校思想政治理论课教师职业认同的影响，我们选取 LN、JL、HB、AH、BJ、SX、SX、GZ、SC 等省市的 16 所高校的思想政治理论课教师作为抽样调查的对象，共发放调查问卷 350 份，回收有效调查问卷 278 份。以职称作为频率变量对调查所获得的数据加权后进行描述性统计分析，SPSS19.0 给出的结果（见表 4.16）显示：构成高校思想政治理论课教师职业认同五个维度的五个因子的各测度项均值全部高于临界值 3，用来测量职业认知的各测度项总体均值最高，说明高校思想政治理论课教师对于自身职业的认知度较好。以职称作为频率变量加权后职业认同的得分均值为 78.24，远高于临界值 51，说明高校思想政治理论课教师整体上具有较高的职业认同度。

表 4.16　　　　　　　　　　　描述统计量

	N	全距	均值	标准差
A1	551	2	5.23	0.494
A3	551	2	5.10	0.346
A4	551	2	5.29	0.520
B1	551	3	5.18	0.570
B2	551	3	5.03	0.682
B3	551	3	5.01	0.858
C1	551	3	4.96	0.892
C2	551	3	5.09	0.823
C3	551	4	4.94	0.844

续表

	N	全距	均值	标准差
C4	551	4	4.59	0.964
D1	551	2	4.47	0.673
D2	551	4	4.54	0.858
D3	551	2	4.56	0.672
E1	551	3	4.69	0.889
E2	551	3	4.54	0.887
E3	551	2	5.03	0.562
职业认知	551	6	15.62	1.159
职业情感	551	9	15.23	1.740
职业意志	551	12	19.58	3.045
职业信念	551	8	13.56	2.092
职业行为	551	8	14.25	2.015
职业认同	551	34	78.24	7.764
有效的N（列表状态）	551			

表4.17是用SPSS19.0对调查所获得的数据进行统计分析得到的报告（以职称作为频率变量对抽样调查数据进行加权）。报告显示，在主观阶层归属的不同等级下，调查对象职业认同的均值差异较大，主观阶层归属的等级越高，调查对象的职业认同均值越高。表4.18是对加权（以职称为频率变量对抽样调查数据加权）的抽样调查数据进行方差齐性检验的结果。数据显示 Levene 统计量等于 45.257，由于概率 P 值为 0.000，远小于显著性水平 0.05，故在主观阶层归属的不同等级下职业认同均值的方差是不同的，不能采用方差分析来考察阶层归属的自我认同对于职业认同的影响。因此，我们采用非参数检验法来探索阶层归属的自我认同对于高校思想政治理论课教师职业认同是否存在影响，如果存在影响，影响程度如何。进一步的非参数检验结果（见表4.19）显示，Kruskal Wallis 检验的 Chi-Square 统计量等于 90.893，近似相伴概率 P 值为 0.000，小于显著性水平 0.05，进一步表明主观阶层归属的不同等级下，调查对象的职业认同均值具有统计学意义上的显著差异。

表 4.17 主观阶层归属的不同等级下职业认同均值分析报告（职业认同）

阶层归属	均值	N	标准差
中下层	71.89	140	8.601
中层	79.60	345	6.267
中上层	84.64	66	2.403
总计	78.24	551	7.764

表 4.18　　　　　方差齐性检验（职业认同）

Levene 统计量	df1	df2	显著性
45.257	2	548	0.000

表 4.19　　　　　检验统计量[a,b]

	职业认同
卡方	90.893
df	1
渐近显著性	0.000

注：[a] Kruskal Wallis 检验。

[b] 分组变量：阶层归属。

SPSS19.0 给出的均值分析报告显示（见表 4.20），不同职称等级下的职业认同均值存在较大差异，进一步的非参数检验结果显示（见表 4.21、表 4.22）不同职称等级下调查对象的职业认同均值存在统计学意义上的显著差异，职称等级越高职业认同均值越高。职称、性别、主观阶层归属的相关性分析结果显示（见表 4.23）调查对象主观阶层归属的等级与职称等级在 0.01 水平上呈显著正向相关，这表明职称等级较高的调查对象在主观阶层归属的等级上也较高。

由于经费、校际往来等各方面条件的限制，我们在调研中所选取的抽样调查对象均来自普通高等学校，没有将职业技术学院及成人高等学校列入其中。就普通高等学校来看，按各校目前的工资收入制度，教师的工资收入由其职称、工龄决定，与性别、学科专业没有关系。由于工龄工资的级差较小，相对于由职称决定的岗位等级工资、基础性绩效工资（相当于岗位津贴）来说其对于教师工资的影响也较小，因此，职称所决定的岗位等级对于普通高等学校教师的工资收入具有决定性影响——较高的职称等级意味着较高的工资收入水平，同时也意味着享有较高的医疗保险和养老金。另外，对于副教授以上职称等级的高校教师特别是大学教授来说，指导研究生、外出作学术报告或因为学术兼职、博士生导师的身份受邀作学科领域内的项目申报评审、担任各类教学及科研获奖的评委也会带来一定的收入。2010年以来，石丹、沈红、马烈等学者针对高校教师的工资收入情况分别做的抽样调查也都得出了相似的结论：职称、行政职务等层级因素对于高等学校教师的工资收入水平具有决定性影响（在以上学者所做的关于工资收入水平的抽样调查中，教师的工资收入包括岗位工资、薪级工资、基础性绩效工资和奖励性绩效工资四个部分）。因此，就经济层面来看，对于高校思想政治理论课教师来说，较高的职称等级意味着较高的收入水平，也就意味着客观上在社会经济分层当中居于更高的位置。

表 4.20　　　　　　　　不同职称等级的职业认同均值分析报告

职称	均值	N	标准差
讲师	70.82	90	10.794
副教授	76.35	206	6.814
教授	82.39	255	3.545
总计	78.24	551	7.764

表 4.21　　　　　　　　　　秩

	职称	N	秩均值
职业认同	讲师	90	165.72
	副教授	206	216.91
	教授	255	362.66
	总数	551	

表 4.22　　　　　　　　　检验统计量[a,b]

	职业认同
卡方	147.817
df	2
渐近显著性	0.000

注：[a] Kruskal Wallis 检验。

[b] 分组变量：职称。

表 4.23　　　　　　　　　　　相关性

		阶层归属	性别	职称
阶层归属	Pearson 相关性	1	0.041	0.699**
	显著性（双侧）		0.341	0.000
	N	551	551	551
性别	Pearson 相关性	0.041	1	-0.020
	显著性（双侧）	0.341		0.646
	N	551	551	551
职称	Pearson 相关性	0.699**	-0.020	1
	显著性（双侧）	0.000	0.646	
	N	551	551	551

注：** 在 0.01 水平（双侧）上显著相关。

为了考察不同岗位、级别的高等教育从业者的社会声望，我们分别从表 4.3 所列的九大社会阶层中各选取 30 人作为抽样样本进行问卷调查，调查对象对高校不同工作岗位、级别从业者的社会声望进行排序（社会声望最高的序号为 1）的结果显示（见表 4.24），大学教授社会声望排序的均值最低（均值为 1.11）排在第一位，大学校长社会声望排在第二位（均值为 2.22），普通大学教师社会声望排在第三位（均值为 3.22）。调查结果显示，在高校的不同工作岗位、级别的从业者中，大学教授的社会声望是最高的。这说明在思想政治理论课教师中，具有教授职称的教师的职业声望也必然是这一群体中最高的。

表 4.24　　　　高校不同工作岗位社会声望排序描述性统计量

		大学校长	大学教授	普通大学教师	辅导员	科级行政人员	处级行政人员	二级学院院长
N	有效	270	270	270	270	270	270	270
	缺失	0	0	0	0	0	0	0
均值		2.22	1.11	3.22	6.22	6.67	4.67	3.89
中值		2.00	1.00	3.00	6.00	7.00	5.00	4.00
众数		2	1	2[a]	6	7	5	4

注：[a] 存在多个众数，显示最小值。

从以上对抽样调查数据的统计分析结果来看，具有教授职称的高校思想政治理论课教师无论是在经济收入水平上还是在社会声望上，在高校思想政治理论课教师中均是居于优势地位的，在主观阶层归属的等级上也明显高于其他思想政治理论课教师（见表 4.25）。进一步的非参数检验的结果证明,不同的职称水平下,阶层归属的自我认同等级存在统计学意义上的显著差异(见表4.26、表4.27),职称等级越高,阶层归属自我认同的等级也越高。①

表 4.25 报告(阶层归属)

职称	均值	N	标准差
讲师	2.11	90	0.316
副教授	2.71	206	0.455
教授	3.26	255	0.439
总计	2.87	551	0.597

表 4.26 秩

	职称	N	秩均值
阶层归属	讲师	90	97.44
	副教授	206	242.37
	教授	255	366.19
	总数	551	

表 4.27 检验统计量[a,b]

	阶层归属
卡方	277.339
df	2
渐近显著性	0.000

注:[a] Kruskal Wallis 检验。
[b] 分组变量:职称。

对抽样调查数据的统计分析表明,社会分层对于高校思想政治理论课教师职业认同的影响是显著的。不同职称等级的工资水平上的较大差异和职业社会声望上的差异导致高校思想政治理论课教师在职业认同上存在明

---

① 表4.25、表4.26、表4.27是用SPSS19.0对"社会分层对高校思想政治理论课教师职业认同影响的抽样调查"的数据以职称作为频率变量进行加权后所做的统计分析结果。在统计分析时用数值"1"代表"下层","2"代表"中下层","3"代表"中层","4"代表"中上层","5"代表"上层"。

显的不同，按职称水平由低到高呈现阶梯状态势即职称等级越高，职业认同度也越高。总体上看，讲师在调查对象的职称梯队中职称等级最低，相应地工资收入水平也最低，在主观阶层归属等级的确认方面明显缺乏"底气"，SPSS19.0对抽样调查数据的统计分析结果如表4.28所示。在被调查对象中，88.9%的讲师认为自己归属于社会中下层，只有11.1%认为自己归属于社会中层；有29.1%的副教授认为自己归属于社会中下层，70.9%认为自己归属于社会中层；在被调查的具有教授职称的高校思想政治理论课教师中，有74.1%认为自己归属于社会中层，其余25.9%认为自己归属于社会中上层。

总体上看，具有正高级职称的高校思想政治理论课教师在阶层归属的自我认同等级上选择了中层及中上层等级，而其他思想政治理论课教师一般倾向于选择中层及中下层等级（见表4.28，以职称作为频率变量对调查数据进行了加权处理）。相关性分析结果表明，职业认同与职称、主观阶层归属三个因素之间在0.01水平上显著正向相关（见表4.29，以职称作为频率变量对抽样调查数据进行了加权处理）。但如果控制了职称变量之后，调查对象的主观阶层归属与职业认同之间相关系数为0.217，二者之间不存在显著的相关关系（见表4.30，以职称作为频率变量对调查数据进行了加权处理）。SPSS给出的相关数据分析结果显示，职称等级显著影响高校思想政治理论课教师阶层归属的自我认同等级，进而显著影响高校思想政治理论课教师的职业认同水平。

表4.28　　　　　　　　职称＊主观阶层归属交叉制表

			阶层归属			合计
			中下层	中层	中上层	
职称	讲师	计数	80	10	0	90
		职称 中的（%）	88.9	11.1	0.0	100.0
		阶层归属 中的（%）	57.1	2.9	0.0	16.3
	副教授	计数	60	146	0	206
		职称 中的（%）	29.1	70.9	0.0	100.0
		阶层归属 中的（%）	42.9	42.3	0.0	37.4
	教授	计数	0	189	66	255
		职称 中的（%）	0.0	74.1	25.9	100.0
		阶层归属 中的（%）	0.0	54.8	100.0	46.3

续表

			阶层归属			合计
			中下层	中层	中上层	
合计		计数	140	345	66	551
		职称 中的（%）	25.4	62.6	12.0	100.0
		阶层归属 中的（%）	100.0	100.0	100.0	100.0

表 4.29　　　　　职称·主观阶层归属·职业认同相关性

		阶层归属	职称	职业认同
阶层归属	Pearson 相关性	1	0.699**	0.515**
	显著性（双侧）		0.000	0.000
	N	551	551	551
职称	Pearson 相关性	0.699**	1	0.551**
	显著性（双侧）	0.000		0.000
	N	551	551	551
职业认同	Pearson 相关性	0.515**	0.551**	1
	显著性（双侧）	0.000	0.000	
	N	551	551	551

注：** 在 .01 水平（双侧）上显著相关。

表 4.30　　　　　　　　　　相关性

	控制变量		阶层归属	职业认同
职称	阶层归属	相关性	1.000	0.217
		显著性（双侧）	.	0.000
		df	0	548
	职业认同	相关性	0.217	1.000
		显著性（双侧）	0.000	.
		df	548	0

（二）社会分层对高校辅导员职业认同的影响

如前所述，辅导员是高校思想政治教育一般主体的重要组成部分。在高校思想政治教育中，课堂教育的主体是教师，课外教育的主体是辅导员。辅导员是否能够充分发挥课外思想政治教育的主体职能，与课堂教育形成良好的互补，直接影响到大学生思想政治教育的实效性。而辅导员作为思想政治教育一般主体的职能是否能够发挥出来、发挥得如何，一方面取决于其实际的能力，另一方面也取决于这一群体对于自身所从事的职业的认同状况。从意识的能动作用的角度来看，职业认同对于辅导员作为思想政治教育一般主体职能的发挥具有更为根本的决定作用。能力可以经由职业主体的努力、职业培训和工作经验的积累逐渐得到提升，但如果对于本职工作缺乏足够的认同，不了解、不重视甚至忽视辅导员工作之于大学生思想政治教育工作的实际意义，就不可能在大学生思想政治教育中积极作为，甚至可能出现不作为的情况。当前中国的社会阶层结构已然深刻地影响着高校思想政治理论课教师的职业认同，那么，社会阶层结构的现状对于高校辅导员的职业认同又会产生什么样的影响呢？了解和把握这些影响，并予以足够的重视、采取有效的措施保证高校辅导员群体能够充分发挥其在大学生思想政治教育中的职能，这是在社会阶层结构复杂化背景下，提高大学生思想政治教育实效性的一项重要工作。

刘世勇在《高校辅导员职业认同研究》[1] 中从多个角度对当前高校辅导员职业认同状况进行了抽样调查。课题组根据自身研究的需要，着重梳理了管理岗位级别、编制性质、所在学校类型等方面的调查数据的分析结果，用以把握和了解我们所关注的问题。

从刘世勇的调查结果来看（数据来源于对510份有效调查问卷的数据分析），当前我国高校辅导员职业认同均值为4.18，高于临界值3（见表4.31），表明我国高校辅导员职业认同的总体状况较好。构成职业认同五个维度的各因子均值也都高于临界值3，按由大到小的顺序依次为职业认知、职业行为、职业认同、职业情感、职业信念、职业意志。

表4.31　　　　高校辅导员职业认同及各因子平均值与标准差[2]

量表及维度	职业认知	职业情感	职业意志	职业信念	职业行为	职业认同
M	4.43	4.15	3.63	3.99	4.35	4.18
SD	0.70	0.77	0.79	0.75	0.64	0.60

---

[1] 刘世勇自设的高校辅导员职业认同测量量表采用"Likert"等级刻度，刻度细度为5。"1"代表"非常不符合"，"2"代表"比较不符合"，"3"代表"不确定"，"4"代表"比较符合"，"5"代表"非常符合"。所有测度项的评分均为正向得分，职业认同的分值为构成职业认同的五个因子得分的均值，分数越高，代表职业认同度越高。

[2] 刘世勇：《高校辅导员职业认同研究》，博士学位论文，中国地质大学，2014年。

针对不同岗位级别辅导员职业认同状况的调查数据分析显示（详见表4.32），职业认同分值最高的是科员级别的高校辅导员，其次是处级辅导员（调查中的处级辅导员包括正处级和副处级，在统计时由于正处级辅导员样本人数极少，所以作者将其与副处级合并，称为"处级"），岗位级别为正科级的辅导员职业认同的分值最低，但不同岗位级别的辅导员职业认同的分值不存在统计学意义上的显著差异。如果就构成职业认同的各因子来看，不同岗位级别下辅导员的职业信念存在统计学意义上的显著差异，其他维度均不存在显著差异。数据分析的结果表明，岗位级别对于高校辅导员的职业信念有显著影响。在职业信念维度上，依然是科员级别的辅导员职业信念分值最高，其次是处级辅导员，正科级别的辅导员职业信念分值最低。

表4.32　　　　不同级别辅导员职业认同及各构成因子平均值[①]

级别 维度	办事员	科员	副科	正科	处级	总数	F值
职业认知	4.38±0.74	4.52±0.63	4.44±0.70	4.26±0.74	4.50±0.66	4.43±0.70	1.913
职业情感	4.15+0.80	4.19±0.72	4.20±0.76	4.06±0.75	4.04±0.94	4.15±0.77	0.636
职业意志	3.54±0.79	3.73±0.76	3.55±0.75	3.60±0.89	3.79±0.80	3.63+0.79	1.710
职业信念	3.99±0.75	4.11±0.78	3.92+0.72	3.76±0.74	4.06±0.67	3.99±0.75	2.975*（P=0.019）
职业行为	4.31±0.64	4.43±0.59	4.27±0.61	4.27±0.74	4.42±0.73	4.35±0.64	1.458
职业认同	4.14±0.59	4.26±0.56	4.14±0.57	4.05±0.67	4.23±0.63	4.18±0.60	1.787

对于上述数据分析结果，笔者认为，办事员、科员级别的辅导员处于工作探索期，对于所从事的工作充满新鲜感，对于未来前途充满信心，在辅导员群体中职业认知度也较高。但结合课题组对高校辅导员所做的访谈结果，笔者注意到，辅导员的岗位级别从正科到副处的晋升难度相当大，因为处级岗位数量相对于有岗位级别晋升要求的辅导员数量来说很少、竞争异常激烈。不能如愿在预期时间内晋升到处级或自觉晋升无望（访谈中课题组发现个别学校对于女性辅导员岗位级别晋升又有特殊要求，如40岁之前如果不能晋升到处级的岗位，以后就永远失去

---

① 刘世勇：《高校辅导员职业认同研究》，博士学位论文，中国地质大学，2014年。

了岗位晋升的资格），很容易导致辅导员产生职业倦怠，对工作失去兴趣，产生对工作环境、待遇不满和对职业未来发展失去信心等消极情绪和心理。调查结果所显示的科级辅导员职业认同在辅导员群体中最低的现象从一个方面反映了科级辅导员岗位级别晋升的难易情况。但对于处级辅导员来说，一般是行政干部兼辅导员，辅导员已经不是其"主业"，对于已经身处领导岗位的这部分群体来说，进一步的岗位级别晋升以及晋升的难易程度，不可能对其职业认同产生较大影响。调查数据的统计分析也显示，这一部分群体的职业认同状况总体良好：除了职业情感得分最低（可能与"辅导员"职业已经不是其"主业"有关），职业意志得分是最高的，构成职业认同的其他因子的得分均居于第二位，仅次于科员级别的辅导员。

进一步的检验结果显示，辅导员在职业信念维度上存在的显著差异具体体现在正科级别的辅导员与办事员、科员、副处级辅导员之间（显著性水平 P 值分别为 0.031、0.001、0.044，见表 4.33），其中正科与科员级别的辅导员之间的职业信念差异是极其显著的。

表 4.33　正科级辅导员与办事员、科员和副处级辅导员职业信念均值分析①

因变量	I 管理岗位级别	J 管理岗位级别	均值差 (I-J)	标准误	显著性
职业信念	正科	办事员	-0.234	0.108	0.031
		科员	-0.357	0.109	0.001
		副处	-0.299	0.148	0.044

对于编制性质不同的高校辅导员职业认同的分析显示（见表 4.34），在事业编制高校中的辅导员职业认同均值高于人事代理编制的高校辅导员，但二者之间不存在统计学意义上的显著差异。从构成高校辅导员职业认同的各因子维度上来看，只有在职业信念维度上事业编制的辅导员与人事代理编制的辅导员存在显著差异，显著性水平 P 值为 0.007，其他维度均无显著差异。数据分析的结果表明，辅导员所在学校的编制的性质对于其职业信念具有非常显著的影响。

---

① 刘世勇：《高校辅导员职业认同研究》，博士学位论文，中国地质大学，2014 年。

表 4.34　　　编制性质不同的高校辅导员职业认同及其因子均值①

维度＼编制	事业编	人事代理	总数	T 值
职业认知	4.44±0.75	4.42±0.63	4.43±0.70	0.332
职业情感	4.16±0.81	4.15±0.73	4.16±0.77	0.207
职业意志	3.68±0.80	3.61±0.80	3.65±0.80	0.881
职业信念	4.10±0.76	3.90±0.75	4.00±0.76	2.718** （P=0.007）
职业行为	4.36±0.70	4.33±0.61	4.35±0.66	0.505
职业认同	4.21±0.65	4.15±0.56	4.18±0.61	0.977

根据刘世勇对不同类型学校辅导员职业认同调查数据的统计分析（见表 4.35），就职于教育部直属高校的辅导员的职业认同得分均值较高，省属高校的辅导员职业认同平均分值最低，但不同类型学校辅导员的职业认同不存在统计学意义上的显著差异。从职业认同内部各构成因子来看，不同类型学校的辅导员在职业意志、职业信念上存在显著差异（显著性水平 P 值分别为 0.000 和 0.013，均远小于 0.05）。就职于教育部直属院校的辅导员在职业意志和职业信念这两个维度上的得分最高，而省属本科院校的辅导员在这两个维度上的得分均是最低的。

表 4.35　　　不同类型学校辅导员的职业认同及其因子均值②

维度＼类型	教育部直属	省属本科	民办本科	高职高专	总数	F 值
职业认知	4.45±0.75	4.33±0.76	4.47±0.50	4.64±0.65	4.43±0.70	1.165
职业情感	4.08±0.84	4.12±0.80	4.21±0.69	4.27±0.67	4.15±0.77	1.629
职业意志	3.80±0.80	3.43±0.79	3.61±0.81	3.57±0.71	3.63±0.79	6.011*** （P=0.000）
职业信念	4.10±0.76	3.87±0.80	3.88±0.62	4.07±0.76	3.99±0.75	3.601*** （P=0.013）
职业行为	4.37±0.69	4.28±0.69	4.37±0.47	4.37±0.64	4.35±0.64	0.609
职业认同	4.22±0.66	4.08±0.65	4.19±0.41	4.21±0.54	4.48±0.60	1.630

---

① 刘世勇：《高校辅导员职业认同研究》，博士学位论文，中国地质大学，2014 年。
② 同上。

根据刘世勇的调查研究结果，教育部直属高校辅导员与省属本科高校和高职高专院校的辅导员在职业意志维度上存在的统计学意义上的显著差异（显著性水平 P 值分别为 0.000 和 0.021[①]），决定了各不同类型的高校辅导员在职业意志维度上的显著差异，其中教育部直属高校辅导员与省属本科院校辅导员之间在职业意志上的差异是极为显著的。在职业信念方面，教育部直属高校辅导员与省属本科院校和民办本科高校辅导员之间的差异显著（P 值分别为 0.006 和 0.021[②]），而省属本科院校辅导员和高职高专院校的辅导员之间在职业信念维度上的差异也是显著的（$P=0.042$[③]）。

综上所述，当前我国高校辅导员的职业认同总体状况较好。岗位级别、编制性质、学校类型等因素并未对辅导员的职业认同的整体状况产生显著影响，但显著影响了构成职业认同的因子当中的职业意志和职业信念。

对高校辅导员职业认同的调查数据的分析表明，编制性质、岗位级别、工资收入水平（工资收入水平由岗位级别和工龄决定，但工龄级差较小，岗位级别对工资收入水平影响更大）、职业声望水平（见表 4.24 所示，在针对高校七个不同工作岗位级别的职业声望所做的抽样调查中，高校辅导员的职业声望仅排在第六位，与大学教授和普通大学教师都有较大差距）对于高校辅导员群体的职业认同没有产生显著影响。编制性质、岗位级别以及与此直接相关的工资收入水平、职业声望都是决定高校辅导员客观社会阶层归属和主观阶层归属的主要指标。显然，上述各因素对于这一群体职业认同没有产生显著影响的调查结果对我们展示了这样一个事实：社会分层虽然没有对高校辅导员的职业认同产生显著影响，但对于职业认同的部分构成因子（职业意志、职业信念）具有显著影响，社会分层对高校辅导员职业认同的影响与我们前面的调查所显示的"不同职称等级下高校思想政治理论课教师的职业认同存在显著差异、并且职称越高职业认同度越高"有较大的不同。

三 社会分层影响力呈现差异化的原因分析

那么，社会分层对作为高校思想政治教育一般主体的这两大群体

---

① 刘世勇：《高校辅导员职业认同研究》，博士学位论文，中国地质大学，2014 年。
② 同上。
③ 同上。

（辅导员与高校思想政治理论课教师）的影响力为什么会有如此显著的不同呢？笔者认为，社会分层在高校这两大思想政治教育一般主体身上的影响力之所以不同，一方面是由于高校辅导员和思想政治理论课教师对于自己所从事的职业具有不同的期望或要求（即对于职业所能提供的工资、福利保障、发展机会、成就感、价值感等方面的期望或要求），另一方面是由于当前高校辅导员岗位级别晋升的特点及不同岗位级别工资收入水平差别不大。

高校思想政治理论课教师和辅导员虽然同是思想政治教育的一般主体，但在学历学位水平上往往具有较大的差距。当前我国高校辅导员的学历水平一般为研究生及以下，学位水平普遍为硕士及以下，而根据《高校马克思主义理论学科发展报告（2014）》中的统计数据，当前我国各高校马克思主义理论学科承担思想政治理论课的专任教师45.7%具有博士学位，41.6%具有硕士学位。课题组于2016年对25所包括部属高等院校、211和985高校的抽样调查结果显示，这25所高校的思想政治理论课教师80%以上都具有研究生学历和博士学位。同时，调查也显示这25所高校具有博士学位的辅导员比例都不足5%，当前博士在读辅导员比例均不足10%。民办及高职高专院校的辅导员入职门槛相对于省属本科院校和部属院校来说都比较低，因此，这些院校的辅导员无论在学历学位水平方面还是在第一学历的毕业院校层次方面，相对于部属高校、211和985院校来说都处于较低的水平。抽样调查表明，高校辅导员的学历学位水平整体上与思想政治理论课教师还是有较大差距的。而学历学位水平越高意味着教育成本投入越大、劳动力再生产耗费的社会必要劳动时间越长，因此，那些学历学位水平较高特别是第一学历毕业院校较好的劳动者，由于自身所拥有的文化资源优势和获得这种优势所必需的相对较多的投入，必然对其所从事的职业在工资、福利保障、发展机会、成就感、价值感等方面有更高的期望或要求。

文化资源占有的情况深刻影响着高校思想政治理论课教师与辅导员的从业心理，进而影响乃至决定着职称、岗位级别、工资收入水平以及职业的社会声望等社会分层的指标因素对于这两大思想政治教育一般主体的影响力。那些站在学历学位金字塔顶端的高校思想政治理论课教师相对于高校辅导员来说往往更关注职称等级、工资收入、职业的社会声望和自身的职业发展及存在价值。因此，这一群体对于社会分层的指标因素更为敏感，相应地，这些指标因素对于这一群体的影响力也就更大。对于年轻的思想政治理论课教师来说，一方面职称等级普遍较低、职称晋升的压力较大，另一方面工资水平相对于副教授、教授来说又有较大差距，而自己前期为了获得这样的职业机会又投入了巨大成本（时间成本和经济成本）。这两方面综合作用的结果，就是这部分教师群体既对本职工作充满热情、想通过努力尽快实现职称晋升的目标，但又对自身所处的地位和现状不满。他们带着高度的职业认知选择了这份职业，但由于入职之后面对日益抬高的职称晋升门槛和因职称等级而导致的较大收入差距，所以在职业情感、职业意志、职业信念、职业行为方面没有职称较高的教师表现得浓烈、成熟、坚定与积极（用 SPSS19.0 对"社会分层对高校思想政治理论课教师职业认同影响的抽样调查"数据进行统计分析，构成职业认同各维度的不同因子在不同职称等级下的得分均值如表 4.36 所示）。

另外，对于民办本科和其他高职高专院校的辅导员来说，虽然学校的类型及与之直接相关的编制的性质使之在社会的制度分割中居于相对劣势的地位（相对于部属高校、211 和 985 院校以及省属本科院校来说），但因其自身的学历、学位水平相对较低，辅导员的工作和收入又具有较高的稳定性，基于自身的条件考虑，辅导员这一职业不失为一个好的选择。同时，由于这部分辅导员的职业期待和要求也相对较低，职业的满意度和认同度也就不会与省属本科院校和教育部直属院校的辅导员有较大的差别；但基于对未来发展的顾虑，在职业意志或职业信念上的得分相对较低。总体上看，学校类型与编制的性质等与社会分层相关的指标因素并未对高校辅导员的职业认同造成显著影响。

表 4.36　不同职称等级下职业认同及其各构成因子得分均值分析报告

职称	维度	职业认知	职业情感	职业意志	职业信念	职业行为	职业认同
讲师	均值	15.96	13.96	16.62	11.19	13.10	70.82
	N	90	90	90	90	90	90
	标准差	1.038	2.596	3.489	2.426	2.860	10.794
副教授	均值	15.51	15.01	18.92	13.50	13.40	76.35
	N	206	206	206	206	206	206
	标准差	0.848	1.173	3.088	2.085	1.545	6.814

续表

职称	维度	职业认知	职业情感	职业意志	职业信念	职业行为	职业认同
教授	均值	15.58	15.85	21.16	14.45	15.35	82.39
	N	255	255	255	255	255	255
	标准差	1.378	1.446	1.465	1.059	1.311	3.545
总计	均值	15.62	15.23	19.58	13.56	14.25	78.24
	N	551	551	551	551	551	551
	标准差	1.159	1.740	3.045	2.092	2.015	7.764

目前越来越多的高校在招聘辅导员时都将研究生学历、硕士学位作为入职门槛。硕士研究生相对于本科来说就业压力较小，除了一些文科专业的硕士研究生以外，高校辅导员一般不是理工类专业硕士研究生毕业后的就业首选。因此，笔者认为，选择了高校辅导员职业的硕士毕业生，应该对辅导员职业具有较高的职业认同。

从当前我国高校辅导员岗位级别晋升来看，由科员到副科、再到正科往往是"自然"的岗位级别晋升（虽然副科到正科也存在一定的竞争），工作年限累计的资历是影响辅导员岗位级别晋升的关键性因素之一。但高校思想政治理论课教师的职称晋升却与此有较大差别。工作年限的累积要求只是一个方面，更为重要的是由讲师到副教授、再到教授的每一级别的职称晋升都有非常明确且日益提高的硬性指标要求。而除了必须满足这些底线指标要求和受到所在院系各级别职称名额的限制，不同学科之间的教师在参与职称评审的过程中又存在横向比较，这种比较往往不会考虑学科差异，而以符合学校对于职称评审相关要求的论文的数量及等级、项目级别、科研到款额、获奖情况、教学任务完成的质量等作为教师之间横向比较的依据。思想政治理论课教师相对于专业课教师来说教学任务繁重（即使按照1∶350的规定），其每年的教学工作量仍然远高于专业课教师，但学校对于思想政治理论课教师的职称晋升的条件要求与专业课教师无差别，并且在评审过程中将其与专业课教师进行无学科差别、无教学工作量差别的横向比较。因此，高校思想政治理论课教师普遍面临着教学与科研的双重重压。

对于讲师和需要进一步晋升职称的副教授来说，其所承受的压力要远大于教授。访谈中，我们发现讲师职称的思想政治理论课教师所感受到的压力比副教授要更高,因为有些年龄较大的副教授基本放弃了职称晋升的目标,只是专注于教学。高校中有相当一部分教师是在副教授的岗位上退休的,所以即使各学科晋升职称有名额限制,各校对晋升教授的硬性指标要求近些年提升幅度较大,但副教授们的职称晋升压力反而没有讲师大。教学与科研的双重重压,再加上各不同职称等级工资收入水平的较大差异,使得职称等级及与之直接相关的工资收入水平等社会分层指标因素显著影响了高校思想政治理论课教师的职业认同水平。

综上所述,笔者认为,高校思想政治理论课教师和辅导员在职称晋升或岗位级别晋升方面的特点及难易程度、各职称等级或岗位级别的工资收入水平方面的差异以及这两大群体自身在学历和学位水平上的差异,是社会分层对二者的职业认同的影响力呈现差异化的重要原因。

第二节 社会分层对高校思想政治教育客体的影响

思想政治教育的对象是这样一个群体:他们出生在改革开放成效日益显著、现代社会阶层结构初步形成的信息化社会;他们身上既有这个时代的同期群的共性特征,又因深受家庭环境的影响而在思想和行为方面具有明显的阶层区隔。这一群体的世界观、人生观、道德观、政治观以及法制观等的形成势必与其成长的家庭环境、社会环境有着必然的联系。本书不是面面俱到地关注作为高校思想政治教育客体的大学生在思想和行为方面的所有差异,只是选择了归属于不同阶层家庭的大学生的人生观、道德观和政治认同作为关注点,通过对抽样调查数据的系统分析考察其中的异同。

思想政治教育的根本目的是"激励人们为建设中国特色社会主义,最终实现共产主义而奋斗……这一根本目的内在地包含相互联系的两个方面:一是提高教育对象的思想道德素质……二是促进人的自由全面发展"[1]。鉴于思想政治教育的根本目的,课题组以大学生的人生观、道德观、政治认同[2]为着眼点分别设计了测量量表以考察社会分层对高校思想政治教育客

---

[1] 陈万柏、张耀灿主编:《思想政治教育学原理》,华中师范大学出版社2009年版,第63页。

[2] 考虑到政治认同是大学生政治观的集中表现和反映,课题组设计了关于社会分层对大学生政治认同影响的测量量表来考察社会分层对大学生政治观的影响。

体的影响。

家庭是大学生成长的具体环境，家庭的阶层分化是社会阶层结构多元化的具体表现。社会分层对作为高校思想政治教育客体的大学生的影响，直接地通过总是归属于一定阶层的家庭来实现。当前中国绝大多数家庭中，父亲的职业仍然是决定家庭经济收入的主要因素，因此，课题组在考察家庭的阶层归属时以"父亲职业类型"作为判别大学生原生家庭客观阶层归属的等级变量。为了统计分析的方便，课题组将当前我国的十大社会阶层分为三个更为宏观的层次，即社会上层、中间阶层、基础阶层。父亲类型是私营企业主或企业中高层管理者或党政机关领导的用"1"表示，这类学生在家庭阶层归属上划归为社会上层；父亲职业类型是基层公务员或专业技术人员的用"2"表示，这类学生在家庭阶层归属上划归为中间阶层；父亲是无业或失业人员、农业劳动者、产业工人、商业服务业人员、个体工商户的用"3"表示，这类学生在家庭阶层归属上划归为基础阶层。①

为了保证测量工具的信度和效度，课题组在编制社会分层对大学生人生观、道德观、政治认同影响的测量量表的过程中充分听取了有关专家意见，并邀请两组学生（每组6人）作为裁判对测度项进行分类，根据专家意见和学生裁判的分类反馈信息课题组几度修改测度项，最终确定了上述三个部分的测量量表。在正式施测之前，组织了150名大学生进行了预测试，回收有效预调查问卷121份，针对预调查数据的分析结果显示各部分测量量表是可靠的（见本节对各部分测量量表的信度和效度的分析）。由于抽样调查不宜针对同一样本反复进行，课题组将关于"人生观""道德观""政治认同"的三个量表整合起来，最终合成了一份"社会分层对大学生人生观、道德观、政治认同影响的调查问卷"②（见附录二），组织实施了抽样调查（以 LN、JL、HB、SX、SC、GZ 六省的六所普通高等学校的大学本科生为抽样对象，抽样样本规模为

---

① 关于父亲职业类型对应的数值说明："1"代表"社会上层"，"2"代表"中间阶层"，"3"代表"社会基础阶层"。为了避免调查对象可能因为对于父亲职业类型对应的阶层归属敏感给相应信息的填写带来干扰，所以调查问卷中没有直接用阶层类型，而用特定的数值代替。调查问卷中各题项与人生观、道德观、政治认同的各构成因子之间的对应关系见附录三。

② 该问卷中关于大学生的道德观、人生观、政治认同的构成因子及对应测度项见附录三。

1500人，最终回收有效调查问卷1251份），以了解大学生成长家庭的阶层归属（按父亲职业类型进行划分）在上述三个维度对其产生的具体影响。

一 社会分层对大学生人生观影响的实证分析

人生观是人们对人为什么活着、应该怎样活着、怎样活着才有价值等问题的根本看法和观点，人生目的、人生态度、人生价值构成了人生观的主要内容。基于人生观的内容结构，在"社会分层对大学生人生观、道德观、政治认同影响的调查问卷"中我们设计了9个题项从人生目的、人生态度、人生价值三个维度（每个维度或因子对应三个题项）来考察社会分层对于大学生人生观的现实影响，即调查问卷中关于人生观的测试量表部分采用9个测度项的三因子结构。量表采用语义对比刻度，刻度细度为7。"0"对应完全否定，"6"对应完全肯定，所有测度项评分均为正向得分，各因子的得分为因子内部的各测度项分值的均值，人生观的得分为构成人生观的3个维度的各因子得分的均值，得分越高，人生观状况越好。

用SPSS19.0对回收的121份有效预调查问卷中的关于人生观的数据进行分析，信度分析报告显示：构成大学生人生观的三个维度的各因子的克朗巴哈信度系数在0.850至0.929之间，基于标准化项的克朗巴哈信度系数在0.849至0.934之间，总量表的克朗巴哈信度系数为0.865，基于标准化项的克朗巴哈信度系数0.854（见表4.37）。总体上看，量表具有较高的信度。

表4.37　　　　　　　　　　可靠性统计量

人生目的		人生态度		人生价值		总量表	
Cronbach's Alpha	基于标准化项的Cronbach's Alpha	Cronbach's Alpha	基于标准化项的Cronbach's Alpha	Cronbach's Alpha	基于标准化项的Cronbach's Alpha	Cronbach's Alpha	基于标准化项的Cronbach's Alpha
0.929	0.934	0.907	0.922	0.850	0.849	0.865	0.854

SPSS19.0给出的KMO和Bartlett球形度检验结果见表4.38，KMO值为0.743，Bartlett的球形度检验结果为956.659，显著性为0.000，非常适合做因子分析。按主成分法进行因子分析的结果显示，特征根值大于1

的因子有 3 个，累积方差贡献率为 84.838%（见表 4.39），斜交旋转后得到的因子载荷模式矩阵见表 4.40，结果显示各题项的因子载荷均大于 0.80，说明量表的结构模型较为精确。SPSS19.0 对数据的相关性分析结果显示（见表 4.41、4.42）：构成人生观的三个因子与人生观总分之间均存在显著相关；除了人生目的和人生态度这两个因子之间具有相对较高的相关性之外，人生目的与人生价值、人生态度与人生价值之间的相关系数均低于各因子与总分之间的相关系数；而人生目的越明确、越科学人生态度越积极，二者具有显著的正向相关性是与经验事实相符的。因此，数据分析结果显示量表具有良好的结构效度。总体上看，"社会分层对大学生人生观影响的测量量表"的质量是完全可以接受的。

表 4.38　　　　　　　　　　KMO 和 Bartlett 的检验

取样足够度的 Kaiser-Meyer-Olkin 度量。		0.743
Bartlett 的球形度检验	近似卡方	956.659
	df	36
	Sig.	0.000

表 4.39　　　　　　　　　　解释的总方差

成份	初始特征值			提取平方和载入			旋转平方和载入[a]
	合计	方差（%）	累积（%）	合计	方差（%）	累积（%）	合计
1	**4.449**	49.439	**49.439**	4.449	49.439	**49.439**	3.672
2	**2.171**	24.125	**73.564**	2.171	24.125	**73.564**	3.727
3	**1.015**	11.274	**84.838**	1.015	11.274	**84.838**	2.496
4	0.549	6.098	90.936				
5	0.276	3.067	94.002				
6	0.243	2.703	96.705				
7	0.155	1.724	98.429				
8	0.087	0.966	99.395				
9	0.054	0.605	100.000				

注：提取方法：主成份分析。

[a] 使成份相关联后，便无法通过添加平方和载入来获得总方差。

表 4.40　　　　　　　　　　模式矩阵[a]

	成份		
	1	2	3
B1	**0.856**	0.145	-0.024
B2	**0.960**	0.009	0.017
B3	**0.967**	-0.095	-0.004
B4	-0.009	**0.878**	0.132
B5	-0.031	**0.964**	-0.130
B6	0.053	**0.936**	0.004
B7	-0.062	-0.095	**0.858**
B8	0.010	0.124	**0.869**
B9	0.048	-0.031	**0.901**

注：提取方法：主成份。

旋转法：具有 Kaiser 标准化的倾斜旋转法。

[a] 旋转在 4 次迭代后收敛。

表 4.41　　　　　　　　　　相关性

		人生目的	人生价值	人生态度	人生观
人生目的	Pearson 相关性	1	0.149	0.621**	0.858**
	显著性（双侧）		0.103	0.000	0.000
	N	121	121	121	121
人生价值	Pearson 相关性	0.149	1	0.208*	0.471**
	显著性（双侧）	0.103		0.022	0.000
	N	121	121	121	121
人生态度	Pearson 相关性	0.621**	0.208*	1	0.866**
	显著性（双侧）	0.000	0.022		0.000
	N	121	121	121	121
人生观	Pearson 相关性	0.858**	0.471**	0.866**	1
	显著性（双侧）	0.000	0.000	0.000	
	N	121	121	121	121

注：** 在 0.01 水平（双侧）上显著相关。

* 在 0.05 水平（双侧）上显著相关。

表 4.42　　　　　　　　　　　相关系数

			人生目的	人生价值	人生态度	人生观
Spearman 的 rho	人生目的	相关系数	1.000	0.048	0.562**	0.820**
		Sig.（双侧）	.	0.598	0.000	0.000
		N	121	121	121	121
	人生价值	相关系数	0.048	1.000	0.162	0.358**
		Sig.（双侧）	0.598	.	0.075	0.000
		N	121	121	121	121
	人生态度	相关系数	0.562**	0.162	1.000	0.817**
		Sig.（双侧）	0.000	0.075	.	0.000
		N	121	121	121	121
	人生观	相关系数	0.820**	0.358**	0.817**	1.000
		Sig.（双侧）	0.000	0.000	0.000	.
		N	121	121	121	121

注：** 在置信度（双测）为 0.01 时，相关性是显著的。

SPSS19.0 对 1251 份有效调查问卷中的人生观部分的数据分析结果显示（以父亲职业类型作为频率变量对样本数据进行加权后统计分析），在父亲职业的不同等级下，构成大学生人生观的三个因子的均值都大于临界值 3，分析报告表明家庭阶层归属不同（父亲职业的类型代表其家庭的阶层归属）的大学生的人生观的总体情况较好，但数据分析结果同时也表明大学生的人生目的、人生态度、人生价值在父亲职业不同等级下存在差异，因此导致这一群体的人生观在父亲职业的不同类型下呈现差异化（见表 4.43）。来自社会上层家庭的大学生人生目的、人生态度上得分均最低，来自基础阶层家庭的大学生在人生目的及人生态度上得分均最高，数据说明后者的人生目的最明确、人生态度最积极。在人生观的总得分上来自不同阶层的大学生的得分按由低到高的顺序分别为社会上层、中间阶层、基础阶层。进一步的非参数检验结果显示，来自不同阶层家庭的大学生在人生观上存在统计学意义上的显著差异，在构成人生观的三个维度上也都存在统计学意义上的显著差异（见表 4.44）。

表 4.43　　报告

父亲职业类型		人生目的	人生态度	人生价值	人生观
1	均值	4.434	4.365	4.864	4.554
	N	314	314	314	314
	标准差	0.8749	0.8508	0.3422	0.6018
2	均值	4.668	4.487	4.649	4.602
	N	1126	1126	1126	1126
	标准差	0.6562	0.6784	0.4082	0.4519
3	均值	5.165	4.535	4.725	4.749
	N	1122	1122	1122	1122
	标准差	0.7380	0.8408	0.5594	0.5111
总计	均值	4.857	4.493	4.709	4.660
	N	2562	2562	2562	2562
	标准差	0.7748	0.7764	0.4786	0.5046

表 4.44　　检验统计量[a,b]

	人生目的	人生态度	人生价值	人生观
卡方	312.625	15.447	57.970	159.410
df	2	2	2	2
渐近显著性	0.000	0.000	0.000	0.000

注：[a] Kruskal Wallis 检验。

[b] 分组变量：父亲职业。

二　社会分层对大学生道德观影响的实证分析

道德观是人们对社会道德现象、道德关系的总体认识和看法，人们总要通过道德的社会化形成一定的道德观。道德认知是道德社会化的第一个环节，道德价值取向是道德观的集中反映，道德情感直接影响道德行为。在"社会分层对大学生人生观、道德观、政治认同影响的调查问卷"中，我们设计了10个题项从道德认知、道德价值取向、道德情感三个维度来考察社会分层对于大学生道德观的影响，即在问卷中关于道德观的测量量表部分采用10个测度项的三因子结构。量表采用语义对比刻度，刻度细度为7。"0"代表完全否定，"6"代表完全肯定。所有测度项评分均为正向得分，各因子的得分为分子内部的各测度项分值的平均值，道德观的得分为 3 个维度的因子得分的平均值，得分越高、道德观状况越好。

用 SPSS19.0 对 121 份有效预调查问卷中关于道德观的测量数据进行分析，信度分析报告显示，测量道德观的三个维度的各因子的克朗巴哈信度系数在 0.797 至 0.886 之间，基于标准化项的克朗巴哈信度系数在 0.823 至 0.929 之间，总量表的克朗巴哈信度系数为 0.795，基于标准化项的克朗巴哈信度系数 0.804（见表 4.45），总体上看，量表的信度是可以接受的。

表 4.45　　　　　　　　　　可靠性统计量

道德认知		道德价值取向		道德情感		道德观	
Cronbach's Alpha	基于标准化项的 Cronbach's Alpha	Cronbach's Alpha	基于标准化项的 Cronbach's Alpha	Cronbach's Alpha	基于标准化项的 Cronbach's Alpha	Cronbach's Alpha	基于标准化项的 Cronbach's Alpha
0.797	0.823	0.886	0.903	0.875	0.929	0.795	0.804

SPSS19.0 给出的 KMO 和 Bartlett 球形度检验结果（见表 4.46）中，KMO 值为 0.697，Bartlett 的球形度检验结果为 854.396，显著性为 0.000，非常适合做因子分析。按主成分法进行因子分析结果显示，特征根值大于 1 的因子有 3 个，累积方差贡献率为 80.809%（见表 4.47），斜交旋转后得到的因子载荷模式矩阵见表 4.48，结果显示各题项的因子载荷均大于 0.80，说明量表的结构模型较为精确。SPSS19.0 对数据的相关性分析结果显示（见表 4.49、4.50）：测量道德观的三个因子与道德观之间均存在显著相关，而道德价值取向和道德情感这两个因子之间具有相对较高的相关性，道德认知与道德价值取向、道德认知与道德情感之间的相关性均是微弱的，且各因子之间的相关系数均低于各因子与总分之间的相关系数。由于道德价值取向直接影响道德情感和道德行为，因此，道德价值取向与道德情感之间具有显著的正向相关性是与经验事实相符的。对于预测试数据的分析结果显示关于道德观部分的测量量表具有良好的结构效度，总体上看，"社会分层对大学生道德观影响的测量量表"的质量是完全可以接受的。

表 4.46　　　　　　　　KMO 和 Bartlett 的检验

取样足够度的 Kaiser-Meyer-Olkin 度量		0.697
Bartlett 的球形度检验	近似卡方	854.396
	df	45
	Sig.	0.000

表 4.47　　　　　　　　　解释的总方差

成份	初始特征值			提取平方和载入			旋转平方和载入[a]
	合计	方差的 %	累积 %	合计	方差的 %	累积 %	合计
1	3.989	39.888	39.888	3.989	39.888	39.888	3.494
2	2.260	22.603	62.491	2.260	22.603	62.491	3.053
3	1.832	18.317	80.809	1.832	18.317	80.809	2.286
4	0.545	5.447	86.256				
5	0.379	3.786	90.042				
6	0.313	3.132	93.174				
7	0.235	2.348	95.522				
8	0.200	1.996	97.518				
9	0.178	1.777	99.296				
10	0.070	0.704	100.000				

注：提取方法：主成份分析。

[a] 使成份相关联后，便无法通过添加平方和载入来获得总方差。

表 4.48　　　　　　　　　模式矩阵 a

	成份		
	1	2	3
A1	0.070	-0.082	**0.876**
A2	-0.266	0.041	**0.820**
A3	0.174	0.037	**0.882**
A4	**0.927**	-0.066	0.040
A5	**0.861**	0.115	0.031
A6	**0.868**	-0.029	-0.123
A7	**0.847**	0.006	0.054
A8	0.030	**0.907**	-0.043
A9	-0.033	**0.966**	0.043
A10	0.011	**0.931**	-0.017

注：提取方法：主成份。

旋转法：具有 Kaiser 标准化的倾斜旋转法。

[a] 旋转在 4 次迭代后收敛。

表 4.49　　　　　　　　　　　　相关性

		道德认知	道德价值取向	道德情感	道德观
道德认知	Pearson 相关性	1	0.039	0.129	0.477**
	显著性（双侧）		0.673	0.159	0.000
	N	121	121	121	121
道德价值取向	Pearson 相关性	0.039	1	0.337**	0.696**
	显著性（双侧）	0.673		0.000	0.000
	N	121	121	121	121
道德情感	Pearson 相关性	0.129	0.337**	1	0.809**
	显著性（双侧）	0.159	0.000		0.000
	N	121	121	121	121
道德观	Pearson 相关性	0.477**	0.696**	0.809**	1
	显著性（双侧）	0.000	0.000	0.000	
	N	121	121	121	121

注：** 在 .01 水平（双侧）上显著相关。

表 4.50　　　　　　　　　　　　相关系数

			道德认知	道德价值取向	道德情感	道德观
Spearman 的 rho	道德认知	相关系数	1.000	−0.037	0.123	0.461**
		Sig.（双侧）	.	0.688	0.180	0.000
		N	121	121	121	121
	道德价值取向	相关系数	−0.037	1.000	0.335**	0.681**
		Sig.（双侧）	0.688	.	0.000	0.000
		N	121	121	121	121
	道德情感	相关系数	0.123	0.335**	1.000	0.761**
		Sig.（双侧）	0.180	0.000	.	0.000
		N	121	121	121	121
	道德观	相关系数	0.461**	0.681**	0.761**	1.000
		Sig.（双侧）	0.000	0.000	0.000	.
		N	121	121	121	121

注：** 在置信度（双测）为 0.01 时，相关性是显著的。

用 SPSS19.0 对 1251 份有效调查问卷中的道德观部分的数据进行分析的结果显示（以父亲职业类型为频率变量对抽样调查数据进行加权，相关数据分析结果详见表4.51），在父亲职业的不同类型（层级）下，用来考察大学生道德观的三个因子的均值都大于临界值3，分析报告表明家庭阶层归属不同（父亲职业的类型代表其家庭的阶层归属）的大学生的道德观的总体情况较好。从具体得分来看，来自中间阶层家庭的大学生在道德认知和道德价值取向维度上得分最高；来自基础阶层家庭的大学生在道德观及其各构成因子的得分均值最低；来自社会上层家庭的大学生在道德情感上得分均值最高，在道德观上的得分均值也最高。来自社会各阶层家庭的大学生道德观的得分均值按由低到高的顺序分别为来自基础阶层家庭的大学生、来自中间阶层家庭的大学生、来自社会上层家庭的大学生。总体上看，尽管来自不同阶层家庭的大学生在道德观及其各构成因子的得分均值上均存在差异，但进一步的非参数检验结果显示，来自不同阶层家庭的大学生在道德认知、道德价值取向、道德情感及道德观总得分上均不存在统计学意义上的显著差异（见表4.52）。

表 4.51　　　　　　　　　　　　报告

父亲职业类型		道德认知	道德价值取向	道德情感	道德观
1	均值	3.9777	4.3392	4.5372	4.7251
	N	314	314	314	314
	标准差	0.52336	0.67386	0.68313	0.52449
2	均值	3.9876	4.3774	4.5269	4.7227
	N	1126	1126	1126	1126
	标准差	0.53003	0.61614	0.72474	0.49736
3	均值	3.9626	4.2908	4.5134	4.6768
	N	1122	1122	1122	1122
	标准差	0.54674	0.70778	0.66269	0.54931
总计	均值	3.9754	4.3348	4.5222	4.7029
	N	2562	2562	2562	2562
	标准差	0.53653	0.66573	0.69287	0.52431

表 4.52　　　　　　　　　　　检验统计量[a,b]

	道德认知	道德价值取向	道德情感	道德观
卡方	1.012	2.597	1.413	1.380
df	2	2	2	2

	道德认知	道德价值取向	道德情感	道德观
渐近显著性	0.603	0.273	0.493	0.502

注：a Kruskal Wallis 检验。

b 分组变量：父亲职业。

三 社会分层对大学生政治认同影响的实证分析

政治认同是指"人们在政治生活中产生的认可、同意的情感倾向和亲近、接纳的心理归属，它是一种心理活动，也是一种政治态度，在本质上是社会成员对政治权力的认同"①。作为心理活动和政治态度，政治认同根据"情感倾向"的对象的不同，可以划分为政策认同、国家认同、执政党和政府认同、政治制度认同和意识形态认同，等等。② 这些认同反映着人们的价值判断，对社会发展具有直接的影响。大学生的政治认同状况既是衡量这一群体政治社会化水平的重要依据，同时也为高校思想政治教育的具体实施（确定教育内容与教育方式、组织教育环节等）提供了参考依据。立足于中国社会阶层结构深刻变动的事实，在调查研究的基础上把握大学生成长家庭的社会阶层归属对于大学生政治认同的现实影响，对于提升大学生思想政治教育的实效性，进而通过高校思想政治教育增强大学生的政治认同、提高大学生的政治社会化水平、巩固当前中国社会政治体系的政治合法性基础、促进社会主义民主政治的发展具有重要的现实意义。

基于前面对政治认同的内涵的理解，在"社会分层对大学生人生观、道德观、政治认同影响的调查问卷"中，课题组设计了12个题项从国家认同、政党认同、制度认同、意识形态认同四个维度考察了家庭的阶层归属对于大学生政治认同的影响。即在问卷中关于政治观的测量量表部分采用12个测度项的四因子结构。量表采用语义对比刻度，刻度细度为7。"0"代表完全否定，"6"代表完全肯定。所有测度项评分均为正向得分，

---

① 彭正德：《论政治认同的内涵、结构与功能》，《湖南师范大学社会科学学报》2014年第5期。

② 参见齐卫平《当代中国政治认同的"接续"与"重构"》，《当代社科视野》2012年第10期。

各因子的得分为因子内部的各测度项分值的平均值，政治认同的得分为代表4个维度的因子得分的平均值，得分越高、政治认同状况越好。

用SPSS19.0对121份有效预调查问卷中的关于政治认同的测量数据进行分析，信度分析报告显示，考察政治认同的四个维度的各因子的克朗巴哈信度系数在0.896至0.943之间，基于标准化项的克朗巴哈信度系数在0.914至0.959之间，总量表的克朗巴哈信度系数为0.801，基于标准化项的克朗巴哈信度系数0.842（见表4.53）。总体上看，量表具有良好的信度。

表4.53　　　　　　　　　　　可靠性统计量

国家认同		政党认同		制度认同		意识形态认同		总量表的可靠性统计量	
Cronbach's Alpha	基于标准化项的Cronbach's Alpha	Cronbach's Alpha	基于标准化项的Cronbach's Alpha	Cronbach's Alpha	基于标准化项的Cronbach's Alpha	Cronbach's Alpha	基于标准化项的Cronbach's Alpha	Cronbach's Alpha	基于标准化项的Cronbach's Alpha
.897	0.914	0.918	0.930	0.943	0.945	0.896	0.959	0.801	0.842

SPSS19.0给出的KMO和Bartlett球形度检验结果见表4.54，KMO值为0.760，Bartlett的球形度检验结果为1472.195，显著性为0.000，非常适合做因子分析。按主成分法进行因子分析结果显示，特征根值大于1的因子有4个，累积方差贡献率为89.619%（见表4.55），斜交旋转后得到的因子载荷模式矩阵见表4.56。结果显示各题项的因子载荷均大于0.90，说明课题组设计的测量大学生政治认同的预测量量表的结构模型很精确。SPSS19.0对数据的相关性分析结果显示（见表4.57、4.58）：测量大学生政治认同的各因子与政治认同之间均存在显著相关，各因子与政治认同之间的相关系数均高于该因子与其他因子之间的相关系数。对于预调查数据的分析报告同时显示：国家认同、政党认同、制度认同、意识形态认同之间也都具有显著的正向相关性，这是由于对社会主义中国的国家认同、对中国共产党的认同、对中国特色社会主义制度的认同与对中国特色社会主义理论体系的认同具有高度的内在一致性。因此，对于预调查数据的分析结果显示关于大学生政治认同部分的测量量表具有良好的结构效度。总体上看，课题组设计的"社会分层对大学生政治认同影响的测量量表"的质量是完全可以接受的。

表 4.54　　　　　　　　　KMO 和 Bartlett 的检验

取样足够度的 Kaiser-Meyer-Olkin 度量		0.760
Bartlett 的球形度检验	近似卡方	1472.195
	df	66
	Sig.	0.000

表 4.55　　　　　　　　　解释的总方差

成份	初始特征值			提取平方和载入			旋转平方和载入[a]
	合计	方差（%）	累积（%）	合计	方差（%）	累积（%）	合计
1	**4.637**	38.639	**38.639**	4.637	38.639	**38.639**	3.292
2	**2.804**	23.364	**62.003**	2.804	23.364	**62.003**	3.319
3	**2.269**	18.912	**80.915**	2.269	18.912	**80.915**	2.866
4	**1.044**	8.704	**89.619**	1.044	8.704	**89.619**	3.743
5	0.300	2.504	92.123				
6	0.231	1.927	94.050				
7	0.218	1.819	95.868				
8	0.163	1.362	97.230				
9	0.132	1.100	98.330				
10	0.080	0.665	98.995				
11	0.072	0.603	99.598				
12	0.048	0.402	100.000				

注：提取方法：主成份分析。

[a] 使成份相关联后，便无法通过添加平方和载入来获得总方差。

表 4.56　　　　　　　　　模式矩阵[a]

	成份			
	1	2	3	4
C1	-0.056	0.032	0.047	**0.913**
C2	0.027	0.013	0.013	**0.913**
C3	0.055	-0.027	-0.047	**0.922**
C4	0.050	0.040	**0.935**	0.011
C5	-0.116	-0.114	**0.905**	0.046

续表

	成份			
	1	2	3	4
C6	0.058	0.076	**0.965**	-0.044
C7	-0.014	**0.949**	-0.018	0.016
C8	-0.069	**0.957**	-0.045	0.065
C9	0.064	**0.935**	0.071	-0.065
C10	**0.945**	0.042	-0.030	0.044
C11	**0.981**	-0.141	0.040	0.007
C12	**0.950**	0.091	-0.013	-0.028

注：提取方法：主成份。
旋转法：具有 Kaiser 标准化的倾斜旋转法。
[a] 旋转在 5 次迭代后收敛。

表 4.57　　　　　　　　　　相关性

		国家认同	政党认同	制度认同	意识形态认同	政治认同
国家认同	Pearson 相关性	1	0.267**	0.344**	0.262**	0.580**
	显著性（双侧）		0.003	0.000	0.004	0.000
	N	121	121	121	121	121
政党认同	Pearson 相关性	0.267**	1	0.432**	0.418**	0.723**
	显著性（双侧）	0.003		0.000	0.000	0.000
	N	121	121	121	121	121
制度认同	Pearson 相关性	0.344**	0.432**	1	0.603**	0.816**
	显著性（双侧）	0.000	0.000		0.000	0.000
	N	121	121	121	121	121
意识形态认同	Pearson 相关性	0.262**	0.418**	0.603**	1	0.813**
	显著性（双侧）	0.004	0.000	0.000		0.000
	N	121	121	121	121	121
政治认同	Pearson 相关性	0.580**	0.723**	0.816**	0.813**	1
	显著性（双侧）	0.000	0.000	0.000	0.000	
	N	121	121	121	121	121

注：** 在 0.01 水平（双侧）上显著相关。

表 4.58　　　　　　　　　　　相关系数

			国家认同	政党认同	制度认同	意识形态认同	政治认同
Spearman 的 rho	国家认同	相关系数	1.000	0.262**	0.343**	0.282**	0.595**
		Sig.（双侧）	.	0.004	0.000	0.002	0.000
		N	121	121	121	121	121
	政党认同	相关系数	0.262**	1.000	0.416**	0.381**	0.701**
		Sig.（双侧）	0.004	.	0.000	0.000	0.000
		N	121	121	121	121	121
	制度认同	相关系数	0.343**	0.416**	1.000	0.612**	0.799**
		Sig.（双侧）	0.000	0.000	.	0.000	0.000
		N	121	121	121	121	121
	意识形态认同	相关系数	0.282**	0.381**	0.612**	1.000	0.799**
		Sig.（双侧）	0.002	0.000	0.000	.	0.000
		N	121	121	121	121	121
	政治认同	相关系数	0.595**	0.701**	0.799**	0.799**	1.000
		Sig.（双侧）	0.000	0.000	0.000	0.000	.
		N	121	121	121	121	121

注：** 在置信度（双测）为 0.01 时，相关性是显著的。

组织实施问卷调查后，用 SPSS19.0 对 1251 份有效调查问卷中的政治认同部分的数据进行分析的结果显示（以"父亲职业类型"作为频率变量对样本数据进行加权后统计分析），在父亲职业的不同类型（层级）下，大学生政治认同的四个因子的均值都大于临界值 3，分析报告表明家庭阶层归属不同的大学生的政治认同的总体状况较好，抽样调查数据按父亲职业类型加权后进行统计分析得到的政治认同均值为 4.7754。数据分析结果同时也表明，大学生的国家认同、政党认同、制度认同、意识形态认同在父亲职业不同类型（层级）下均值存在差异（见表 4.59）。在政治认同的总得分上来自不同阶层家庭的大学生的得分均值按由低到高的顺序分别为中间阶层、基础阶层、社会上层。进一步的非参数检验结果显示，来自不同阶层家庭的大学生在政治认同上存在统计学意义上的显著差异。在政治认同的各构成因子中，制度认同与意识形态认同在父亲职业不同类型（层级）下也存在统计学意义上的显著差异，国家认同与政党认同不存在统计学意义上的显著差异（见表

4.60）。

表 4.59　父亲职业不同类型下大学生政治认同及其各因子均值分析报告

父亲职业类型		国家认同	政党认同	制度认同	意识形态认同	政治认同
1	均值	均值	4.8293	4.7730	4.5589	4.8396
	N	N	314	314	314	314
	标准差	标准差	0.02242	0.37837	0.72703	0.20783
2	均值	5.1969	4.8283	4.6864	4.3227	4.7586
	N	1126	1126	1126	1126	1126
	标准差	0.00694	0.02283	0.40029	0.80223	0.23065
3	均值	5.1971	4.8287	4.7174	4.3538	4.7742
	N	1122	1122	1122	1122	1122
	标准差	0.00689	0.02288	0.42491	0.68606	0.21811
总计	均值	5.1970	4.8286	4.7106	4.3653	4.7754
	N	2562	2562	2562	2562	2562
	标准差	0.00690	0.02280	0.40947	0.74752	0.22384

表 4.60　检验统计量[a,b]

	国家认同	政党认同	制度认同	意识形态认同	政治认同
卡方	0.587	0.818	10.079	25.849	32.725
df	2	2	2	2	2
渐近显著性	0.745	0.664	0.006	0.000	0.000

注：[a] Kruskal Wallis 检验。
[b] 分组变量：父亲职业。

从以上抽样调查数据的统计分析来看，大学生的人生观、道德观、政治认同的总体状况较好，但在父亲职业的不同类型（层级）下，大学生的人生观、政治认同均存在统计学意义上的显著差异。对应的非参数检验结果显示，社会分层对于这两个测量变量的各构成因子也具有较大影响，说明社会分层对于作为高校思想政治教育客体的大学生的影响是显著的，这些影响也是客观的社会环境与思想政治教育客体的主体性之间相互作用的结果。重视社会环境的影响、关注客体的这些差异是高校思想政治教育工作与时俱进的客观要求。在坚持高校思想政治教育总目标的大前提下，只有根据归属于不同阶层的大学生的自身特点和需求，合理设置阶段性目标，有针对性地设计教学内容并采用灵活变通的方式才能确保高校思想政治教育的实效性。

第三节 社会分层对高校思想政治教育介体的影响

基于第三章中对思想政治教育介体的界定，本书将高校思想政治教育介体理解为高校思想政治教育的内容。思想政治教育的介体（思想政治教育的内容）在本质上是思想政治教育主体传递给客体的信息，而这些信息总是经过思想政治教育主体的选择、组织编码之后才传递给教育客体的，社会分层并不会直接作用于高校思想政治教育介体，其对高校思想政治教育介体的影响，总是通过一般主体和特殊主体力量的外化来实现。高校思想政治教育的一般主体（高校的思想政治理论课教师和辅导员）根据思想政治教育基本框架（即教材中编排的高校思政治理论课的教学内容）设计和编排的具体思想政治教育内容与活动总是针对具体的教育对象并受制于主体自身知识结构与专业素养的，因此这些编码后形成的新的思想政治教育信息（即主体最终传递给大学生的信息）尽管具有共同的主题和总体目标，但具体表达却千差万别。本书要考察的对象不是这些极富个性的思想政治教育在共同主题下的具体表达，即不是高校思想政治教育一般主体传递给学生的具体内容，而是党的十一届三中全会以后高校思想政治教育的基本框架（也可以说是由思想政治教育特殊主体所确定的高校思想政治教育的基本内容）。这些基本内容及其特征的变化客观上反映了党的十一届三中全会以来，中国社会阶层结构的深刻变动是怎样影响着高校思想政治教育内容的变迁。

一 改革开放初期我国高校思想政治教育的主要内容（1979—1984年）

根据对相关文献资料的检索和分析，我们将改革开放初期国家关于高等学校思想政治教育内容的重要会议和文件汇总见表 4.61（主要内容方面只概括了会议或文件中涉及高校思想政治教育内容的部分)。

表 4.61　1979—1984 年国家关于高校思想政治教育内容的重要会议和文件

序号	时间（年/月）	会议或文件名称	主要内容
1	1980.03	教育部在济南召开高等学校四门马列主义理论课教材研讨会	重点解决"中共党史""政治经济学""哲学""国际共产主义运动史"四门马列主义理论课教学大纲和教材修改、出版等问题
2	1980.04	《关于加强高等学校学生思想政治工作的意见》	文件要求高校思想政治工作要围绕为"四化"建设培养人才进行，要正确分析学生特点，贯彻正确处理人民内部矛盾的方针，改进、加强马列主义基本理论教育
3	1980.07	教育部《关于改进和加强高等学校马列主义课的试行办法》的通知	进一步明确高等学校马列主义课的地位和作用，确定高校马列主义课程：要求全国高校本科开设中共党史、政治经济学、哲学课程。文科专业加开国际共产主义运动史，也可试开科学社会主义课程。坚持党的政治路线和思想路线，解放思想，坚持四项基本原则，改进和加强高校马列主义课的教学，彻底清除林彪、"四人帮"的流毒，从根本上拨乱反正，同时要运用马列主义、毛泽东思想的基本原理来研究新情况，解决新问题，使马列主义课不断适应社会主义现代化建设事业发展的新形势
4	1981.01	教育部在北京召开高等学校政治理论课程研讨会	强调马列主义政治理论课是学生思想政治教育的重要组成部分，只能加强不能削弱。
5	1981.08	全国学校思想政治教育工作会议	高度肯定对学生进行思想政治教育的重要性和必要性。明确了对学生的思想政治教育包括马克思主义理论课的教学、时事政治教育、形势任务教育，班主任、辅导员的思想政治工作，业务教师的育人工作以及党团组织和学生组织的教育活动等方面，这几部分构成了学校思想政治教育工作的整体
6	1982.07	教育部在大连、西安分别召开高等学校思想政治工作座谈会	马列主义理论课教学一方面要讲清楚马列主义基本原理，另一方面又要解决大学生思想认识问题，教学改革必须根据现代化建设提出的要求和学生思想上的新特征有序推进
7	1982.10	教育部《关于在高等学校逐步开设共产主义思想品德课程的通知》	指出全国高等学校要有计划地进行共产主义思想品德教育
8	1982.12	教育部《关于在大、中学校学生中开展学习宣传新宪法的通知》	提出要在大、中学校中开展学习宣传新宪法，将共产主义品德教育与法制教育结合起来
9	1983.07	《关于加强爱国主义宣传教育的意见》	将爱国主义的宣传教育列为思想政治工作的一项基本内容

续表

序号	时间（年/月）	会议或文件名称	主要内容
10	1984.09	中宣部、教育部《关于加强和改进高等院校马列主义理论教育的若干规定》	强调新时期必须加强对高等院校学生的马列主义理论教育。马克思主义是我们党和国家的行动指南，是培养学生无产阶级世界观和共产主义道德的理论基础。为了增强马列主义理论教育的现实性，准备在全国高等院校增设《中国社会主义建设基本问题》课程。为了提高学生的思想素质，增强鉴别能力，高等院校应逐步开设西方现代哲学思潮、经济思潮、政治思潮、文艺思潮的评论讲座
11	1984.09	中宣部、教育部《关于高等学校开设共产主义思想品德课的若干规定》	对高校共产主义思想品德课的任务、内容、教学原则、具体的课程安排等作出了明确规定

从以上这些国家层面关于高等学校思想政治教育内容的重要会议和文件的主要内容上来看，这一时期高等院校思想政治教育的主要内容包括马克思主义基本理论教育、爱国主义教育、时事政治教育、形势任务教育、法制教育、共产主义思想品德教育。但为了适应形势变化的需要，已经提出了要准备开设《中国社会主义建设基本问题》课程，并要求高等院校应逐步开设西方现代哲学思潮、经济思潮、政治思潮以及文艺思潮的评论讲座。

改革开放初期，中国的社会阶层结构相对简单，如果按当时人口的社会身份来说，大学生主要来自工人家庭、农民家庭、知识分子家庭，大学生原生家庭在类型上比较简单，各不同类型的大学生家庭经济条件差距没有今天大。从文献资料来看，这一时期，我国社会阶层结构的变化才刚刚开始，社会阶层结构变动所引发的教育对象的差异性的扩大还没有鲜明地表现出来。这一时期虽然已经出现了私人企业主阶层，但人数非常少，来自私营企业主家庭的大学生也只是个别的，大学生成长家庭的阶层归属的差异化并没有引起党和国家足够的重视。因此，当时党和国家作为思想政治教育的特殊主体，在对于高校思想政治教育内容的导向与规约上整齐划一的要求比较多，基本没有考虑来自不同阶层的大学生对于高校思想政治教育的个性化需求。从上述这些会议和文件的主要内容以及当时高等院校思想政治教育的课程设置和所使用的教材内容来看，这一时期的高校思想政治教育在内容上最为突出的特征就是同一教育主题下的教育内容不具有层次性，单一性特征明显。例如，道德教育方面，当时要求各高等学校对所有大学生一并开展共产主义的思想品德教育，并在教育目标上提出理想化的单一目标要求。

高校思想政治教育是党确保高等教育领域的意识形态安全的主要手段和渠道，对于高等学校培养什么样的人具有重大而直接的影响。因此，党和政府作为思想政治教育的特殊主体，必然要通过出台政策、下发文件等形式和途径对高等学校思想政治教育进行有效引领，其必然结果就是高校思想政治教育走向规范化，这种规范化突出地表现在高等学校思想政治理论课的课程设置、学时安排等的同一性。但总体目标要求和课程设置上的高度一致性，并不影响同一教育主题下具体目标和教育内容设置与安排的层次性。伴随着中国的社会转型和体制转轨，社会阶层结构的变动也日益深刻，包括高校思想政治教育在内，党在社会各个不同领域、针对各个不同群体开展的思想政治教育，在内容设置与安排上层次分化的特征也日益鲜明起来。

二 全面改革时期我国高校思想政治教育的主要内容（1985—1991年）

自20世纪80年代中期开始，我国的改革开放全面推进。这一阶段改革的中心任务是建立具有中国特色的社会主义经济体制，如发展社会主义商品经济、建立合理的价格体系、实行政企职责分开、积极发展多种经济形式、设立经济特区，等等。在国内改革全面推进的同时，对外经济技术交流与合作也持续扩大。在改革开放全面推进的大背景下，中国的社会阶层分化加速。为应对环境变化给高校思想政治教育工作带来的挑战，党通过一系列重要文件及重要讲话精神对于高等学校的思想政治教育工作做出了具体的指示和安排。现将这一时期国家关于高等学校思想政治教育内容的重要文件汇总，见表4.62（主要内容方面只概括了文件或讲话中涉及高校思想政治教育内容的部分）。

表4.62 1985—1991年国家关于高等学校思想政治教育内容的重要文件

序号	时间（年/月）	文件名称	主要内容
1	1985.01	中共中央《关于改革学校思想品德和政治理论课教学的通知》	对小学阶段至研究生教育阶段的思想品德与政治理论课的主要内容和要求做出明确部署

续表

序号	时间（年/月）	文件名称	主要内容
2	1986.09	国家教委《关于在高等学校开设"法律基础课"的通知》	对于在大学开设法律基础课的课程设置、目的要求、教材、具体内容、学时以及具体的实施步骤等方面作了具体要求
3	1987.05	中共中央《关于改进和加强高等学校思想政治工作的决定》	强调了加强思想政治工作对于保障坚持高等教育的社会主义方向的极度重要性。要求高等学校要继续坚持对学生进行马克思主义理论教育，党的路线、方针、政策教育，爱国主义、国际主义和革命传统教育，理想、道德和纪律教育，社会主义民主和法制教育
4	1987.10	《关于高等学校思想政治教育课程建设的意见》	规定了《形势与政策》《法律基础》两门课为必修课，《大学生思想修养》《人生哲理》《职业道德》为选修课
5	1989.07	《江泽民在全国高等学校工作会议上的讲话》	强调青年学生思想政治教育要重点解决好两个根本问题：为什么要坚持中国共产党领导；究竟社会主义好还是资本主义好
6	1991.08	国家教委《关于加强和改进高等学校马克思主义理论教育的若干意见》	在高校的全部思想政治工作中，马克思主义理论课在对青年学生系统灌输马克思主义科学理论，进行科学的世界观、人生观和价值观的教育，以及党的路线、方针和政策教育方面，担负着特殊重要的责任。它是高校思想政治教育的主要阵地和主要渠道。四年制本科应继续开设《中国革命史》和《中国社会主义建设》课程；《马克思主义原理》课要在教学试点的基础上总结经验，继续完善；文科类专业还应开设《世界政治经济与国际关系》课

从以上这些关乎高校思想政治教育具体内容的重要文件和重要讲话的内容上来看，全面改革时期我国高等学校的思想政治教育的主要内容包括马克思主义理论教育，形势与政策教育，爱国主义、国际主义和革命传统教育，理想、道德和纪律教育，社会主义民主和法制教育，等等。对文件中涉及的当时高等学校思想政治教育相关课程所使用的教材内容的考察显示，20世纪80年代中期以后，高校思想政治教育的主要内容开始出现层次化发展的趋势。在相同教育主题下、在具体内容的安排上开始考虑客体（高校思想政治教育的对象即大学生）在思想政治素质、道德素质等方面的差异性。例如，在改革开放初期，高等学校在道德教育方面开展的是普遍的共产主义思想品德教育；全面改革时期，高等学校在道德教育方面开始转向开展好社会主义道德教育。从当时的教材内容上来看，一方面以社会主义道德教育为主，另一方面也注重宣

传共产主义道德；一方面对教育对象有较高的期待，另一方面也注重实事求是地考察大学生的实际道德水平，开始考虑到大学生群体道德水平的层次性。

与此相呼应，当时已经有学者撰文指出："由于大学生的环境、经历、所受教育、思想基础和心理发展存在着差别性，他们在思想政治上，从入学到毕业，都是有层次的。我们应当注意到这种差别性，而且要有分层次的要求……要求大学生起码应当有爱国主义的觉悟，具有社会主义的共同理想和社会主义道德和纪律。同时，作为共产党人和先进分子的力量源泉和精神支柱的共产主义理想和道德，在大学生中应当进行宣传和提倡。"[①] 还有学者指出："按照学生来源分布，分为经济发达的、不发达的农村，大、中、小城市，或分为农民家庭、工人家庭、干部家庭、知识分子家庭等层次。"[②] 不同教育对象的基本素质是多层次的。总体上看，这一时期的高校思想政治教育内容，开始由不考虑客体差异的相同教育主题在内容编排上的单一化转向多样化和层次化，并且在思想政治教育的具体目标要求上也开始出现层次化的发展趋势。

三 社会主义现代化建设新阶段我国高校思想政治教育的主要内容（1992—1999 年）

20 世纪 90 年代初开始，我国的改革开放和社会主义现代化建设进入了一个新阶段：改革开放进程明显加快，经济社会全面发展，同时也伴随着社会结构的急剧变迁。与社会阶层结构复杂化如影随形、密不可分的就是社会贫富差距程度的进一步加深。国内环境的快速发展再加上这一时期国际社会的风云变幻使高校思想政治教育面临着很多亟待解决的新问题。如何应对社会阶层结构的复杂化所带来的影响、在阶层结构急剧变迁中确保高校思想政治教育目标的实现就是当时众多亟待解决的问题之一。面对这些问题，党和国家积极谋划、应对，召开了一系列的重要会议、下发了一系列的重要文件，这里将涉及高等学校思想政治教育内容的重要会议和文件汇总见表 4.63（主要内容方面只概括了文件或会议中涉及高校思想政治教育内容的部分）。

---

① 高长法：《论高校思想政治教育的观念变革》，《安徽财贸学院学报》1989 年第 S1 期。
② 孙福好：《高校思想政治教育的立体网络》，《安徽财贸学院学报》1986 年第 S1 期。

表 4.63　1992—1999 年国家关于高等学校思想政治教育内容的重要会议和文件

序号	时间（年/月）	会议或文件名称	主要内容
1	1993.08	中组部、中宣部、国家教委联合发出《关于新形势下加强和改进高等学校党的建设和思想政治工作的若干意见》	强调马克思主义理论课和思想政治教育课是学生思想政治教育的主渠道。加强和改进"两课"教育是一项紧迫任务。要在坚持马克思列宁主义基本原理的前提下，根据各自的学科特点更新、充实、调整教学内容。要贯彻邓小平建设有中国特色社会主义的理论，及时改革不适应形势发展要求的教学内容，注重吸收和反映建设有中国特色社会主义伟大实践中产生的新的科学理论成果，增强帮助青年学生形成科学的世界观、人生观的内容。要特别重视社会主义市场经济条件下的理想、信念和人生观、价值观的教育
2	1994.08	中共中央《关于印发〈爱国主义教育实施纲要〉的通知》	指出了爱国主义教育的基本原则、主要内容、重点教育对象、具体开展途径
3	1994.08	中共中央《关于进一步加强和改进学校德育工作的若干意见》	强调必须把建设有中国特色社会主义理论作为学校马克思主义理论教育的中心内容；要深入持久地开展爱国主义、集体主义、社会主义思想教育；开展中华民族优良道德传统教育；要增强适应时代发展、社会进步以及建立社会主义市场经济体制的新要求和迫切需要的素质教育
4	1995.10	国家教委《关于高校马克思主义理论课和思想品德课教学改革的若干意见》	"两课"教学的主要内容是：进行马列主义、毛泽东思想和建设有中国特色社会主义理论的教育，特别是要帮助学生掌握建设有中国特色社会主义理论这一当代中国的马克思主义的基本观点和科学体系，指导学生学习运用马克思主义的理论和方法去认识和分析现实问题；进行以中国革命史为中心的近现代历史教育、优秀革命传统教育和国情教育；进行以人生观、价值观、道德观为核心的思想品德教育，包括进行中华民族优秀道德传统教育和职业道德方面的教育；适时地和经常地进行形势政策教育；进行世界政治经济与国际关系基本知识的教育
5	1995.11	国家教委办公厅《关于全国普通高等学校马克思主义理论教学以〈邓小平同志建设有中国特色社会主义理论学习纲要〉作为教学纲要的通知》	要求全国普通高等学校马克思主义理论教学要把《纲要》作为教学纲要，将《纲要》内容纳入教学计划，进一步解决好邓小平建设有中国特色社会主义理论进课堂的问题。要努力把邓小平建设有中国特色社会主义理论教学工作提高到新水平
6	1995.11	国家教委《关于颁布试行〈中国普通高等学校德育大纲〉的通知》	高等学校德育内容是学校教育内容的组成部分，要针对高校学生及各学习阶段的特点安排德育内容，形成以爱国主义、集体主义、社会主义教育为核心的、相对稳定的教育内容体系。明确了思想政治教育原则，特别提出了层次性原则，指出高等学校的德育要坚持德育目标，要从实际出发，针对学生的不同类型、不同层次和个体差异进行教育
7	1996.04	全国高校爱国主义教育经验交流会暨研讨会	进一步明确当代大学生爱国的基本要求；整体规划高校爱国主义教育，把高校爱国主义教育进一步引向深入

从以上这些重要会议及相关文件的内容来看，1992年以后，面对快速发展变化的国内国际形势，党和国家对于高等学校思想政治教育内容的规定，虽然在基本构成上大体与1985—1991年的相同，但明确规定了全国普通高等学校马克思主义理论教学要把《邓小平同志建设有中国特色社会主义理论学习纲要》作为教学纲要，同时也进一步强化了爱国主义教育，并对如何做好高等学校的德育工作作了详尽的规定。尤其值得一提的是在1995年国家教委下发的《关于颁布试行〈中国普通高等学校德育大纲〉的通知》中明确提出了高等学校的德育工作必须坚持层次性原则，强调坚持德育目标，要从实际出发，针对学生的不同类型、不同层次和个体差异进行教育。该《通知》同时也确定了以爱国主义、集体主义、社会主义教育为核心的德育内容体系，规定了高等学校的马克思主义理论课和思想品德课的具体课程设置：本科马克思主义理论课应设置马克思主义基本原理课程、有中国特色社会主义建设课程、中国革命史课程；思想品德课应设置思想道德修养课程、法律基础课程和形势与政策课程；文科类专业还应开设世界政治经济与国际关系课程，有条件的理工农医院校和专业可列入选修课。

这些政策性文件直接影响、决定着当时高等学校的思想政治教育工作开展的具体途径和实际内容。从当时各高等学校所使用的教材情况来看，在相同教育主题下的教育内容层次性特征鲜明。既坚持共产主义教育，又明确提出以社会主义教育为主；既坚持集体主义价值本位，又肯定个人的正当利益。总体上看，这一时期我国高等学校的思想政治教育的目标要求和内容结构的层次性特征日益鲜明起来。高等学校思想政治教育在基本内容上的变化在实质上是思想政治教育的特殊主体（党和政府）对于社会阶层结构深刻变动的现实所作出的积极回应，反映了社会发展对高校思想政治教育的客观要求。

四 21世纪以来我国高校思想政治教育的主要内容（2000—2016年）

21世纪以来，我国进入了全面建设小康社会、加快推进社会主义现代化建设的新的发展阶段。这一时期，也是改革开放持续推进、成果大丰收的时期。中国的社会阶层结构自改革开放至2016年，历经三十多年的持续变动，形成了由十大社会阶层所组成的基本结构。在这样的社会大背景下，大学生的来源也必然是多样化的——原生家庭的阶层归属呈现鲜明的多样化特征，21世纪以后的大学生群体实际上是一个共性与个性并存的群体。他们既有共同的校园文化环境和文化教育水平，又因为在生活条件与习惯、思维方式、行为模式上与其原生家庭有着千丝万缕的联系，因而具有鲜明的个性化特征，在思想政治素质、民主法制观念、个人道德品质等方面存在着或大或小的差异。社会阶层结构复杂化所带来的日益显著的影响，使得思想政治教育的特殊主体——党和政府更加重视在制定、出台的关于规定、指导高校思想政治教育工作开展的政策性文件当中增加应对社会阶层结构变动的影响的内容，以积极的政策导向使高校思想政治教育在内容安排上能够紧跟时代发展步伐、适应社会环境变化发展，确保高校思想政治教育的实效性。

21世纪以来，国家关于指导、规范大学生思想政治教育主要内容的重要文件见表4.64（主要内容方面只概括了文件中涉及高等学校思想政治教育内容的部分）。

表4.64　2000—2016年国家关于高等学校思想政治教育内容的重要文件

序号	时间（年/月）	文件名称	主要内容
1	2001.09	《中共中央关于印发〈公民道德建设实施纲要〉的通知》	强调了公民道德建设的重要性，明确提出了公民道德建设的指导思想、方针原则、主要内容，提出把"坚持把先进性要求与广泛性要求结合起来"作为公民道德建设必须坚持的一条基本原则
2	2003.10	教育部党组《关于在教育战线深入开展以弘扬载人航天精神为主题的爱国主义、民族精神和科学精神学习教育活动的通知》	《通知》强调要以首次载人航天飞行圆满成功的事例和为国家做出巨大贡献的科技专家的先进事迹为教材，深入挖掘"两弹一星"精神和载人航天精神所蕴含的爱国主义、民族精神和科学精神的丰富内涵，在广大师生员工中深入开展爱国主义、民族精神和科学精神教育
3	2004.08	中共中央、国务院《关于进一步加强和改进大学生思想政治教育的意见》	要求大学生思想政治教育要以理想信念教育为核心，深入进行树立正确的世界观、人生观和价值观教育。以爱国主义教育为重点，深入进行和培育民族精神教育。以基本道德规范为基础，深入进行公民道德教育，认真贯彻《公民道德建设实施纲要》。以大学生全面发展为目标，深入进行素质教育
4	2004.11	中共中央宣传部、教育部《关于进一步加强高等学校学生形势与政策教育的通知》	对高等学校形势与政策教育的开展作了具体的规定和指导

续表

序号	时间（年/月）	文件名称	主要内容
5	2005.02	中宣部、教育部《关于进一步加强和改进高等学校思想政治理论课的意见》	对于高等学校思想政治理论课的课程体系、教材等作了全面阐述
6	2005.03	中宣部、教育部《〈中共中央宣传部、教育部关于进一步加强和改进高等学校思想政治理论课的意见〉实施方案》（即高等学校思想政治理论课改革的"05方案"）	对高等学校思想政治理论课的课程设置和相关教材编写等作出了明确规定：本科要设置《马克思主义基本原理概论》《毛泽东思想、邓小平理论和"三个代表"重要思想概论》《中国近现代史纲要》《思想道德修养与法律基础》四门必修课程；专科要设置《毛泽东思想、邓小平理论和"三个代表"重要思想概论》《思想道德修养与法律基础》两门必修课程；本、专科学生都要开设《形势与政策》课。将高等学校思想政治理论课教学大纲和教材编写纳入马克思主义理论研究和建设工程，作为重大项目集中全国教学科研力量组织编写。按课程组建教学大纲和教材编写组，编写组实行首席专家负责制。按照定向申报、择优遴选、集中编写的方式，编写教学大纲和一套试用教材。"05方案"对于此后我国高等学校思想政治理论课的课程体系设置、教材编写等方面具有直接而深远的影响
7	2006.03	中共教育部党组《关于学习贯彻胡锦涛总书记讲话精神切实加强社会主义荣辱观教育的通知》	要求教育系统要深入开展学习贯彻胡锦涛总书记讲话精神、加强社会主义荣辱观教育的活动
8	2009.11	中央宣传部、教育部《关于进一步深化科学发展观"三进"工作的通知》	对于在高等学校、中等职业学校和中小学进一步深化科学发展观进教材、进课堂、进头脑工作提出了具体要求
9	2013.12	中共中央办公厅《关于培育和践行社会主义核心价值观的意见》	对于在新形势下如何培育和践行社会主义核心价值观作出了具体安排
10	2015.01	中共中央办公厅、国务院办公厅印发《关于进一步加强和改进新形势下高校宣传思想工作的意见》	《意见》明确提出了加强和改进新形势下高校宣传思想工作的主要任务，其中涉及高校思想政治教育的内容有：（1）坚定理想信念，深入开展中国特色社会主义和中国梦宣传教育，进一步增强理论认同、政治认同、情感认同；（2）巩固共同思想道德基础，大力加强社会主义核心价值观教育，弘扬中国精神，弘扬中华传统美德，加强道德教育和实践，提升师生思想道德素质；（3）壮大主流思想舆论，切实加强高校意识形态引导管理，做大做强正面宣传

对上述重要文件主要内容的梳理显示，进入21世纪之后，我国高等学校的思想政治教育不仅内容更为丰富，而且相同教育主题下的教育内容已经形成了比较成熟的层次性体系。2001年出台的《公民道德建设实施纲要》是我国关于社会主义市场经济条件下如何开展公民道德建设的一个纲领性文件，对于此后我国的公民道德建设、对于高等学校的思想政治教育的内容设置（特别是对于高等学校开设的《思想道德修养与法律基础》课的内容设置）具有重大影响。2004年中共中央、国务院出台的《关于进一步加强和改进大学生思想政治教育的意见》中明确要求大学生思想政治教育要认真贯彻《公民道德建设实施纲要》，2005年中宣部、教育部《〈中共中央宣传部、教育部关于进一步加强和改进高等学校思想政治理论课的意见〉实施方案》（即高等学校思想政治理论课改革的"05方案"）提出之后，在教育部统一组织编写的教材——《思想道德修养与法律基础》的各个版本中都坚持贯彻了《公民道德建设实施纲要》的文件。教材中关于社会公德教育、职业道德教育、集体主义教育等方面的内容层次性鲜明，对于公民道德建设的核心（为人民服务），也从不同的层面进行了阐释。以上情况表明，2006年以后《思想道德修养与法律基础》各版本的教材都充分贯彻了《公民道德建设实施纲要》中提出的公民道德建设要"坚持把先进性要求与广泛性要求结合起来"的方针原则。另外，《思想道德修养与法律基础》教材中关于理想信念的教育，也是在立足于当前中国社会发展实际的基础上，着重于现阶段全国人民的共同理想教育、中国梦教育，但仍然有共产主义理想信念的内容。关于人生价值观教育的内容也是在自我价值与社会价值相结合的基础上进行阐述的。

从目前我国普通高等学校为本科生开设的其他三门思想政治教育必修课的教材内容来看，《马克思主义基本原理概论》课由于其着重讲授的是马克思主义世界观和方法论，因此就目标和教材内容上看都是针对所有大学生的，在内容安排上不存在也不需要具备层次性的差异。《毛泽东思想和中国特色社会主义理论体系概论》《中国近现代史纲要》这两门课主要是通过讲授马克思主义中国化的理论成果和中国的国史、国情和党史来帮助学生"深刻领会历史和人民是怎样选择了马克思主义，选择了中国共产党，选择了社会主义道路"，帮助学生"坚定在党的领导下走中国特色社会主义道路的理想信念"。① 坚持党的领导、坚定走中国特色社会主义道路的信念，这是对全体大学生的共同要求，也是对全体公民的共同要求。但这两门课程当中都讲到党的最高纲领——实现共产主义。《毛泽东思想和中国特色社会主义理论体系概论》教材还就正确认识和处理党在特定历史阶段的最低纲领和党的最高纲领之间的辩证统一关系作了阐述。要求"共产党员特别是党员领导干部要做共产主义远大理想和中国特色社会主义共同理想的坚定信仰者和忠实践行者。我们既要坚定走中国特色社会主义道路的信念，也要胸怀共产主义的崇高理想，矢志不移贯彻执行党在社会主义初级阶段的基本路线和基本纲领，做好当前每一项工作"②，显然，这里对党员特别是党员领导干部提出了更高层次的要求。总体上看，这两门课的教材在内容的安排上也都是具有层次性的，《毛泽东思想和中国特色社会主义理论体系概论》教材的层次性更加鲜明——以社会主义理想信念教育为主，但又直接对广大党员特别是党员领导干部提出了更高层次的要求——既要坚定走中国特色社会主义道路的信念，也要胸怀共产主义的崇高理想。

从以上四个阶段来看，社会分层对高校思想政治教育介体的影响是伴随着中国社会阶层结构的变迁逐渐显现的，是党和政府作为思想政治教育的特殊主体，在社会阶层结构日益复杂的大背景下，对高校思想政治教育内容进行规定和指导的结果。党和政府作为一系列相关重要会议的召开者、文件的制定者，通过推动、贯彻相关重要会议和文件精神，直接影响、决定着我国高校思想政治教育的主要内容，奠定了我国高校思想政治教育的总基调。

第四节　社会分层对高校思想政治教育环体的影响

社会阶层结构的变迁本身就意味着高校思想政治教育环境的转变，但这种转变只是其中的一个方面。宏观社会环境的外延非常广泛，包括经

---

① 中共中央宣传部、教育部关于印发《〈中共中央宣传部　教育部关于进一步加强和改进高等学校思想政治理论课的意见〉实施方案》的通知，教育部网站，http://old.moe.gov.cn/publicfiles/business/htmlfiles/moe/moe_772/201001/xxgk_80414.htm。

② 习近平：《习近平谈治国理政》，外文出版社 2014 年版，第 23 页。

济、政治、文化、社会等多个方面。社会阶层结构的复杂化是经济社会发展的结果，但社会阶层结构在由简单到复杂的变化过程中又必然要同时反作用于社会的经济、政治、文化发展。本节将从这三个方面来探讨社会分层对高校思想政治教育宏观环境的现实影响。

一 社会分层对高校思想政治教育经济环境的影响

社会分层对于我国经济发展的影响突出地表现为由社会阶层结构的变化而引发的消费、投资结构的变化对经济发展方向、发展类型的影响，也就是因社会阶层结构的变化而引发的消费、投资转型对于中国经济发展的影响，这是我国供给侧结构性改革的需求基础，为供给侧结构性改革提供了基本依据。

2013年《福布斯》中文版联合宜信财富发布调研报告《2013中国大众富裕阶层财富白皮书》，首次定义"中国大众富裕阶层"这一概念。该调研报告参照国际通行标准，将大众富裕阶层界定为个人可投资资产在60万元人民币至600万元人民币之间的社会群体（个人可投资资产包括个人持有的诸如现金、存款、股票、基金、债券、保险及其他金融性理财产品，以及个人持有的投资性房产等）。2015年《福布斯》中文版联合宜信财富发布的《2015中国大众富裕阶层财富白皮书》显示，中国私人可投资资产总额在2014年年底约为106.2万亿元，年增长率达12.8%，主要由债券、股票、基金等金融性资产增长所带动。截至2014年年底，中国大陆的大众富裕阶层人数为1388万人，同比增长15.9%，当时预计到2015年年底这一群体人数将达到1528万人。该年度调查报告的调查对象主要集中在金融、贸易和制造业。调查显示，中国大众富裕阶层的主要财富来源是工资和奖金、企业经营或分红收入以及基金、股票、银行理财产品等金融产品投资所得，房地产在2014年首次下降到第四的位置。调查还显示，中国大众富裕阶层普遍重视投资，在调查对象中有88.8%的人进行了个人资产投资，55.6%的人参与过互联网金融投资。而在参与互联网金融投资的调查对象中，选择货币基金的占58.4%，选择P2P理财的占43.8%，参与互联网众筹的占2.6%。调查报告也显示，在进行互联网金融投资的调查对象中仅有6.0%的人将其半数以上资金投入互联网金融中，63.5%的人都是将互联网金融投资总额的比例控制在10%以下。

《2015中国大众富裕阶层财富白皮书》中针对该群体对住房的拥有情

况和房地产投资情况的调查数据显示，截至 2014 年年末，调查对象中 95.1% 的人拥有自己的住房，其中有 14.9% 的人拥有 3 套及以上的住房，以上两个数据与 2013 年的基本一致。尽管 2014 年年底部分地区的房屋销售情况回暖，但调查对象中仍有 30.7% 的人表示将逐步撤回在房地产领域的投资，58.1% 的调查对象表示不会撤回资金，但也不再增加投资，这说明在中国大众富裕阶层中房地产的投资热度已经明显下降。

同时该年度的《白皮书》显示，中国大众富裕阶层非常重视保险配置，调查对象中有 68.9% 的人拥有保险，说明这一群体有较强的保险需求。调查数据显示，在个人可投资资产规模在 300 万元至 600 万元之间的调查对象当中，拥有保险的比例比个人可投资资产规模在 60 万元至 300 万元之间的调查对象高出 7.3%，这说明个人可投资资产规模越大，越重视保险的配置。

《2015 中国大众富裕阶层财富白皮书》还对调查对象的艺术品收藏情况进行了调查。在调查对象中有 32.3% 的人对艺术品收藏感兴趣，其中玉器、瓷器、字画、珠宝是该群体最为普遍的选择。在已经购买过艺术品的大众富裕阶层中，有高达 46.5% 的人消费额在 10 万元以内，消费额在 10 万元至 50 万元之间的有 34.9%，消费额在 50 万元至 100 万元之间的有 13.1%，消费额在 100 万元以上的有 5.5%。艺术品是一种具有艺术鉴赏和投资保值双重属性的资产类型，关于艺术品收藏情况的统计数据在一定程度上显示，艺术品收藏投资可能会成为大众富裕阶层青睐的投资理财方式。

另外，调查还显示 TMT（电信、媒体、科技）行业较 2013 年增长了 2.2%，前景看好。鉴于目前中国经济正处于从传统产业走向新兴产业的转型时期，从"中国制造"走向"中国智造"的转变期，这一行业的增长无疑将影响中国社会财富的流动趋势，这是与中国经济的结构性改革相对应的。

《2015 中国大众富裕阶层财富白皮书》针对 VC（"Venture Capital"的缩写，即风险投资）/PE（"Prirate Equity"的缩写，即私募股权投资）投资的调查数据显示，在该领域有投资的大众富裕阶层中，74.4% 的人将该领域的投资控制在个人可投资资产的 10% 以内，将个人可投资资产 40% 以上投资在该领域的仅有 0.9%。调查数据还显示，大众富裕阶层热衷于 2 年期以下的短期投资产品，并且 88.4% 的调查对象具有"追求中低等风险、中低等收益"的风险偏好。以上调查数据表明，中国大众富裕阶层在投资风格上整体是稳健的。

《2015 中国大众富裕阶层财富白皮书》针对大众富裕阶层的资产由谁打

理的调查数据显示，2014年尽管仍然有一半以上的调查对象选择资产由"自己或家人独立打理"，但调查数据也表明选择"自己或家人独立打理"的人所占比例连续三年都在下降，调查对象中选择"委托理财机构代为打理"的人所占比例逐年增加，说明该群体对于理财机构的认同度不断提升，其中有52.2%选择私人银行服务，42.9%的人选择第三方机构进行理财。

《2015中国大众富裕阶层财富白皮书》还针对中国大众富裕阶层的差旅习惯进行了调查。调查报告显示，有将近三分之一的受访者经常出差。针对这一群体的汽车消费情况的调查显示，拥有一辆汽车的受访者占58.4%，拥有两辆汽车的占27.2%，拥有三辆及以上汽车的占3%，仅有11.4%的调查对象还没有购车。显然，汽车已经成为中国大众富裕阶层生活中的必需品。从该群体购买的车型来看，有高达84.3%的调查对象购买过轿车；其次是"SUV"车型，占比为37.8%；购买商务车和越野车的占比相对较低，分别为11.8%和11.2%。

综上所述，中国大众富裕阶层是改革开放之后成长起来的一个群体，这一群体已经形成一定的规模，但目前仍处于成长期，规模仍在继续扩大。这是一个有着较好的经济基础、具有较强的投资愿望和较高消费能力的群体。也正因为如此，这一群体所从事的行业，其在金融、保险、住房等领域的投资偏好、对于汽车的消费习惯、差旅习惯、对于艺术品的消费兴趣等都会对中国的消费市场和产业结构产生重要影响。这一群体的经济行为走向在一定程度上可以说代表着当前中国社会的财富流动方向，对于中国社会产业布局的调整和优化具有重要影响。

除了大众富裕阶层，近年来另一个广泛引起社会各界关注的、在界定上存在争议的阶层——中国的中产阶层，对于中国经济的发展同样具有至关重要的作用。虽然在如何界定这一阶层上存在争议，[①] 但社会各界普遍认为该阶层对于中国经济发展具有强大的影响力，在这一点上是没有争议

---

① 有学者不认同以收入水平和消费能力来衡量家庭或个人的阶层归属情况的方法，也不完全认同应以职业分层作为判断人口阶层归属的最主要、最可靠的指标。其根据是我国城乡之间、地区之间发展差异较大，收入水平相同的家庭或个人在不同地区可能实际生活水平相距甚远。另外，在我国城镇化的进程中，伴随着房地产业的快速兴起，一部分居民从土地拆迁中收益，还有一些人因为投资房产、股票等获得了一定财富，同时电子商务兴起之后经营网店的大有人在，这些人可能没有传统意义上的正式职业，却也积累了相当多的财富，应该被列为中产阶层，而不应以其职业作为判定其阶层归属的主要依据或指标。

的。这里我们根据学者张林江、赵卫华的观点来判定中国的中产阶层——根据居民消费结构升级的阶段和耐用品消费的状况，特别是一个家庭或个人的实际生存状态来判断其阶层归属。他们认为，就当前中国的情况来看，无论居住在何地，如果在当地拥有一套自有房屋，个人月收入5000元（两口或三口之家的家庭年收入能够达到12万元），虽然不至于生活无忧，但就个人或这个两口（或三口）之家来说就能够达到当地中等消费水平左右。"考虑到房产既是生活必需品也是投资品，而汽车是非必需品，且普及率低于房子，如果从消费水平来估计中产阶层规模的话，以汽车来测算中产是一种更为保守的策略。"① 两位学者通过相关数据的统计分析指出，当前我国中产阶层的人数应当在4.15亿左右，约占全国人口数的30%。相对于上面的中国大众富裕阶层的人数来说，显然中产阶层的规模是非常庞大的，其对于我国的消费市场无疑具有巨大的影响力，是拉动经济增长、实现经济结构转型的重要依托。

相关调查显示，中产阶层在食品、家庭耐用品、汽车、住房等日常生活方面的消费普遍属于升级型消费，除了商品的基本使用功能，更在意品质和其他附加功能。对于医疗、教育、休闲旅游、文化娱乐等方面的消费更加重视，对于相关商品和服务的要求也更加个性化、品质化。总体上看，中产阶层是一个更加注重生活品质的阶层，这个阶层的形成及其消费方式和消费取向，为相关产业的发展提供了机遇。一个巨大的、具有一定消费能力和消费愿望的消费人群和这个群体身上所具有的新的消费特征的出现也同时意味着一个大市场的形成和发育，这是相关产业发展的最大内驱力，为我国的供给侧结构性改革提供了市场基础。对于企业来说，抓住中产阶层对于消费品质和服务的个性化需求，注重提升文化创意能力、尽快转型升级，积极发展能够提供特色体验的产业形态是企业发展的关键所在。规模巨大的中产阶层消费转型的支撑，使得那些能够提供良好消费体验的"想象力经济"不仅在发达地区具备快速发展的基础，对于欠发达甚至不发达的地区来说也具有广阔的空间。比如民族风情、生态文化与城市居民消费升级的精准结合，将为消费者提供在发达地区和城市难以获得的身心体验。因此，庞大的中产阶层不仅具有扩大内需、促进经济转型和

---

① 张林江、赵卫华：《中产阶层壮大、扩大内需与经济转型》，《中国党政干部论坛》2016年第9期。

国家产业结构调整的重要作用，而且对于促进区域协调发展、均衡发展具有良好的推动作用。

现在，让我们再将目光转向另一个规模巨大且对中国经济发展具有重大影响的群体——农民工。① 农民工不是一个独立的阶层，虽然其规模非常庞大，并且这一群体内部也存在较大的收入差距，但就总体而言，这一群体在决定社会资源占有的四种机制中（关于社会资源分配的最主要的四种机制见本书绪论第一节）处于弱势地位，就相关统计数据来看（参见国家统计局网站 2009 年以来每年发布的农民工监测调查报告和同一时期城镇居民工资收入情况的相关统计报表），这一群体仍然应属于社会基础阶层。

农民工群体的产生原因是多方面的，既有历史与基本国情的基础作用，也有制度因素的持续影响，更离不开城乡收入差距不断加大的刺激和科技进步与农业现代化的驱动。这一群体的形成是中国社会发展的结果，但截至 2016 年，改革开放 30 多年来这一群体规模的快速增长也在深刻地影响着中国的经济社会发展。

仅仅从劳动力投入的角度来看，数以亿计的农民工是中国经济社会发展的一支重要劳动力大军。国家统计局网站发布的《2016 年农民工监测调查报告》② 显示：我国农民工的总量在 2016 年已经达到 28171 万人，比 2015 年增长 1.5%，增速比上年加快 0.2 个百分点。其中，本地农民工 11237 万人，比 2015 年增长 3.4%，增速比上年加快 0.7 个百分点；外出农民工 16934 万人，比 2015 年增加 50 万人，增长 0.3 个百分点，增速较上年回落 0.1 个百分点；本地农民工增量占新增农民工的 88.2%；在外出农民工中，进城农民工 13585 万人，比上年减少 157 万人，下降 1.1%。从以上调查数据来看，2016 年，我国农民工的规模仍然在扩大。农民工为中国的经济社会发展、为社会主义现代化建设提供了基本的劳动力支持。

相关调查数据显示，2000 年在第二、第三产业就业的农民工占当时

---

① 国务院研究室课题组在《中国农民工调研报告》（中国言实出版社 2006 年版，第 1 页）中将农民工界定为户籍身份还是农民、有承包土地，但主要从事非农产业、以工资为主要收入来源的人员。

② 数据来源于《2016 年农民工监测调查报告》，国家统计局网站，http：//www. stats. gov. cn/tjsj/zxfb/201704/t20170428_ 1489334. html。

这两个产业部门劳动力投入绝对量的 39.94%，2012 年上升为 51.56%。如果从第二、第三产业劳动力投入的可比量①来看，2000 年农民工占比为 31.45%，2012 年上升为 42.33%，比重仍然很大，说明农民工仍然是城市建设发展不可或缺的重要力量。2000—2012 年，农民工对于中国经济增长的贡献率由 6.6% 增长到 9.6%，平均贡献率为 8.2%。② 国家统计局网站发布的《2016 年农民工监测调查报告》显示，2016 年从事制造业和建筑业的农民工比重明显下降。有 52.9% 的农民工在第二产业就业，比上年下降 2.2 个百分点。其中，从事制造业的农民工比重为 30.5%，比上年下降 0.6 个百分点；从事建筑业的农民工比重为 19.7%，比上年下降 1.4 个百分点；从事第三产业的农民工比重为 46.7%，比上年提高 2.2 个百分点。其中，从事批发和零售业的农民工比重为 12.3%，比上年提高 0.4 个百分点；从事居民服务、修理和其他服务业的农民工比重为 11.1%，比上年提高 0.5 个百分点（见表 4.65）。③

以上数据表明，目前我国规模庞大的农民工群体绝大多数就职于第二产业和第三产业。原国务院发展研究中心副主任刘世锦指出，我国的城镇化率刚过 50%，城镇化的持续推进和水平提升是当前我国消费需求增长的最大潜力。农民工进入城镇从事非农产业，小城镇人口向中、大城市转移，城市中等收入阶层消费结构的升级都将持续扩展消费空间。可以说，由农村劳动力转移而形成的农民工群体，既是经济社会发展、产业结构优化的结果，又对产业结构优化、社会经济发展具有重要的支撑和保障作用。

表 4.65　　　　　　　　农民工从业行业分布④　　　　（单位:%、百分点）

产业＼年份	2015 年	2016 年	增减
第一产业	0.4	0.4	0.0
第二产业	55.1	52.9	-2.2
其中：制造业	31.1	30.5	-0.6

---

① 即从劳动力投入质量考虑，1.45 个农民工约等同于 1 个城镇职工。
② 参见韩兆洲、戈龙《农民工对中国经济增长贡献与成果分享的统计分析》，《统计与决策》2015 年第 4 期。
③ 数据来源于《2016 年农民工监测调查报告》，国家统计局网站，http://www.stats.gov.cn/tjsj/zxfb/201704/t20170428_1489334.html。
④ 同上。

续表

年份 产业	2015 年	2016 年	增减
建筑业	21.1	19.7	-1.4
第三产业	44.5	46.7	2.2
其中：批发和零售业	11.9	12.3	0.4
交通运输、仓储和邮政业	6.4	6.4	0.0
住宿和提饮业	5.8	5.9	0.1
居民服务、修理和其他服务业	10.6	11.1	0.5

二 社会分层对高校思想政治教育政治环境的影响

社会阶层分化对当代中国政治发展的影响是深刻而复杂的。其一，社会阶层分化意味着政治权利主体构成的分化，改变着政治权力运作的社会基础。改革开放以来，随着一些新的社会阶层出现并逐渐成长壮大，这些阶层的代表开始相继进入各级人大和政协，各阶层中一些精英开始进入高层决策圈。每年的"两会"期间，来自社会不同阶层的代表提出的议案、提案普遍具有鲜明的阶层特色——代表着其所在阶层的利益。这种现象既是政治权利主体构成发生分化、各阶层政治参与意识不断提升的信号，客观地反映了社会阶层结构的变迁对我国政治权力运作的社会基础的影响，也给当代中国社会主义民主政治建设提出了新的课题。阶层分化使得社会各阶层之间的利益博弈日益显性化，各阶层对于通过政治参与、行使自身政治权利来维护自身利益的重视程度不断提高，因此，各阶层的代表在政治参与过程中存在政治倾向也是正常现象。社会主义民主制度为社会各阶层带有倾向性的政治参与搭建了平台。但是，作为人大代表、政协委员，既要能够代表本阶层的利益诉求，也要能够履行代表广大人民群众利益的政治责任，而不是仅仅从本阶层的狭隘利益出发。各级人大和政协不能成为没有政治原则的利益博弈平台。在建设、发展社会主义民主的过程中必须防止政治倾向转化为政治偏向。

其二，阶层分化在一定程度上推动了政治决策的民主化和科学化。政治决策过程可以说是一个社会利益的表达、整合和分配的过程。社会主义改造完成之后一直到改革开放之前，我国的社会阶层结构极其简单，再加上当时的社会历史条件，这一时期的政治决策的一个最基本特征就是利益指向的单一性：政治决策和执行过程中始终以集体利益为出发点和最终归宿，高度重视整体利益，忽视局部的、个体的利益追求。在实现整体利益目标的同时，也在一定程度上给局部、个体造成了利益上的损失，打击了个体劳动创造的积极性。在社会转型、体制转轨的过程中，中国共产党领导下的政府与时俱进，不断地自我更新，主动应对时代发展的要求，根据中国社会阶层结构分化的现实情况不断将社会发展过程中出现的新的社会阶层纳入政治权力体系的运行当中。政府通过增强自身的利益综合能力顺应政治体制改革要求，力求让社会各个阶层都能在政治权力结构体系当中有自己的代表、发出自己的声音，为政治决策提供依据，最大限度满足社会各个不同阶层的差异化利益需求。

其三，改革开放以来的阶层快速分化与重组，在促使阶层成员利益意识觉醒、增强各阶层成员政治参与愿望的同时，也对社会主义民主制度建设提出了更高的要求。面对各阶层群众日益高涨的政治参与热情，党和政府需要通过科学的制度安排来为群众提供更为便捷的参与渠道、更为多样的参与途径，而就目前我国社会主义民主制度发展的现状来看，还不具备为所有有参与能力并且有参与愿望的群众提供直接的政治参与机会的条件。例如，目前只是县、乡两级人大代表由选区内的选民直接选举产生，全国人大代表、省级人大代表、设区的市级人大代表都是间接选举产生。再如，虽然党的十七大报告将基层群众自治制度纳入我国基本政治制度当中，这是对社会主义民主制度的一个重大发展，体现了社会主义民主政治的优越性，但到目前为止，这一制度还不够健全，还存在社区参与不足、行政化倾向严重、居民自治职能被弱化、村民自治流于形式等诸多问题，这些问题的存在已经成为制约阶层分化背景下各阶层群众进行有效政治参与的瓶颈，严重影响各阶层群众政治参与的实际体验。

整体看来，伴随着我国阶层结构的快速分化而发展起来的各阶层群众的政治参与要求和我国目前的群众政治参与表达机制之间还存在一定的矛盾，在一定程度上还存在着政治参与或表达制度不完善、机制不健全的现象，既影响广大人民群众对党和政府的信任，也不利于政治合法性基础的巩固，还容易引发非理性政治参与或导致政治冷漠。就目前我国公民的政治素质来看，虽然整体素质有了较大提高，但也存在着较大差距。基层群众自治制度确立之后，之所以没有达到理想的效果，一方面是由于这一制度本身的确还有待于在实践中不断健全和完善；另一方面也与当前公民政治素质还不能满足阶层结构迅速分化而激发的政治参与要求有直接的关系。社会主义民主政治的发展，既需要健全的制度的保障与推动，也需要公民政治素质的普遍提升，两者缺一不可。

其四，社会阶层分化还影响着社会政治稳定。社会分层本身就意味着社会成员在资源占有上的层次分化。改革开放以来我国社会阶层结构变迁的过程同时也是社会成员在资源占有上的差距逐渐拉开的过程。这种资源占有上的差距（特别是经济资源占有上的差距——贫富差距）的逐渐拉大，直接导致了一些中下阶层群众的不满。他们认为社会财富分配不公，对自己分享到的改革成果不满，甚至有个别人认为自己根本没有分享到改革的红利，反而承担了大量社会转型的代价，从而对社会上层群体、对政府甚至整个社会产生强烈的不满情绪，成为影响社会政治稳定的隐患。

伴随着改革开放的不断深入，中国社会转型和体制转轨全面深化发展，在这一过程中社会阶层结构的急剧分化是一种必然的现象。归属于社会各阶层的广大人民群众的支持是我们党执政的最重要的政治资源和最广泛的社会基础。面对阶层结构分化对于社会政治的负面影响，党和政府应该予以足够的重视并加以解决，注重综合协调社会各阶层的利益，缓解各阶层存在的矛盾，从而进一步巩固政治合法性基础。

三　社会分层对高校思想政治教育文化环境的影响

社会分层最直接的文化效应就是文化的多元化发展。文化附着于人口的社会结构，阶层存在的现实是阶层文化产生的主体条件。近年来，我国不同阶层在经济利益上的差距与冲突日益明显的同时，各阶层之间在人际交往与社会心态、价值观念等阶层文化方面的差异化也日渐突出，各阶层逐渐形成了独具特色的阶层文化。[①] 文化分层现象从精神层面反映了社会阶层结构的分化。当前，我国文化领域的总体情况是社会主义核心价值观引领的社会主导文化和各阶层、各群体文化的多元并存。但是各阶层之间并不是封闭的，不同的文化层级之间呈现"区而不隔"的总体态势。由于信息技术的高速发展，特别是互联网及移动终端的普及使得信息的传播更为廉价而迅速，具有阶层特色的文化符号能够突破时空的限制在网络空间中

---

① 本书中笔者将阶层文化界定为一定社会阶层所特有的、体现阶层整体特征的文化现象和心理素养的综合文化。其中，外显的文化现象包括理论著述、文艺作品、习俗活动、法规条文、个体的言谈举止、穿着打扮等，心理素养主要包括思维方式、思想观念、情感趋向等。

流动。归属于不同阶层的人能够随时借助于移动终端了解来自网络空间中的其他阶层的文化信息。另外，一些大众传播媒介传播的模式化的、易复制的、按照市场需求或规律批量生产的文化产品，也使得不同阶层的文化信息能够以较低的成本在阶层之间流动。因此，虽然各不同阶层之间在实际交往上存在着封闭与隔离的现象，阶层文化也都深深地刻上了该阶层所特有的烙印，但这些相互区别的文化却可以借助现代信息传播媒介在阶层之间自由传播，其结果就是各阶层的文化呈现"区而不隔"的态势。

值得注意的是，各阶层的文化虽然能够自由传播，归属于不同阶层的个人可以随时了解甚至学习其他阶层的文化（文化品味具有"滴漏现象"，归属于较低阶层的个体通常会有了解、学习较高阶层的文化的意愿和行为）。但由于不同阶层的个体在资源（尤其是经济资源、组织资源）占有上的差异是客观存在的，个体由较低的阶层向较高的阶层的流动并不容易。虽然居于社会底层（或社会基础阶层）的个体能够接触、了解到社会上层的文化品味，但由于缺乏资本却无法践行。因此，现实的情况是，进入21世纪之后，一方面社会阶层分化加速，另一方面阶层流动又存在固化倾向。由于文化资源与经济资源、组织资源之间具有相互转换的可能，文化资源占有的质量高、数量多的个体或阶层能够运用更多的策略来稳定自己和下一代的阶层归属，并有实现向更高阶层流动的可能。而在经济资源、组织资源占有上居于优势地位的阶层，可以利用现有资源获取所需要的文化资源，使自己的阶层属性更全面、阶层地位更巩固。可以说，社会分层必然导致文化分层，社会阶层结构复杂化的一个重要结果就是社会文化的多元化发展，而阶层文化反过来又影响着人口的阶层流动，各不同阶层之间的文化心理隔阂又会成为不同阶层之间人际交往的障碍，影响人际关系和谐。

综上所述，社会阶层结构的变迁虽然是社会发展的结果，但又深刻地影响着中国社会的发展，改变着思想政治教育的大环境。对于高校思想政治教育来说，这个大环境既是高校思想政治教育主体与客体成长的环境，影响、塑造着高校思想政治教育的主体与客体，又决定、孕育着高校思想政治教育的介体（即高校思想政治教育的内容）。因此，在阶层结构复杂化的大背景下，基于社会分层的视角来研究高校思想政治教育的相关问题具有极为重要的现实意义。

第五章

社会分层视域下高校思想政治教育面临的困境

　　基于社会分层对高校思想政治教育系统要素的影响的分析，笔者将社会分层视域下高校思想政治教育面临的困境总结如下：一是高校思想政治教育一般主体后续发展乏力，这直接关系着高校思想政治教育发展的可持续性，对于未来思想政治教育工作的开展具有重大影响；二是高校思想教育客体由于原生家庭阶层归属的多样性，其对思想政治教育的要求也必然是多样的，但以目前多数高校的思想政治教育的师资力量配备来看，难以承载如此多样化的客体需求，直接影响思想政治教育的实效性；三是高校思想政治教育介体（即思想政治教育内容）由教材体系向教学体系转化存在困难，将教材体系针对教育对象进行重新编码，转变成具有特色、针对性强的教学体系面临诸多挑战；四是当前高校思想政治教育的环体异常复杂，影响着高校思想政治教育的目标实现。以上问题不是孤立的，而是相互影响、相互作用的，其共振效应不容忽视，有效地解决这些问题是社会阶层结构复杂化背景下确保高校思想政治教育目标实现的客观要求。

第一节　高校思想政治教育一般主体后续发展乏力

　　尽管从整体上看，高校思想政治教育一般主体职业认同状况较好（见表4.20），但相关调查数据也反映出，高校思想政治教育一般主体的职业认同内部分化特征显著——按职称等级由高到低呈递减趋势（见表5.1）。即职称等级越低，职业认同度也越低；按年龄由大到小也同样呈递减趋势（见表5.2）。总体来看，年龄小的教师特别是职称等级相对较低的中青年教师的职业认同水平低于年龄大的、职称较高的教师的职业认同水平。一支具有活力、能够承担历史重任的思想政治教育工作者队伍是高校思想政治教育可持续发展的一个重要前提，而这样的一支队伍，不仅要求高校思想政治理论课教师队伍和辅导员队伍要有合理的年龄结构，还要求这支从业者队伍是一支充满思想活力、朝气蓬勃的队伍。而年龄小、职称等级较低的思想政治理论课教师职业认同水平也相对较低、科级辅导员职业信念显著偏低（见表4.32）、人事代理编制辅导员职业信念相对薄弱（见表4.34）、省属本科院校和高职高专院校、民办本科院校的辅导员在职业意志和职业信念上的得分相对于教育部直属院校的明显偏低（见表4.35）的现实则说明这支队伍的活力差，后劲不足，高校思想政治教育一般主体处于整体职业认同度较高但后继力量不足的尴尬境地。

一 思想政治理论课专职教师队伍发展活力不足

如果以职称作为频率变量对"社会分层对高校思想政治理论课教师职业认同影响的有效调查问卷"[①]数据进行加权，用SPSS19.0对加权数据进行均值分析，我们发现讲师和副教授职称的高校思想政治理论课教师的职业认同均值都低于高校思想政治理论课教师职业认同的平均水平。数据分析还显示，讲师组的平均年龄最低，只有35.71岁，职业认同的得分也最低，尽管副教授的职业认同得分均值也低于思想政治理论课教师的整体平均水平，但接近于总体的平均水平（见表5.1）。进一步对不同年龄组职业认同状况的比较分析显示，样本中40岁以下年龄组的职业认同度最低，50岁以上年龄组的职业认同度最高，且不同年龄组的职业认同具有统计学意义上的显著差异（见表5.2、表5.3、表5.4）。

表5.1　　　　　　不同职称等级下职业认同、年龄均值分析报告

职称		职业认同	年龄
讲师	均值	70.82	35.71
	N	90	90
	标准差	10.794	4.040

---

① 即"社会分层对高校思想政治教育影响的实证研究"课题组组织实施的抽样调查，有效样本数为278，调查问卷见附录一。

续表

职称		职业认同	年龄
副教授	均值	76.35	41.15
	N	206	206
	标准差	6.814	5.654
教授	均值	82.39	49.53
	N	255	255
	标准差	3.545	4.319
总计	均值	78.24	44.14
	N	551	551
	标准差	7.764	7.185

表 5.2　　　　　不同年龄组的职业认同均值分析报告

年龄组	均值	N	标准差
40 岁以下年龄组	77.22	194	7.685
大于 40 小于 50 岁年龄组	78.26	219	7.881
50 岁以上年龄组	79.64	138	7.519
总计	78.24	551	7.764

表 5.3　　　　　　　　　秩

	年龄组	N	秩均值
职业认同	40 岁以下年龄组	194	246.22
	大于 40 小于 50 岁年龄组	219	277.93
	50 岁以上年龄组	138	314.81
	总数	551	

表 5.4　　　　　　　检验统计量[a,b]

	职业认同
卡方	15.092
df	2
渐近显著性	0.001

注：[a] Kruskal Wallis 检验。

[b] 分组变量：年龄组。

  根据《高校马克思主义理论学科发展报告（2015）》的统计数据，2015年全国参加调研的319所高校中，马克思主义理论学科专职教师的年龄情况为：35岁及以下的共计有2117人，36—45岁的共计5024人，46—55岁的共计4414人，56岁及以上的共有906人。① 其中35岁及以下的马克思主义理论学科专职教师占比为16.99%。从职称结构来看，具有教授、研究员职称的专职教师为2830人，具有副教授、副研究员职称的专职教师有5203人，具有讲师、助理研究员职称的专职教师有4292人，其他职称的专职教师有136人，副教授及以下教师占比为76.2%，讲师、助理研究员占比为34.44%。② 以上数据表明，目前我国高校马克思主义理论学科的专职教师中，具有讲师、助理研究员职称的教师大约占教师总人数的1/3，副教授及以下专职教师占专职教师总数的2/3以上，35岁及以下马克思主义理论学科专职教师（高校思想政治理论课专职教师）在本学科专职教师中的占比接近1/5。

  统计数据显示，目前我国高校思想政治理论课专职教师队伍的年龄结构和职称结构较为合理，如果就这两个方面来看，高校思想政治理论课专职教师队伍"后继有人"。但对相关抽样调查数据③的统计分析显示（见表5.5），职称等级较低的高校思想政治理论课教师在职业情感、职业意志、职业信念、职业行为这四个职业认同构成因子上的得分也都较低，进一步的非参数检验报告显示（见表5.6），不同职称等级的思想政治理论课教师的职业认同各构成因子的得分均值均存在统计学意义上的显著差异。同时，具有副教授、讲师职称的思想政治理论课教师在职业情感、职业意志、职业信念、职业行为方面虽然目前得分都高于临界值，但与具有教授职称的思想政治理论课教师具有较大差距。考虑到这部分教师（包括35岁及以下的青年教师）在高校思想政治理论课专职教师当中所占的比例及其对未来高校思想政治教育发展的重要影响，数据分析的结果显示，当前我国高校思想政治理论课教师队伍虽然已经具备合理的年龄结构

---

  ① 艾四林、吴潜涛主编：《高校马克思主义理论学科发展报告（2015）》，高等教育出版社2015年版，第32—33页。
  ② 同上书，第32—38页。
  ③ 即"社会分层对高校思想政治理论课教师职业认同影响的抽样调查"所获得的数据，该抽样调查回收有效调查问卷278份，这里是以职称为频率变量对数据加权后用SPSS19.0进行的统计分析，调查问卷见附录一。

和职称结构，但缺乏后续发展活力。

表 5.5　不同职称等级的高校思想政治理论课教师职业认同及构成因子均值分析报告

职称	维度	职业认知	职业情感	职业意志	职业信念	职业行为	职业认同
讲师	均值	15.96	13.96	16.62	11.19	13.10	70.82
	N	90	90	90	90	90	90
	标准差	1.038	2.596	3.489	2.426	2.860	10.794
副教授	均值	15.51	15.01	18.92	13.50	13.40	76.35
	N	206	206	206	206	206	206
	标准差	0.848	1.173	3.088	2.085	1.545	6.814
教授	均值	15.58	15.85	21.16	14.45	15.35	82.39
	N	255	255	255	255	255	255
	标准差	1.378	1.446	1.465	1.059	1.311	3.545
总计	均值	15.62	15.23	19.58	13.56	14.25	78.24
	N	551	551	551	551	551	551
	标准差	1.159	1.740	3.045	2.092	2.015	7.764

表 5.6　检验统计量[a,b]

	职业认知	职业情感	职业意志	职业信念	职业行为	职业认同
卡方	8.335	62.524	135.209	127.636	162.767	147.817
df	2	2	2	2	2	2
渐近显著性	0.015	0.000	0.000	0.000	0.000	0.000

注：[a] Kruskal Wallis 检验。

[b] 分组变量：职称。

从社会分层的视角来看，笔者认为，高校的工资水平与高校教师的职业声望及其知识价值是否相匹配，对于包括思想政治理论课教师在内的高校教师的职业认同具有重要影响。当前，我国高校教师的实际工资水平相对较低（低于相关的知识密集型职业，如金融、科研领域的职业），职业声望和知识价值却相对较高。较高的职业声望和知识价值必然使得高校教师对工资收入水平产生较高的期望，而理想与现实的差距很容易导致教师对工资收入的不满。同时，高校内部不同职称等级的教师之间的收入差距的不合理又在客观上进一步扩大了这种不满情绪。这种不满情绪作用于职业认同的结果就是当前客观存在的职称等级较低的思想政治理论课教师在职业情感、职业意志、职业信念、职业行为这四个职业认同构成因子上的得分显著低于教授职称的思想政治理论课教师的得分。

市场经济条件下，对高校工资收入水平的满意程度是决定高校是否能吸引人才、留住人才的一个最为重要的因素。为了解当前我国普通高等学校思想政治理论课教师对工资收入是否满意的实际情况，笔者对"社会分层对高校思想政治理论课教师职业认同影响的抽样调查"中所获得的抽样调查对象对薪酬待遇满意度的数据进行了统计分析。统计分析结果如表5.7、5.8、5.9所示（有效样本数为278，以职称为频率变量对样本数据进行了加权）。表5.8的数据表明，只有20.1%的思想政治理论课教师对自身的工资收入情况表示满意，在对工资收入表示满意的教师中具有教授职称的教师占比为81.1%，占教授总人数的35.3%，这说明调查对象中处于该职称等级的思想政治理论课教师大约有1/3对自己当前的工资收入是满意的；在对工资收入表示满意的教师中具有副教授职称的教师占比为16.2%，职称内占比8.7%；在对工资收入表示满意的教师中具有讲师职称的教师占比仅为为2.7%，职称内占比3.3%。抽样调查的结果显示，90%以上的副教授及以下职称的思想政治理论课教师对自身工资收入感到不满，使得调查对象中对工资收入表示满意的教师人数占比仅为20.1%，相对而言，教师的职称等级越高越倾向于对自身工资收入水平感到满意。

表5.7　　　　　　　　　　　　样本处理摘要

	案例					
	有效的		缺失		合计	
	N	百分比	N	百分比	N	百分比
年龄组 * 对工资是否满意	551	100.0	0	0.0	551	100.0
职称 * 对工资是否满意	551[a]	100.0	0	0.0	551	100.0

注：[a] 有效案例的数目不同于交叉制表的总计数，因为已对单元格计数进行四舍五入。

表5.9中的数据反映了不同年龄组的思想政治理论课教师对于自身工资收入的满意情况：40岁以下年龄组的思想政治理论课教师中只有8.2%对自己的工资收入感到满意。而表5.10的数据表明，抽样调查中，40岁以下的青年思想政治理论课教师都处于讲师和副教授的职称等级，进一步印证了副教授及以下职称等级的教师特别是40岁以下的青年思想政治理

论课教师对于工资收入的普遍不满的现实。对于学术职业来说,职称是从业者学术地位和学术水平的重要标志,由职称导致的高校教师工资收入的差距本无可厚非,但收入差距不合理则容易引发教师对于工资收入的不满和对高校工资制度公平性的质疑,并且影响教师的职业认同。

表 5.8　　　　　　　　　职称*对工资是否满意交叉制表

			对工资是否满意		合计
			不满意	满意	
职称	讲师	计数	87	3	90
		职称中的%	96.7	3.3	100.0
		对工资是否满意中的%	19.8	2.7	16.3
	副教授	计数	188	18	206
		职称中的%	91.3	8.7	100.0
		对工资是否满意中的%	42.7	16.2	37.4
	教授	计数	165	90	255
		职称中的%	64.7	35.3	100.0
		对工资是否满意中的%	37.5	81.1	46.3
合计		计数	440	111	551
		职称中的%	79.9	20.1	100.0
		对工资是否满意中的%	100.0	100.0	100.0

表 5.9　　　　　　　　　年龄组*对工资是否满意交叉制表

			对工资是否满意		合计
			不满意	满意	
年龄组	40岁以下年龄组	计数	178	16	194
		年龄组中的%	91.8	8.2	100.0
		对工资是否满意中的%	40.5	14.4	35.2
	大于40小于50岁年龄组	计数	168	51	219
		年龄组中的%	76.7	23.3	100.0
		对工资是否满意中的%	38.2	45.9	39.7
	50岁以上年龄组	计数	94	44	138
		年龄组中的%	68.1	31.9	100.0
		对工资是否满意中的%	21.4	39.6	25.0

续表

			对工资是否满意		合计
			不满意	满意	
合计		计数	440	111	551
		年龄组中的%	79.9	20.1	100.0
		对工资是否满意中的%	100.0	100.0	100.0

表 5.10　　　　　　　　　职称 * 年龄组交叉制表

			年龄组			合计
			40 岁以下年龄组	大于 40 小于 50 岁年龄组	50 岁以上年龄组	
职称	讲师	计数	66	24	0	90
		职称中的%	73.3	26.7	0.0	100.0
		年龄组中的%	34.0	11.0	0.0	16.3
	副教授	计数	128	48	30	206
		职称中的%	62.1	23.3	14.6	100.0
		年龄组中的%	66.0	21.9	21.7	37.4
	教授	计数	0	147	108	255
		职称中的%	0.0	57.6	42.4	100.0
		年龄组中的%	0.0	67.1	78.3	46.3
合计		计数	194	219	138	551
		职称中的%	35.2	39.7	25.0	100.0
		年龄组中的%	100.0	100.0	100.0	100.0

另外，就当前我国普通高等高校的现实情况来看，行政职务也是决定高校教师收入水平的另一个重要因素。国外大学教师兼任行政职务多数是服务性质，在工资性收入上补贴很少，并且少有掌控资源分配的权利，因而，这类教师与其他教师的收入差距并不大。而国内高校兼有行政职务的教师职务补贴相对较高，每年 5000—20000 元不等，而且职务越高补贴越多，所以造成"学而优则仕"，教学与行政"双肩挑"现象较为普遍，[1]对高校教师的行政兼职的职务补贴过高也在一定程度上导致了教师内部收

---

[1] 参见胡咏梅等《高校教师收入不平等——基于中国和加拿大高校教师工资性年收入的比较研究》，《中国高教研究》2016 年第 11 期。

入差距的进一步加大。

上述种种现象表明，尽管我国高校自 2010 年起全面实行岗位绩效工资制度以来（工资的构成中主要包括岗位工资、薪级工资、岗位津贴即基础性绩效工资、补贴和奖励性绩效工资等几大组成部分），高校的工资制度克服了以往平均主义的缺陷，但应该注意的是，高校现行的工资制度还很不完善，其行业内部和行业之间的公平性还有待于在实践中通过制度的改革和健全来进一步提升。可以说，通过深化工资制度改革来优化高校教师的工资结构、科学调控高等教育行业内部的工资收入差距、建立起高校工资调整的市场化机制，对于市场经济条件下高校教师的队伍建设来说具有基础性和保障性作用，直接关系着包括思想政治理论课教师在内的高校教师队伍的可持续发展。

二 辅导员的职业意志与职业信念相对薄弱

关于我国高校辅导员职业认同现状的相关调查表明（见本书第四章中的表 4.31、表 4.32、表 4.33、表 4.34、表 4.35），当前辅导员的职业认同总体状况较好，并且不同学校类型、不同编制性质、不同级别的辅导员在职业认同上均不存在统计学意义上的显著差异。但高校辅导员的职业意志、职业信念随着以上三个方面的条件变动具有较大波动。科级辅导员在工作年限上一般要比科员级辅导员长，工作经验上往往也更为丰富，是辅导员群体中的骨干力量。但这部分辅导员的职业信念得分在各级别辅导员中最低，且与其他级别辅导员的职业信念得分存在显著差异的现象表明，作为辅导员队伍的骨干力量，这部分群体对辅导员职业的未来发展信心不足。

笔者及课题组成员通过个别访谈所获得的信息也表明，有接近 3/5 的辅导员并没有把辅导员作为终身职业的打算（访谈对象为 DL 市三所高校的 78 名辅导员），而是将该职业作为提升到更高层次的行政管理岗的跳板，或作为攻读博士学位之前的一个过渡性岗位。特别是一些科级辅导员（访谈对象中有 35 名科级辅导员）还明确表示，如果在预期的时间之内不能顺利升迁至处级管理岗位就考虑换个职业，毕竟带学生很辛苦，辅导员这个职业需要付出更多业余时间，而在薪资待遇上相对同一学校内的教师岗和其他行政管理岗的同级别从业者来说并没有优势。尽管由于各种因素的限制，课题组没能进一步扩大访谈对象的范围，但访谈所获得的信息也在一定程度上反映了：虽然目前我国高校辅导员整体职业认同水平较好，并且这一群体的职业认同水平受社会分层的影响并不显著，但是其职业意志、职业信念相对薄弱、对未来职业发展信心不足。针对关于高校辅导员职业认同的抽样调查的数据分析显示（表4.31），在构成辅导员职业认同的五个因子中职业意志、职业信念的均值都相对较低（均值都低于4.0），不仅低于其他三个因子的得分，也低于辅导员职业认同的总体得分。

学生工作非常琐碎，既涉及学生入党、评优，也涉及学生的日常生活和行为的管理，工作时间不分昼夜，手机要保持24小时待机，寒暑假还有一定量的家访要求。如果遇到特殊时期，如新生开学和学生毕业是学生心理、情感问题的多发期，辅导员的工作量比平时更大，精神也处于高度紧张状态，如果有情况发生，辅导员必须率先到达现场进行处理。此外，在遇到重大敏感事件的时候，大学生往往成为一些不法分子宣传、鼓动的对象。为了进行有效防范，辅导员也必须时刻坚守第一线，不能出现一点儿懈怠和疏忽，而且还必须主动地去捕捉各种相关信息并进行分析、做出预判，这就对辅导员的综合能力提出了更高的要求，辅导员长期处于高度紧张的工作状态中，其压力可想而知。

繁重的工作压力使得辅导员很少有充足的时间去提升自己的专业水平。他们不可能像思想政治理论课教师一样拥有较多的自主支配的时间，可以自主地计划、安排课堂教学之外的时间用于自我发展和提升。由于辅导员工作的内容和特点，学校要求辅导员必须坐班。辅导员既非行政人员，也不是教师，他们没有行政人员的行政权力，也没有教师的自由时间，辅导员作为大学生的"人生导师"和"领航人"，他们却对自己所从事的辅导员职业发展信心不足。不同学校类型、不同编制性质、不同级别的辅导员在职业意志和职业信念上所呈现出来的差异性恰恰表明了当前高校辅导员对于其职业本身的发展前途缺乏自信。

考博士然后转到教师岗，或走上行政之路，或几年之后如果没有更好的发展就转到其他领域、彻底离开高等教育行业，这是近年来绝大多数辅导员固有的发展路径。然而，随着高校去行政化呼声的日益高涨，行政岗位正在减缩，大量的辅导员行政升级无望，晋升职称更是成为奢谈。这种两不沾边的局面在短期轮换制的政策中催生了辅导员们的焦躁心理，他们对前途感到迷茫和困惑。也正因为如此，在短期轮换制的制度安排下，部分辅导员从站在该岗位之日起，就存在一种临时打工心态，而没有对辅导员这一职业的长远规划。总体上看，无论是当前高校辅导员队伍的骨干力量（科级辅导员），还是辅导员队伍的整体，职业意志和职业信念都相对薄弱，再结合访谈所获得的信息，说明我国高校辅导员队伍尽管目前职业认同状况较好，但后续发展存在隐忧。要提高高校辅导员职业意志和职业信念，必须针对当前高校辅导员职业的特点，采取行之有效的措施。

第二节　高校思想政治教育客体的多样性难于承载

来自社会、家庭、学校的多方面因素与大学生个体的能动性相互作用使高校思想政治教育客体呈现鲜明的差异性。关于大学生人生观、道德观、政治认同的相关调查表明（见表4.43、表4.44、表4.51、表4.52、表4.59、表4.60），虽然大学生在上述三个方面总体情况较好（都远大于临界值3，并且达到4以上），但来自不同阶层家庭的大学生除了在道德观方面不存在统计学意义上的显著差异外，在人生观、政治认同方面都存在统计学意义上的显著差异（见表5.11、表5.12[①]）。这些差异的存在，从一个侧面反映了阶层结构复杂化背景下高校思想政治教育客体的多样性。及时地了解教育客体的这些多样性是高校思想政治教育工作有效开展的前提，而当前我国多数高等学校思想政治理论课专职教师的数量、思想政治教育的环节、辅导员与高校思想政治理论课教师配合的现状使得高校思想政治教育难以满足多样化的客体对思想政治教育的客观要求。

表5.11　父亲职业类型不同的大学生的人生观、道德观、政治认同均值

父亲职业类型		人生观	道德观	政治认同
1	均值	4.554	4.7251	4.8396
	N	314	314	314
	标准差	0.6018	0.52449	0.20783

---

① 表5.11、表5.12中的数据来源于"社会分层对大学生人生观、道德观、政治认同影响的抽样调查"所获得的相关数据的统计分析结果（以父亲职业类型作为频率变量对抽样调查数据进行了加权）。

续表

父亲职业类型		人生观	道德观	政治认同
2	均值	4.602	4.7227	4.7586
	N	1126	1126	1126
	标准差	0.4519	0.49736	0.23065
3	均值	4.749	4.6768	4.7742
	N	1122	1122	1122
	标准差	0.5111	0.54931	0.21811
总计	均值	4.660	4.7029	4.7754
	N	2562	2562	2562
	标准差	0.5046	0.52431	0.22384

表 5.12　　　　　　　　　检验统计量[a,b]

	人生观	道德观	政治认同
卡方	159.410	1.380	32.725
df	2	2	2
渐近显著性	0.000	0.502	0.000

注：[a]. Kruskal Wallis 检验。

[b]. 分组变量：父亲职业。

一　社会阶层分化背景下高校思想政治教育客体的多样性

从人生观方面看，成长于基础阶层家庭的大学生人生目的最明确、人生态度最积极（见表 4.43）。社会基础阶层家庭的经济条件相对较差，成长于这样家庭的大学生往往更具有自强的精神，相对于那些来自社会上层和中间阶层家庭的大学生来说更成熟、更理智，他们更渴望凭借自身的努力来改变自己和整个家庭的命运。抽样调查的数据反映，这部分大学生一般都具有明确的人生目的、面对困境能够保持积极进取的良好心态。他们能够在比较艰苦的环境下勤奋努力、考上大学，本身就证明这部分学生其实早在进入大学校门以前就为自己确立了明确的人生目的，并且具有积极的人生态度。但抽样调查的数据分析结果也同时显示，这部分大学生的人生价值得分均值低于来自社会上层家庭的大学生，高于来自中间阶层家庭的大学生。

结合调查问卷中关于大学生人生价值的题项内容来看，调查数据分析结果表明这部分大学生更重视、渴望自我价值的实现，奉献的精神与意识、社会价值实现的自觉相对于来自社会上层的家庭的大学生来说相对较弱，但比来自中间阶层家庭的大学生又强一些。另外，数据分析还显示来自基础阶层家庭的学生更倾向于认为金钱能够决定爱情（见表5.13）。而来自社会上层家庭的大学生在人生目的、人生态度方面的得分均值最低的情况也表明（结合相关题项内容来看），良好的家庭环境特别是家庭经济条件往往可能导致部分大学生缺乏明确的人生规划，对自身未来发展较为迷茫，一帆风顺的成长经历又可能导致这部分学生心理承受能力相对较弱，遇到挫折或受到打击很容易导致人生态度上陷入消极状态。但相对于来自社会基础阶层家庭的大学生来说，来自社会上层的大学生由于没有较大的生存发展压力，反而更为关注社会价值的实现，关注个体的生存发展对于社会所具有的价值和意义。值得注意的是，来自中间阶层家庭的大学生在人生价值上的得分最低，相对于基础阶层家庭来说，中间阶层家庭在以家庭经济条件为核心的各方面条件上整体处于优势地位，来自这一阶层的大学生的生存发展压力相对于社会基础阶层家庭的大学生来说相对较小，从理论上讲应该更关注社会价值的实现，但数据分析的结果却与理论逻辑上的必然相反。

结合调查问卷中相关题项内容来推测其原因，笔者认为，这一现象与整个中产阶层强烈的向上一层级流动的欲望所导致的巨大"主观"发展压力的代际传递有直接关系。相对于来自另外两个阶层家庭的大学生来说，来自社会基础阶层家庭的大学生虽然客观上面临着更大的生存发展压力，但其一般为自己设置的阶段性目标及整体的人生规划通常以立足于改变自身及家庭的生存现状为起点（即向其成长家庭所归属的阶层的上一层级——中间阶层流动），而凭借其对文化资源的占有状况再加上自身的努力，理想目标与现实之间一般不存在巨大的、难以逾越的鸿沟，在自我价值目标相对容易实现的情况下，这部分大学生对于社会价值的关注度也相对较高。从资源分配的决定机制来看（劳动分工、权威等级、生产关系和制度分割），由中间阶层流动到社会上层的难度要远大于由社会基础阶层流动到中间阶层的难度，因此，笔者认为，向上一层级流动所带来的巨大"主观"发展压力很可能导致部分来自中间阶层家庭的大学生对于社会价值的关注不够，甚至不能够正确地理解自我价值与社会价值的关系，因而导致这一群体在人生价值的得分上总体最低。

表 5.13　　　　　　报告①（基于"金钱不能决定爱情"项）

父亲职业类型	均值	N	标准差
1	4.80	314	0.403
2	4.50	1126	0.500
3	4.42	1122	0.494
总计	4.50	2562	0.500

从政治认同方面来看，来自不同阶层家庭的大学生政治认同的得分均值具有统计学意义上的显著差异（见表4.60）。数据分析显示，来自不同阶层家庭的大学生在制度认同和意识形态认同得分上的较大差异显著影响了其在政治认同上的得分均值。在这两个因子的作用下，尽管来自不同阶层家庭的大学生在国家认同和政党认同上均不存在显著差异，但在政治认同上的差异却是显著的。

从构成政治认同的各因子的得分均值来看，来自不同阶层家庭的大学生在国家认同上的得分均值都大于5，总体的国家认同得分均值达到5.1970（见表4.59），说明大学生群体的国家认同度非常高，具有强烈的民族、国家整体意识和爱国主义情怀。在政党认同方面，来自不同阶层家庭的大学生在政党认同上的得分均值都高于4.8，总体的政党认同得分均值为4.8286（见表4.59），仅次于国家认同，居于第二位。虽然来自不同阶层家庭大学生的政治认同总体状况较好，并且意识形态认同的得分均值也高于临界值3（达到4.3653，见表4.59），但来自不同阶层家庭的大学生在意识形态认同上的得分均值是政治认同各构成因子得分均值中最低的。来自各阶层家庭的大学生在制度认同上的得分均值为4.7106，高于意识形态认同的得分均值，但低于政党认同和国家认同的得分均值，也低于政治认同的得分均值（见表4.59）。来自社会上层家庭的大学生在制度认同和意识形态认同上的得分均值都是最高的，而中间阶层家庭的大学生在构成政治认同的四个因子上的得分均值都是最低

---

① 数据来自"社会分层对大学生人生观、道德观、政治认同影响的抽样调查"的相关数据的统计分析结果。抽样调查问卷中"金钱不能决定爱情"题项采用语义对比刻度，刻度细度为"7"，对"金钱不能决定爱情"非常赞同对应分值为"6"，根本不赞同对应分值为"0"。

的（见表 4.59）。

推测导致这些差异的原因，笔者认为，由于社会上层在社会资源占有中居于优势地位，来自社会上层家庭的大学生生活条件优越，充分享受到了社会发展的成果。因此，来自这一阶层的大学生整体上对于社会的制度安排满意度也最高，相应地，制度认同及其各构成因子的得分也相对较高。中间阶层虽然在社会资源占有上居于"比上不足、比下有余"的位置，但由于这一阶层继续向上一层级流动面临着巨大压力，往往容易对由制度分割所决定的社会资源分配现状产生不满情绪，在一定程度上影响了这一阶层及其子女对于社会制度的认同。应该注意的是，来自中间阶层家庭的大学生在政治认同的四个构成因子上得分均值最低的调查结果，在一定程度上显示了当前我国中间阶层对中国特色社会主义理论、中国特色社会主义道路、中国特色社会主义制度的自信相对不足的代际传递。

另外，在"你对人民代表大会制度是否认同"这个测度项上，来自社会基础阶层家庭的大学生得分均值最低（见表 5.14）。其原因可能在于，受主、客观多种因素的影响，这一阶层群众的政治参与能力、政治参与效能、实际的政治参与度都相对较低（尤其以农民工群体的政治参与现状最为典型），从而觉得自己被排除在政治权力体系之外，体验不到"当家作主"的感受，这种影响又经由家庭成员之间的代际传递影响着大学生对于"人民代表大会制度"的看法和态度。

就意识形态认同的测度项的得分情况看，大学生整体上在"你认为共同富裕能否实现"这个测度项上的得分均值最低（并且来自各阶层家庭的大学生在这个测度项的得分均值低于"4"，见表 5.15），在"社会主义现代化和中华民族伟大复兴能否实现"这个测度项上的得分均值最高（见表 5.16）。从相关测度项的得分来看，各阶层对于实现共同富裕的信心相对不足，尤其是社会基础阶层，在这个测度项上的得分均值只有 3.49。可见，虽然改革开放以来广大人民群众生活水平不断提高，但贫富差距也逐渐拉大，客观上影响了人民群众对于实现"共同富裕"的信心，导致来自不同阶层家庭（特别是来自社会基础阶层家庭）的大学生在"你认为共同富裕能否实现"这个测度项上得分均值最低，但相关的数据分析报告也显示，来自不同阶层家庭的大学生总体上对于实现社会主义现代化和中华民族伟大复兴充满信心。

表 5.14　报告（基于"你对人民代表大会制度是否认同"项）

父亲职业类型	均值	N	标准差
1	4.68	314	0.468
2	4.67	1126	0.471
3	4.66	1122	0.473
总计	4.67	2562	0.471

表 5.15　报告（基于"你认为共同富裕能否实现"项）

父亲职业类型	均值	N	标准差
1	4.14	314	1.319
2	3.77	1126	1.441
3	3.49	1122	1.262
总计	3.69	2562	1.367

表 5.16　报告（基于"你认为社会主义现代化和中华民族的伟大复兴能否实现"项）

父亲职业类型	均值	N	标准差
1	4.80	314	0.698
2	4.69	1126	0.705
3	4.83	1122	0.624
总计	4.76	2562	0.673

综上所述，阶层结构复杂化背景下高校思想政治教育的客体带有鲜明的多样性特征，这些多样性的教育客体对于思想政治教育必然会有不同的需求，客观上要求高校思想政治教育一般主体在教育教学工作中必须充分考虑到这些多样性，要能够根据客体的实际情况，在坚持高校思想政治教育的根本目的的大前提下，有针对性地制定具体教育目标、设计教育内容，真正做到因人施教，唯有如此，才能确保高校思想政治教育的实效性。但从当前我国高等学校思想政治教育开展的实际情况来看，还难以充分照顾到作为客体的大学生的发展对高校思想政治教育的多样化需求。

二 师资力量不足导致高校思想政治教育无力托起人文关怀之重

人文关怀就是对人的尊严与价值的肯定和关注，是以人文精神①为思想内核，以充分肯定人、尊重人、理解人、发展人和完善人，即以促进人的全面发展为内在尺度的一种价值取向。思想政治教育中的"人文关怀"是指教育者尊重受教育者的主体地位和个性差异，关心受教育者丰富多样的个体需求，激发受教育者的个体主体性，促进其自由全面的发展。

在当代中国，思想政治教育在本质上是一种促进人自身全面发展的、具有超越性的独立实践活动，这一本质决定了关注人、塑造人和发展人贯穿于思想政治教育的始终，建立在对人性的尊重基础之上的"人文关怀"因此也就成为思想政治教育本质的内在要求。在教育过程中立足于教育对象是具体的、有思想的、能动的且处于不断发展变化中的人这一客观事实，将教育对象的情感、兴趣、现实需要等方面的因素纳入思想政治教育工作实践的考量范围，注重对教育客体的"人文关怀"，对教育对象的个性化人格品质的形成施加积极引导，对促进思想政治教育目标的实现具有重要的现实意义。但阶层结构复杂化背景下高校思想政治教育客体的多样性要求思想政治教育的一般主体必须付出更多的人文关怀、增加个性化的情感投入，需要教育主体与教育客体进行更多的情感交流与沟通，从而尽最大可能让差异化的个体普遍感受到来自教育者（高校思想政治教育的一般主体）的关怀与关注。但以目前我国高等学校思想政治理论课教学的师资配备来看，虽然当前各高等学校都在根据教育部的文件要求加快配齐建强专职教师队伍，但在短期之内难以达到教育部关于"高校思想政治理论课教学要按照师生比不低于1∶350的比例设置专职教师岗位"的要求。

一方面，马克思主义理论一级学科设立较晚（2005年国务院学位委员会和教育部发布《关于调整增设马克思主义理论一级学科及所属二级学科的通知》后增设），而专业人才的培养周期又较长（由本科到博士研究生毕业至少需要9年），导致专业人才缺口较大。另一方面，马克思主义理论一级学科设立之后，特别是2008—2011年我国高校承担马克思主义理论课教育教学的机构相继独立、组建马克思主义学院之后，各普通高

---

① "人文精神"是人文知识化育而成的内在于主体的精神成果，它蕴含于人的内心世界，见之于人的行为及其结果。

等学校为了学科建设和学校发展招聘思想政治理论课教师的"门槛"也逐渐提高：不仅有学历的要求（必须为博士研究生毕业），也有"出身"的要求（第一学历的毕业院校为 211、985 院校的马克思主义理论相关专业的博士毕业生普遍受各高校青睐）。这两方面"合力"的作用导致了当前全国普通高等学校马克思主义学院教师普遍的"空编"现象，马克思主义学院专职教师人数不足已经成为高等学校的普遍问题。思想政治理论课专职教师的数量与庞大的本科生群体规模形成鲜明对比，远达不到教育部要求的师生比不低于 1∶350 的指标要求，难以满足阶层结构复杂化背景下多样化的教育客体对于人文关怀的巨大需求。

三 思想政治教育环节缺失导致主体无法把握客体需求的多样性

"思想政治教育过程是一种有目的的活动过程……是教育者和受教育者借助一定的教育手段和方式进行互动，实现思想政治教育目的的过程，也就是通过教育，使受教育者在思想道德上逐渐达到社会要求的过程。"①这一过程是由一个特定的目的出发到在不同程度上实现预期目标，再到新的教学目标的确定和实现的带有循环特征的动态过程，具体由以下六个紧密相连的环节组成（见图 5.1）。

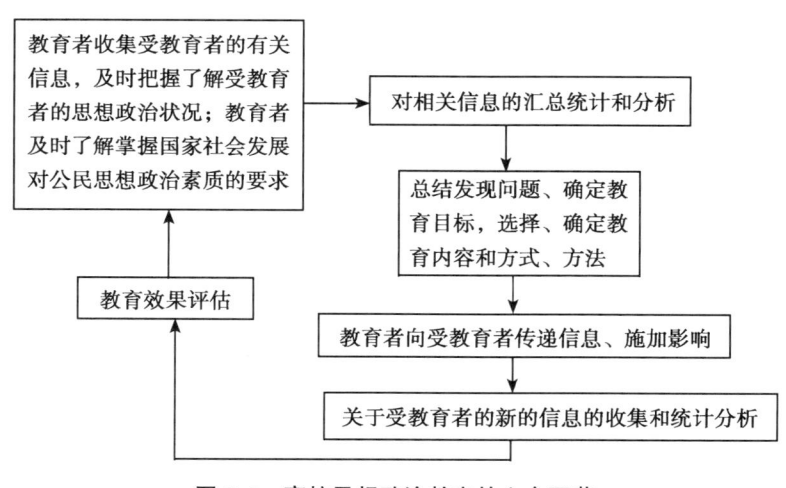

图 5.1 高校思想政治教育的六个环节

---

① 陈万柏、张耀灿主编：《思想政治教育学原理》，华中师范大学出版社 2009 年版，第 107 页。

就我国普通高等学校思想政治教育的过程来看，思想政治教育者（高校思想政治教育的一般主体）对受教育者思想政治状况（高校思想政治教育客体即大学生的思想政治状况）的了解以及对关于受教育者的新的信息的收集和统计分析这两个环节在高校思想政治理论课日常教学当中基本处于缺失状态。偶有关于大学生思想政治状况的调查（比如关于大学生思想道德素质和政治素质、人生价值观等方面的问卷调查）也是个别教师或个别高校为进行思想政治教育领域的相关研究而做的，极少以为自身所从事的教育教学工作提供直接服务为目的。其结果是本身就数量不足的思想政治教育工作者无法及时、充分地了解和把握作为客体的大学生的思想政治状况及其对思想政治教育的多样化需求。学术界关于思想政治教育的研究成果理论研究有余、实证研究明显不足（见表5.17）的现象从侧面反映了当前我国高校思想政治教育环节缺失的现状。

表 5.17　CNKI 中关于思想政治教育实证研究论文的检索情况

（截至 2016 年 12 月）

检索条件	文章数（篇）	时间跨度
篇名中精确包含"思想政治教育"并含"实证"	86	2005—2016 年（2005 年以前没有符合检索条件的论文）
篇名中精确包含"思想政治教育"并含"定量"	6	2012—2016 年（2012 年以前没有符合检索条件的论文）
篇名中精确包含"大学生人生观"并含"调查"	18	1986—2016 年（1986 年以前没有符合检索条件的论文）
篇名中精确包含"大学生价值观"并含"调查"	125	1993—2016 年（1993 年以前没有符合检索条件的论文）
篇名中精确包含"大学生世界观"并含"调查"	3	1999—2001 年（1999 年以前、2001 年以后没有符合检索条件的论文）
篇名中精确包含"大学生政治认同"并含"调查"	18	2010—2016 年（2010 年以前没有符合检索条件的论文）
篇名中精确包含"大学生意识形态"并含"调查"	0	截至 2016 年 12 月前没有符合检索条件的论文
篇名中精确包含"高校思想政治教育"	12715	1985—2016 年（1985 年以前没有符合检索条件的论文）
篇名中精确包含"大学生思想政治教育"	18177	1982—2016 年（1982 年以前没有符合检索条件的论文）
篇名中精确包含"思想政治教育"	74716	1950—2016 年（1950 年以前没有符合检索条件的论文）

高校思想政治教育环节的缺失一方面是由于思想政治教育一般主体特别是高校思想政治理论课教师本身对于以信息搜集、统计和分析工作为核心的思想政治教育基础性工作①的重视不够。就当前各高校关于思想政治理论课的考核评价机制来看，往往更侧重于教学方法的改进，能否使用多媒体的教学方式已经成为评价思想政治理论课教师授课水平高低的一个硬性指标，不能使用多媒体的教学方式基本就没有在教学上被评为优秀的机会。这一教师评价机制的存在，直接导致大部分思想政治理论课教师把精力集中在努力改进教学方法特别是多媒体课件的制作上，致力于追求课件的精美以及如何依靠课件生动的表现形式来吸引学生的注意力，以此来应对检查、考评，往往忽视了来自学生的有关思想政治方面的重要信息的收集和统计分析工作在整个思想政治教育工作过程中的前提性、基础性地位，其结果是导致教师不能也无法关注和把握作为客体的大学生的多样性，更不能对学生的多样性需求作出回应。思想政治理论课基本上就是教师按部就班地对教材进行讲解，因而宏观有余微观不足，普遍性有余而针对性不强，这样的教学模式客观上弱化了思想政治教育的影响力，不利于思想政治教育目标的实现。

另一方面，高校思想政治教育环节的缺失还与思想政治理论课教师和高校辅导员利用交叉学科开展工作的能力普遍较弱有直接关系。从学科特点的角度看，思想政治教育学本身是一门交叉性很强的学科。"思想政治教育学要借鉴和运用多学科知识进行研究……不仅要运用马克思主义理论及其指导下形成的本学科的基本知识进行研究，同时还要借鉴融合教育学、伦理学、社会学、政治学、心理学等相关学科的知识于研究工作之中。"② 在 2011 年全国思想政治教育高层论坛上，与会的专家学者特别强调"既要开展单一性学科研究以促进理论成果的深化、细化和精致化，又要着力推进跨学科的交叉研究以促进学科体系的丰富、充

---

① 根据思想政治教育的具体环节以及教育自身的内涵，笔者将思想政治教育的基础性工作界定为"教育者确定教育目标，选择、确定教育内容和方法，评估教学效果以及为完成这些工作而获得信息并对相关信息进行统计和分析的工作"。

② 陈万柏、张耀灿主编：《思想政治教育学原理》，华中师范大学出版社 2009 年版，第 11 页。

实、发展、创新"①。事实上，无论是思想政治教育学的发展，还是思想政治理论课教学实践工作的有效开展都必然离不开其他学科相关知识的具体应用。然而，当前高校思想政治理论课的教学工作往往更多地是从思想政治教育本身出发，教师和辅导员综合应用社会学、心理学、政治学和统计学等相关学科知识与理论开展思想政治教育工作的能力较弱。作为思想政治教育的一般主体，思想政治理论课教师和辅导员在这方面能力的欠缺必然为思想政治教育基础性工作的开展带来极大障碍，这是导致高校思想政治教育环节缺失的另一个重要原因。

四 辅导员缺位是高校思想政治教育无力面对客体多样性要求的重要原因

辅导员缺位是指辅导员在高校思想政治教育基础性工作中的缺位。高校辅导员作为思想政治教育的一线工作者，处于理论导向与具体操作的结合点上，对于思想政治教育基础性工作的开展应该具有不可替代的重要作用，然而实际情况却与之相反——辅导员在思想政治教育基础性工作中处于缺位状态。就高校辅导员的工作内容来看，这一群体在高校思想政治教育中应该具有特殊地位——他们是针对性地开展思想政治教育的具体实践者，是了解和把握学生的思想政治素质和道德素质现状及其对高校思想政治教育的需求等方面的工作的主要承担者。对广大学生来说，思想政治教育的针对性主要是针对学生的现实思想问题而言的，思想问题往往更为直接地反映在学生的日常学习、生活和课余活动中。高校辅导员由于其自身的工作性质及内容，相对于教师而言，与学生的接触更频繁，甚至于与之朝夕相处，辅导员工作为及时地了解学生的思想动态、把握思想政治教育客体的多样性提供了教师所不具备的便利条件。

辅导员作为学生思想政治教育最直接的组织者和实施者，作为一支长期战斗在高校学生工作第一线的生力军，作为在校学生学习和生活的指导者和引路人，要想做好自身工作，首先必须做好与学生的沟通与交流，及时了解学生的基本情况。因此，高校辅导员可以说由于其自身工作需要做

---

① 赵继伟：《着力提升思想政治教育的科学化水平——"全国思想政治教育高层论坛"综述》，《思想理论教育导刊》2012年第1期。

了大量思想政治教育的基础性工作。但从我国高校现行的体制来看，思想政治理论课教师属于教学系统（所评职称属于教科研系列，所聘岗位为专业技术系列岗位），而辅导员属于学生工作系统（虽然由各二级学院领导直接管理，但同时也接受学校学生工作部或学生处的领导，聘行政管理岗位，所评职称属于德育系列），二者形成了各自独立的管理体制和工作机制，条块分割现象比较普遍，在日常工作中基本没有交集。目前，我国高校中辅导员和思想政治理论课教师既缺乏协同开展思想政治教育的自觉意识，二者之间也没有进行沟通与交流的体制，更没有形成沟通与交流的长效机制。由于教师与辅导员相互独立、缺乏沟通，因此，辅导员关于思想政治教育基础性工作的成果并没有及时地流转到承担思想政治理论课的教师那里。从目前高校思想政治教育工作的情况看，辅导员在思想政治教育基础性工作中仍处于一种缺位状态，并没有参与思想政治理论课的运作过程中，其结果就是高校辅导员虽然对思想政治教育客体的多样性需求有更多的了解，但又没能将所掌握的信息传递给思想政治理论课教师。可以说，高校辅导员在思想政治教育基础性工作中的缺位也是导致高校思想政治教育无力应对教育客体多样性需求的一个重要原因。

第三节　高校思想政治教育介体的有效转化面临巨大压力

高校思想政治教育介体有效转化是指高校思想政治教育的内容由教材体系向教学体系实现有效转化。教材体系是思想政治教育的一般介体，或者可以说是思想政治教育的抽象介体，体现的是高校思想政治教育的总目标。教学体系是思想政治教育一般介体或抽象介体的具体化，是思想政治教育者传递给受教育者的具体的教育内容，体现的是高校思想政治教育的具体目标。从表4.61、表4.62、表4.63和表4.64对四个阶段国家关于高等学校思想政治教育内容的重要会议和文件的主要内容的梳理情况来看，在高校思想政治理论课教材体系日益走向规范化的过程当中，高校思想政治理论课的课程体系建设也日益完善，目前全国普通高等学校为本科生开设的思想政治教育必修课的教材在内容及相应的教育目标要求上也逐渐由单一化转到了层次化（《马克思主义基本原理概论》课程除外）。但高校思想政治理论课的教育教学工作不是照本宣科，各门课程的教材内容的层次化不等于教学内容的具体化和层次化。面对思想道德素质、政治素质等各方面存在显著阶层差异的、具有鲜明的多样性特征的教育客体，高校思想政治教育工作者必须将教材内容、教学任务、思想政治教育总目标、所承担的课程的教学目标与具体的学生实际结合起来，将教材内容转化成能够产生良好效应的具体的教学内容，就目前高校思想政治教育的实际情况来看，教材体系向教学体系的有效转化面临着诸多挑战。

一 更为艰巨的价值导向任务对高校思想政治教育介体有效转化提出了更高要求

用一元的价值导向统领多元的价值取向始终是高校思想政治教育的一项基本任务，而社会阶层结构复杂化背景下，来自不同阶层家庭的多样性的客体在价值取向上的多元性无疑加大了思想政治教育的价值导向难度，对高校思想政治教育介体由一般转化为特殊、由抽象转化为具体提出了更高的要求。

一方面，思想政治教育本身是一门交叉性很强的学科，教材体系的庞杂性决定了教学体系内容的多样性，意味着思想政治教育介体由一般转化为特殊、由抽象转化为具体的过程本身就是一项艰巨的任务——将本就庞杂的教材内容转化为更为丰富、多样、具体的教学内容。中宣部、教育部在《关于进一步加强高等学校思想政治理论课教师队伍建设的意见》中明确指出，思想政治理论课教师要以教材为教学基本遵循，在教材体系向教学体系转化上下功夫，真正做到融会贯通、熟练驾驭、精辟讲解。教材的编写面对的是全国大学本科生，针对的是特定时代背景下大学生的成长成才的共性要求和高校思想政治理论课的一般教学任务与总目标，但高校思想政治理论课教师直接面对的是具体的、具有多样性需求的教育客体。因此，作为高校思想政治教育的一般主体，思想政治教育工作者要在坚持总目标的大前提下根据教育客体的实际情况制定具体的教育目标，并根据既定的具体目标，将教材内容重新"编码"后形成针对性的思想政治教育信息，这也是教育客体最终接收到的思想政治教育内容，即高校思想政治教育的具体的、特殊的介体（思想政治教育的教学体系的具体内容）。思想政治教育内容主要应包括"世界观教育、政治观教育、人生观教育、法制观教育、道德观教育等五个方面"①。目前我国高校为本科生开设的四门思想政治教育公共基础课教材内容庞杂，涵盖了思想政治教育的所有内容，同时也涉及经济学、法学、政治学、社会学、哲学、心理学等方面的内容。高校思想政治教育四门公共基础课在教材内容安排上的广泛性使其必然要对教学体系的全面性提出更高的要求。

另一方面，来自不同阶层家庭的大学生在价值取向上又是多元的。如何用一元的价值导向统领多元的价值取向是当前思想政治教育教材体系向教学体系有效转化必须解决的核心问题。这一问题的有效解决要求高校思想政治教育工作者在将教材体系转化为教学体系的过程中必须兼顾大学生成长成才的共性要求和不同学生的具体需要，必须充分照顾到学生多样化的兴趣点、关注点和价值倾向，必须科学地将高校思想政治教育的总目标分解为阶段性目标和针对性较强的具体目标（个体目标），也就是要将高校思想政治教育一般内容或抽象内容转化为特殊内容或具体内容。思想政治教育的目标分解与内容转化的质量对于教育客体是否能够接受、认同教育者传递出来的信息，即对于教育客体是否能够正确地解码具有直接的影响。因此，社会阶层结构复杂化背景下，大学生价值取向的多元化使思想政治教育过程中教材体系向教学体系转化的任务更为艰巨。

二 实践教学难于落实不利于教材体系向教学体系的有效转化

实践教学是高校思想政治理论课的重要组成部分，是实现思想政治理论课教学目的的重要途径，对于将无形的教材内容转化为有形的教学内容具有不可替代的重要作用。在社会阶层结构复杂化的背景下，大学生对于社会现象和社会问题的关注点和评价呈现多样的样态，更需要通过落实实践教学环节让学生了解社会、走入社会，并引导、教育学生在社会实践中学会全面认识社会、客观评价社会、热心服务社会，加强价值导向作用，坚定政治信仰、坚定理想信念、强化使命感与责任意识，进而实现高校思想政治教育的预期目标。可以说，社会阶层结构复杂化的条件下，实践教学对于高校思想政治教育介体的有效转化尤为重要。

"社会分层对高校思想政治教育影响的实证研究"课题组于2015年年末对26所高校的思想政治理论课教师进行了电话访谈，以了解各高校

---

① 陈万柏、张耀灿：《思想政治教育学原理》，华中师范大学出版社2009年版，第142页。

思想政治教育实践教学的落实情况。访谈结果表明，只有8所高校表示自己落实了实践教学，其余高校思想政治理论课的实践学时均是虚设的。在8所高校中，有将"红歌会""马克思主义经典著作诵读活动"以及案例教学作为实践教学形式的，有将社团、其他部门开展的"大学生志愿者"活动、"扶贫""支教"活动、参观活动代替思想政治教育实践教学活动的，也有将学生根据教师的要求所进行的针对大学生人生观、价值观等方面的调查活动作为实践教学活动的，还有将组织、指导学生录制关于校园文明的视频作为实践教学活动的。而严格来讲，其他部门或社团开展的"扶贫""支教"和"志愿者"等活动尽管具有思想政治教育的作用，但这些活动本身并不是思想政治教育的实践教学形式。

整体上看，即使是少数开展了实践教学的高校，也只是在一定程度上，在校园内落实了实践教学，而校园之外的实践教学几乎没有。高校本科生人数众多，基于学生人身安全保障的考虑，统一组织社会实践活动、由各任课教师以及辅导员共同带队是最佳选择。但如果由学校教学主管部门统一组织学生参与社会实践活动，则因为要提供交通工具而需要一定量的经费支持。另外，各学校所在地情况不同，多数学校不能为人数众多的学生找到适合进行思想政治教育社会实践活动的场所，即使以思想政治理论课的教学班型为单位分批进行活动，每一批次的人数也不少，这对于多数高校来说无疑是很难解决的问题。如果组织学生分组进行社会实践活动，无论是任课教师还是辅导员由于精力有限又无法随同前行，只能是学生自行前往目的地开展活动。而基于对学生的人身安全负责的角度考虑，学校、任课教师和辅导员都不愿意学生自行组织开展思想政治教育的实践教学活动。因此，即使在开展了实践教学的学校，其程度也是有限的。学生依然被局限在校园的"笼子"里，依然没有能够走进由"大自然、大社会"构成的大课堂当中去接受教育。

综上所述，由于考虑到经费、时间、场地和安全性等因素，无论是高校思想政治教育工作的直接承担者还是高校的教学主管部门都不愿去推动思想政治教育的实践教学环节的落实。然而，从根本上讲，思想政治教育的实践教学难以落实到位，还是因为当前各高校普遍对思想政治教育的实践教学不够重视，往往认为如果开展思想政治教育实践教学必然需要投入大量的人财物，但又不能收到立竿见影的效果，对于提高学生的一次性就业率也没有实质性的帮助，从学校管理者角度看得不偿失。因此，学校并不支持开展思想政治教育的社会实践教学活动，绝大多数高校的教学主管部门也没有将思想政治理论课的实践教学列入学生的课程表和安排专项经费。多数高校从未积极主动地采取有效措施来应对、克服落实实践教学中存在的困难，教师和辅导员由于缺乏支持以及对于学生安全的顾虑也缺乏主动推进实践教学落实的意识。

总体上看，对于高校思想政治教育来说，如何做到理论教学与实践教学相结合，增强教学内容的感染力和说服力，为教材体系有效转化为教学体系创造便利条件、提供重要途径还需要教育部等各级教育主管部门的大力推动，需要各高校的高度重视并积极支持和高校思想政治教育工作者的密切配合。

三　"以学校为主"的教学评价制度阻碍高校思想政治教育介体有效转化

所谓"以学校为主"的教学评价制度是指以是否达到、在多大程度上达到学校制定的教师及其教学活动的评价标准作为衡量包括思想政治理论课教师在内的所有教师课堂教学水平的根本标准的评价制度。2014年以来，"社会分层对高校思想政治教育影响的实证研究"课题组通过多种途径（实地调研、电话咨询或借助相关会议平台进行双向交流）先后考察了35所普通高等学校的教学评价制度。其中有25所高校采用学校、学院和学生对教学的"三级"教学评价制度，另外10所高校没有学生的网上评教，只有本学院和学校这两个级别的教学督导和评价。但在采用"三级"教学评价制度的高校，学生对授课教师的网上评教结果也只是作为学校评选优秀教师的参考。

根据2014年以来"社会分层对高校思想政治教育影响的实证研究"课题组对35所高校教学评价制度的考察，在所有抽样调查对象中，校级教学评价的评价权重都达到50%以上；在10所没有开展学生教学评价的高校，校级评价权重则高达80%—90%。调查研究表明，当前各高校对于包括思想政治理论课教师在内的所有专职教师的评价普遍以学校制定的评价标准作为主要衡量指标，由学校聘请的督导教师来随机进入教师课堂听课，并依照学校制定的各项教学指标为教师的教学活动打分，督导教师的打分基本决定了教师教学评价的等级（一般分为优秀与合格两大类）。而即便采用"三级"教学评价的学校一般也只把学生的网上评教分数作为评价该教师课堂教学水平的一个重要参考因素,其原因就在于考虑到学生有可能担心影响成绩而对于任课教师的教学工作普遍给予好评。其实,目前已经投入使用的学生网上评教系统都可以做到匿名评教,教师一般只能看到具体评教内容却无从知道评教学生的姓名,对学生的成绩没有影响。只要学校工作做到位,打消学生的评教顾虑,绝大多数学生是可以做到客观评教的。毕竟教师的课是讲给学生听的,而不是讲给学校的督导教师听,因此,学生是否认同理应作为评价教师教学活动的一项基本指标。

为了避免个人情感或私人关系影响督导教师评教的客观性,各高校普遍遵循避免同行教师听课的原则(目前各高校督导组基本由返聘的本校退休教师组成,因为同一院系的教师彼此较为熟悉,所以学校为了避免督导教师因为裙带关系或碍于情面无法客观、公正地对任课教师进行评价,在实际操作中就普遍遵循"避免同行教师听课的规则"),听课的督导教师对于其所听的内容来说完全是外行,因而无法就教师授课内容的内在逻辑性、科学性、与教学目标的关联性以及理论深度等做出客观、准确的评价,只能通过教师的授课方式、学生的出勤率、听课状况、教师讲课是否有激情、教师课件做得是否精致、教师对教学内容是否熟练等可见的、形式上的指标来对教师的教学活动进行评价。

访谈结果表明,① 面对"以学校为主"的教学评价制度,高校思想政治教育工作者(高校思想政治教育一般主体)更倾向于把有限的精力更多地投放在教学方式方法的改进上,将教学方式方法的创新与改进作为教学改革的核心内容,致力于以形式上的喜闻乐见来吸引学生的注意力,从而在充分调动学生课堂积极性的同时,也能够从容应对学校督导组和学生对教师的课堂教学活动的双重评估。因此,就高校现行的教学评价制度来看,并不足以对教师的课堂教学做出客观、准确的评价。因为形式上的喜闻乐见、课堂氛围的活跃本身并不足以说明教材内容转化为教学内容之后所形成的具体教育信息对于思想政治教育目标的实现来说是有效的,是能够满足客体对于思想政治教育的多样化的需求的。有效的信息传递才能达到理想的教育效果,才能实现思想政治教育的预期目标,对于思想政治教育来说,有效的信息传递即意味着教育内容被教育对象的真心接受与认

---

① 即"社会分层对高校思想政治教育影响的实证研究"课题组对 DL、SY、HEB 三地的 35 所高校的 35 名思想政治理论课教师进行的实地访谈、电话访谈或会议交流。

同，这需要思想政治教育工作者在充分结合学生实际的基础上，根据教材内容精心设计教学内容。

对包括思想政治理论课教师在内的高校教师来说，"以学校为主"的教学评价往往容易导致教师在设计授课内容、选用教学方式时尽可能地迎合学校制定的标准、考虑督导教师的要求，而不是首先考虑到要如何根据课程教学目标和学生的特点及对思想政治教育的需求来科学设计教学内容、合理定位教学目标。对于高校思想政治教育来说，"以学校为主"的教学评价制度所体现出来的对于客体意见和需求的忽视，既是对思想政治教育过程中的客体的主体意识和主体性的忽视，也是对思想政治教育客体的多样性的忽视。教育者往往倾向于将教育对象假定为一个内部无差别的群体——一个在共同的时代背景下成长起来的、生活在共同的校园环境当中、具有同等的文化教育水平的内部无差别的整体，而忽视了大学生个体由于其阶层归属的差异性所可能导致的在思想意识、行为方式等方面的差别。在阶层结构复杂化的背景下，教育者只见共性不见个性的行为倾向势必影响思想政治教育介体有效转化的顺利进行。

第四节　高校思想政治教育宏观环境错综复杂

如前所述，高校思想政治教育的宏观环境即高校思想政治教育的社会环境，主要是指社会的经济、政治、文化环境。社会阶层结构的深刻变迁同时也意味着中国社会环境的深刻变化。贫富分化、社会主义民主政治的发展、文化的多元化变革……这些现象与社会阶层结构的变迁相互作用，共同构成了当前我国高校思想政治教育系统的社会环境。

一　辉煌的经济发展成就与社会贫富差距

改革开放以来，我国经济走上了持续快速发展的道路，取得了辉煌的成就。广大人民群众的生活水平不断提高，综合国力不断增强，与此同时，贫富差距也在不断扩大。贫富差距的持续扩大，意味着社会各阶层在经济资源占有上的差距不断扩大，与此相对应的就是阶层固化倾向日益明显，对于中间阶层和社会基础阶层来说，则意味着向上一阶层流动的难度逐渐加大。从 GDP 增长情况来看，根据国家统计局网站发布的数据（见

表 5.18），我国 2016 年的 GDP 为 743585.5 亿元，而 1997 年仅有 79715 亿元，20 年间增长了 9 倍多。数据显示，进入 21 世纪之后，中国进入了经济发展的快车道。2002—2012 年是我国 GDP 增长最快的时期，这期间国内生产总值年均增长超过 10%（根据表 5.18 中的数据计算），GDP 从世界第六位跃居世界第二位，人均国内生产总值也由 9506 元提高到 40007 元。①

表 5.18　　　　　　　　1997—2016 年我国 GDP 数据表②　　　　（单位：亿元）

年份\指标	2006	2005	2004	2003	2002	2001	2000	1999 年	1998 年	1997 年
国内生产总值	219438.5	187318.9	161840.2	137422	121717.4	110863.1	100280.1	90564.4	85195.5	79715
第一产业增加值	23317	21806.7	20904.3	16970.2	16190.2	15502.5	14717.4	14549	14618.7	14265.2
第二产业增加值	104361.8	88084.4	74286.9	62697.4	54105.5	49660.7	4566458	41080.9	39018.5	37546
第三产业增加值	91759.7	77427.8	66648.9	57754.4	51421.7	45700	39897.9	34934.5	31558.3	27903.8
人均国内生产总值	16738	14368	12487	10666	9506	8717	7942	7229	6860	6481

年份\指标	2016	2015	2014	2013	2012	2011	2010	2009	2008	2007
国内生产总值	743585.5	689052.1	643974	595244.4	540367.4	489300.6	413030.3	349081.4	319515.5	270232.3
第一产业增加值	63672.8	60862.1	58343.5	55329.1	50902.3	46163.1	39362.6	34161.8	32753.2	27788
第二产业增加值	296547.7	282040.3	277571.8	261956.1	244643.3	227038.8	191629.8	160171.7	149956.6	126633.6
第三产业增加值	383365	346149.7	308058.6	277959.3	244821.9	216098.6	182038	154747.9	136805.8	115810.7
人均国内生产总值	53935	50251	47203	43852	40007	36403	30876	26222	24121	20505

---

① 中国的 GDP 在 2000 年超越意大利，居世界第六；2005 年超越法国，居世界第五；2006 年超过英国，居世界第四；2007 年超过德国，居世界第三；2010 年超过日本，居世界第二。世界银行发布的数据显示，在 2016 年世界各国的 GDP 排名中，中国以占全球 GDP 总量的 14.84% 的比率排在第二位（第一位依然是美国，占比 24.32%）。

② 图表来源于国家统计局网站发布的"国内生产总值"的年度数据（1997—2016），国家统计局网站，http：//data.stats.gov.cn/easyquery.htm? cn = C01&zb = A0201&sj = 2016。

从进出口总额上来看，1978年以来，我国的进出口总额总体上一直保持着高速增长状态（除了2009年因为国际金融危机导致进出口总额有较大的下降，2015年、2016年相对于2014年略有下滑以外），2002年居世界第五位，2004年居世界第三位，2014年我国的进出口总额达到43015.27亿美元，① 2015年、2016年稍有下降。

从外汇储备方面看，1979年之后，随着改革开放政策的深入推进，我国经济持续增长，对外贸易也进入了快速发展阶段，外汇储备开始迅速增加。国家统计局网站发布的数据显示，2001年年底，我国的外汇储备突破了2000亿美元，达到了2121.65亿美元，此后，中国的外汇储备进入迅猛发展阶段。2006年年底，我国外汇储备达10663.4亿美元。2009年突破了20000亿美元门槛，达到23991.52亿美元；2011年突破30000亿美元，达到31811.48亿美元；2014年达到38430.18亿美元；2015—2016年我国外汇储备有所回落，但一直维持在30000亿美元以上的水平。②

从财政收入方面看，1978年以来我国财政收入持续快速增长，特别是进入21世纪之后，国家财政收入增长更为迅速。2016年，我国的财政收入达159604.97亿元，相当于1978年的141倍。③ 快速增长的财政收入为国家进行经济建设、提高广大人民群众的生活水平提供了可靠保障。2000年以后，我国的教育、医疗、社会保障事业也进入了全面发展的新阶段。

钢产量在一定程度上代表了我国的工业化水平，1978年之后，中国的钢产量迅速提高，特别是进入21世纪之后，中国的钢产量增长势头更猛，连续多年稳居世界第一。根据国家统计局网站发布的数据，2016年我国的钢材产量达到104813.45万吨，比2001年增长了5.52倍。④ 但钢材产量的增长速度太快也引发了一系列的问题：如何消减落后产能、提高产品的质

---

① 数据来源于国家统计局网站发布的"货物进出口总额"的年度数据（1978—2016），国家统计局网站，http://data.stats.gov.cn/easyquery.htm?cn=C01&zb=A0601&sj=2016。

② 数据来源于国家统计局网站发布的"黄金和外汇储备"的年度数据（1978—2016），国家统计局网站，http://data.stats.gov.cn/easyquery.htm?cn=C01&zb=A0L04&sj=2016。

③ 数据来源于国家统计局网站发布的"国家财政收支总额及增长速度"的年度数据（1978—2016），国家统计局网站，http://data.stats.gov.cn/easyquery.htm?cn=C01&zb=A0L04&sj=2016。

④ 数据来源于国家统计局网站发布的"工业产品产量"的年度数据（2001—2016），国家统计局网站，http://data.stats.gov.cn/easyquery.htm?cn=C01&zb=A0E0H&sj=2016。

量、丰富产品的种类等已经成为当前我国钢铁产业亟待解决的问题。

从农业生产方面看,1978年以来,我国的农业生产稳步发展,粮食生产多年来一直保持稳定增长,农民收入持续增加。1994年,我国取消了实行41年之久的粮食统购统销制度,进一步调动了粮食生产的积极性。2006年1月1日起我国废止农业税,农业税的废止以及其他利农政策的实施有力地促进了我国农业的发展。在2008年上半年发生的世界粮食涨价浪潮中,我国由于粮食储备充分没有受到影响,并且对平抑东南亚粮食价格起到了重要作用。

结合以上数据来看,改革开放以来我国的经济建设取得了辉煌的成就,但与此相并行的是社会贫富差距的逐渐拉大。实质上,社会阶层结构的分化与重组是改革开放以来我国社会资源占有的普遍分化在人口结构上的反映。中国的发展是毋庸置疑的,但发展的不平衡、贫富差距逐渐扩大也是不争的事实。

北京大学公布的《中国民生发展报告2015》[①]指出,当前我国居民的收入与财产不平等状况日益严重。报告指出,近30年来,中国居民收入的基尼系数[②]从20世纪80年代初的0.3左右上升到0.45以上(根据国家统计局网站上公布的数据,2008年我国居民收入的基尼系数达到了0.491,2015年为0.462,2003年起历年的居民收入基尼系数均不低于0.45[③]),以上数据客观上反映了我国居民收入差距较大的现实。当前,我国城镇居民内部、城乡居民之间的收入差距都比较大。"城乡差距大概有3倍,按照城镇工资统计,高收入行业和低收入行业有4倍左右的差距。"[④]

---

① 《中国民生发展报告2015》是基于北京大学中国家庭追踪调查(China Family Panel Studies,CFPS)撰写的系列专题报告,以全国25个省市160个区县的14960个家庭为基线样本,探讨民生问题状况、差异、原因和社会机制。

② 国际上通用的衡量一个国家收入差距的指标是基尼系数,介于"0"和"1"之间。基尼系数越小意味着收入分配越平均,越大意味着收入分配越不平均。国际上通常把"0.4"作为收入分配差距的警戒线,基尼系数达到0.4以上的表示收入差距较大,基尼系数达到0.6则表示居民收入差距悬殊。

③ 数据来源于国家统计局网站发布的"2003—2016年全国居民人均可支配收入基尼系数",国家统计局网站,http://www.stats.gov.cn/ztjc/zdtjgz/yblh/zysj/201710/t20171010_1540710.html。

④ 冯华:《贫富差距到底有多大?[民生视线·正视贫富差距(上)]》,《人民日报》2015年1月23日第17版。

"经济发展步入新常态,从高速增长转为中高速增长,强调'质量更好、结构更优'的增长,更依赖于资本、技术带来的创新驱动,这对劳动密集型产业影响较大,会进一步影响非技术、低学历、低技能人才的就业和收入。"① 北京师范大学经济与工商管理学院李实教授认为,由于上述因素的影响,未来几年中国的低端劳动力的工资收入不可能再保持前几年那样的增长速度,甚至有可能出现下降。如果不进一步加快改革步伐,统筹考量我国的就业结构、社会保障以及收入分配和再分配政策,我国居民的收入差距将进一步拉大。相关数据显示,② 2006 年以后,不仅仅是城乡之间的贫富差距、收入差距在扩大,城镇内部的贫富差距也在拉大。资本存量不公必然带来财富增量不公。资本赚钱越来越容易而劳动赚钱越来越困难,经济生活的变动往往给富人创造了赚钱的机会,但很可能会给穷人带来损失。

除了收入上的差距拉大,我国居民的财产差距也在拉大。《中国民生发展报告 2015》显示,改革开放以来,特别是 20 世纪 90 年代中期以后,中国家庭的财产不平等程度日益严重。社会顶端 1% 的家庭占有全国约 1/3 的财产,而底端 25% 的家庭拥有的财产总量仅为 1% 左右。

就我国目前的情况来看,贫富差距已具有一定的稳定性。社会十大阶层已经形成,贫富差距的这种稳定性的代际转移的结果,是一些贫者正从暂时贫困走向长期贫困并导致跨代贫穷,而富者则继续保持在社会资源占有上的优势并将之传递给下一代。如果不采取有力措施改变这一情况,贫富差距便会趋向稳定化和制度化,我国的社会阶层结构将就此固化。社会成员收入差距过大并且阶层流动通道被堵塞而导致的这种阶层固化倾向不仅会引发内需不足从而阻碍经济增长,还会影响低收入者的人力资本的积累,并且造成社会成员之间的疏离与隔阂,激化社会矛盾,特别是富人和穷人之间将很难建立相互信任的关系,影响社会的和谐与稳定。

对于高校思想政治教育来说,中国经济发展的巨大成就一方面有利于提升作为高校思想政治教育客体的大学生的政治认同,从而巩固社会政治

---

① 冯华:《贫富差距到底有多大?[民生视线·正视贫富差距(上)]》,《人民日报》2015 年 1 月 23 日第 17 版。

② 参见国家统计局网站发布的"城乡居民家庭人均收入及恩格尔系数"的年度数据(1997—2012)、"全体及分城乡居民收支基本情况"(新口径)(2013—2016),国家统计局网站,http://data.stats.gov.cn/easyquery.htm?cn=C01。

体系的政治合法性基础；另一方面也激发了大学生对于美好生活的向往与追求，有利于鼓舞他们树立远大理想，为实现社会主义现代化和中华民族伟大复兴的中国梦而奋斗，在实现社会价值中实现自我价值。但是，社会贫富差距的扩大又不可避免地会给高校思想政治教育带来负面影响。总体来看，这些负面影响主要集中在以下几个方面。

第一，影响大学生的学习动机和学习行为。社会贫富差距的扩大与近年来严峻的就业形势以及思想意识的多样化等多种因素交互作用，共同影响着大学生的学习动机和学习行为。主要体现为部分大学生在学习动机上实用主义和功利主义倾向严重，在学习过程中急功近利，只注重眼前利益而忽视长远发展，不注重综合素质的提升，只重视应用性学科的学习，忽视基础学科和人文社会科学知识的积累与素养提升，导致专业基础知识不扎实，职业素养和综合素质不能满足未来职业发展的需要，不仅影响职业生涯的长远发展，也对个体生活质量造成不利影响。

第二，不利于大学生树立正确的人生观、价值观。社会的贫富差距现象在校园生活中的显现容易导致部分学生盲目攀比、崇尚享受，并逐步滋生拜金主义、享乐主义、功利主义等不良价值观。

第三，贫富差距还可能对大学生的心理健康造成不良影响。家庭条件优越的大学生由于从小没有经济上的压力，长期生活在顺境当中，容易产生心理优越感。这种优越感可能引起两种心理变化：一种是自尊心过度膨胀，心理极其脆弱，经受不起挫折和打击，难以面对困难与失败；一种是自信心过度膨胀，骄傲自大、目中无人。而对于来自社会基础阶层家庭尤其是来自贫困家庭的大学生来说，家庭经济条件困难往往会使他们对校园的贫富差距现象更为敏感，一方面容易产生自卑心理和烦躁焦虑情绪，不能安心学习；另一方面也容易滋生对家庭和社会的不满情绪，嫉妒、排斥家庭条件好的同学，甚至可能引起心理失衡、孤独抑郁、集体主义和社会责任意识淡薄的情况。

第四，经济的快速发展与较大的贫富差距相伴而行的现象也可能动摇部分学生的社会主义、共产主义信仰，使他们对中国特色社会主义道路、中国特色社会主义理论体系和中国特色社会主义制度的"社会主义"性质产生质疑，从而对大学生的政治认同产生负面影响。

另外，除了上述对思想政治教育客体的影响，辉煌的经济发展成就与较大的贫富差距并存的现象也可能会对高校思想政治教育一般主体的职业认同、政治认同等造成不利影响。第四章的相关分析显示，青年教师、职称等级较低的思想政治理论课教师职业认同水平相对较低从客观上反映了社会分层尤其是收入差距对教师职业认同的负面影响。教师在职称等级上的差距在一定程度上也可以说是经济收入上的差距。职称晋级的压力、繁重的教学工作量和较大的工资收入差距容易导致青年教师身心疲劳、不能安心本职工作，甚至产生职业倦怠。一方面，教师为了获得职业要求必备的学历水平、占有必要的文化资源投入了较大的时间成本，经济上和精力上的投入也很大。另一方面，进入高等学校之后的青年教师，由于工龄、职称等级所限工资收入水平又相对较低，普遍面临着购房、还房贷、养家的压力。

对 278 份"社会分层对高校思想政治理论课教师职业认同影响的调查问卷"（见附录一）中的相关数据进行统计分析的结果显示（见表 5.19，以"职称"为频率变量对样本数据进行了加权），职称等级低的思想政治理论课教师在主观阶层归属的等级上也较低、职业认同的均值也较低；讲师职称的思想政治理论课教师主观阶层归属的等级最低（2.11）、职业认同的均值也最低（70.82）；教授职称的思想政治理论课教师主观阶层归属的等级最高（等级自我认同的均值为 3.26，高于中间值3），职业认同的均值也最高（82.39）。由此可见，较大的贫富差距容易导致部分思想政治理论课教师对于自身的工资收入水平不满（见表 5.8、表 5.9），进而对其职业认同产生负面影响。在社会经济发展取得巨大成就的同时，较大的贫富差距还可能导致部分教师因对自身的收入情况不满而质疑社会公平、滋生对社会的不满情绪，这不仅影响教师的职业认同，也影响思想政治理论课教师本身的政治认同。对于高校辅导员来说，这种影响也同样存在。表 4.34 中的数据显示，编制性质为人事代理的辅导员的职业认同水平相对较低、特别是在职业信念上显著低于事业编的辅导员，这种现象从一个侧面反映了上述问题。

表 5.19　　　　　　　　　　　报告

职称		职业认同	阶层归属
讲师	均值	70.82	2.11
	N	90	90
	标准差	10.794	0.316

续表

职称		职业认同	阶层归属
副教授	均值	76.35	2.71
	N	206	206
	标准差	6.814	0.455
教授	均值	82.39	3.26
	N	255	255
	标准差	3.545	0.439
总计	均值	78.24	2.87
	N	551	551
	标准差	7.764	0.597

二 不断发展的社会主义民主政治与复杂的政治权利主体构成

社会主义民主政治是中国特色社会主义政治文明的集中体现。发展社会主义民主政治，是中国共产党始终不渝的奋斗目标。中华人民共和国成立后，以毛泽东为代表的中国共产党人，对于建设、发展社会主义民主政治进行了卓有成效的探索：确立了人民代表大会制度，实行了中国共产党领导的多党合作和政治协商制度以及民族区域自治制度。这些伟大实践为我国社会主义民主政治的发展奠定了坚实的基础。改革开放以来，我国的社会主义民主政治建设取得了显著成效，社会主义民主制度不断完善，走出了一条具有中国特色的社会主义民主政治建设、发展之路。然而也应该注意到，伴随着社会阶层结构的变迁，我国的政治权利主体构成日益复杂，多元的政治权利主体诉求给社会主义民主的制度建设提出了更高的要求。

政治参与是民主政治的核心议题，民主意识的发展是社会主义民主政治发展的题中应有之义，广大人民群众的民主选举意识、民主管理意识、民主监督意识、民主协商意识等政治参与意识的发展状况，决定着群众的实际政治参与行为，极大地影响着社会主义民主政治的发展。《中国公众的政治参与观念调查报告（2016）》[①] 发布的调查结果显示，我国公众在

---

① 人民论坛问卷调查中心：《中国公众的政治参与观念调查报告（2016）》，人民论坛网，http://www.rmlt.com.cn/2016/0704/431469_5.shtml。

政治参与意识上的得分为 57.5 分。从各构成因子的得分上看，公共事务参与得分为 57.2 分，投票意识得分为 56.5 分，选举意识的得分为 58.8 分（见图 5.2）①，我国公众的政治参与意识总体得分及各构成因子的得分均高于 50 分临界点。该调查还显示，因为网络可以不受时空的限制将个人的意愿传递给他人，所以公众对于在网上阐述自己的观点并希望借助网络来赢得他人或者政府的关注和认同的态度比较积极。有 90% 以上的调查对象表示自己会浏览、关注网络平台上的一些突发公共事件（如遭遇强拆、断案不公、贿选等），其中有 34.5% 的人表示自己会选择转载此新闻或者积极跟帖、参与讨论，表现出更为积极的网络政治参与意愿和行为。在这部分人看来，作为社会人，每个人都有对公共事件发言的权利。在网络围观时发帖、跟帖、转发，哪怕只回复一个"顶"字，都是在发表意见、行使权利。②

根据人民论坛问卷调查中心编制的政治参与量表对于我国公众政治参与意识的测量数据及评价标准，我国公民的政治参与意识的总体得分及政治参与意识的各构成因子得分均高于 50 分临界点的事实说明当前我国公民的政治参与意识较强。虽然从该次抽样调查样本的构成（发放的是网络问卷）以及样本量的大小等方面考虑（相对于中国庞大的人口规模而言），该次调查具有一定的局限性，相关调查数据及其统计分析的结果也不可能非常准确地反映当前中国公众政治参与意识的实际状况，但不可否认的是，此次调查结果仍然在大体上反映了当前中国公众的政治参与意识情况。

---

① 人民论坛问卷调查中心编制的政治参与观念测量量表将公众对于政治参与量表的回答赋值、求和并转化为百分制，用以测评公众的政治参与意识。分值为 0—100 分，50 分为临界点，高于 50 分则可认为公众的政治参与意识较强，低于 50 分则相反。

② 该调查由人民论坛问卷调查中心组织实施。调查时间：2016 年 5 月 10 日至 2016 年 6 月 10 日。问卷发放：面向大陆的 31 个省、直辖市、自治区共发放网络问卷 4886 份，共回收有效问卷 4458 份，问卷有效回收率为 91.2%。样本构成：受访者中男性占 56.6%，女性占 43.4%；25.6% 的受访者为 "90 后"，37.7% 的受访者为 "80 后"，23.0% 的受访者为 "70 后"，其他年龄段的受访者共占 13.7%。同时，受访者的日常居住地分布较为均匀，居住地为 "直辖市""省会城市""地级城市""县级城市"的受访者各占 20.0% 左右，居住地为 "乡镇或农村"的受访者较少，占 9.4%。

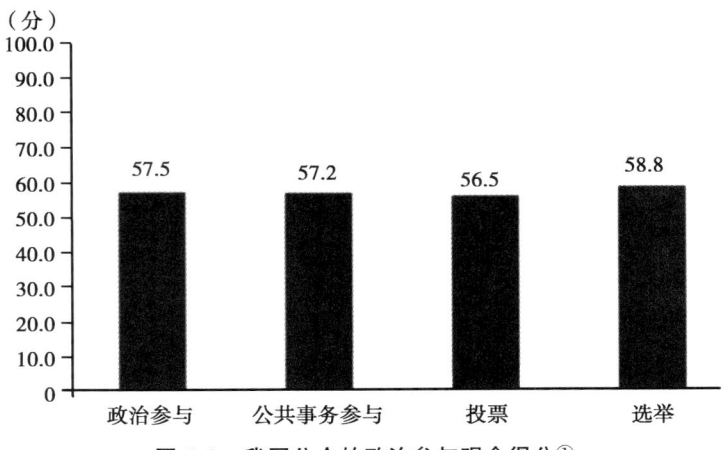

```
(分)
100.0
 90.0
 80.0
 70.0
 60.0   57.5      57.2       56.5      58.8
 50.0
 40.0
 30.0
 20.0
 10.0
    0
       政治参与   公共事务参与   投票      选举
```

图 5.2 我国公众的政治参与观念得分①

公民政治参与的广度与深度反映了一个国家政治民主发展程度。从实际的政治参与情况来看,《中国政治参与报告（2016）》根据 2002 年和 2011 年的两轮调查②发布的数据显示，我国公民政治参与的广度和深度均有明显的扩大和提升：有过至少一种"非投票"政治参与行为的调查对象比例由 51.8% 增加至 64.9%；有过至少一种"非选举"政治参与行为的调查对象比例由 37.0% 提升至 51.1%；而未参与调查中所列 12 项政治参与行为中的任何一项的调查对象比例则下降了超过 10%；同时，只有过一种政治参与行为的调查对象的比例由 59.2% 下降到了 35.0%；而有过三种以上政治参与行为的调查对象比例则有了一定程度的上升，人均政治参与行为数由 0.8466 上升到 1.5856。③

从制度层面看，当前中国已经初步形成了以人民代表大会制度、中国共产党领导的多党合作和政治协商制度、民族区域自治制度以及基层群众自治制度为基本框架的中国特色社会主义政治制度体系，这个基本框架影响、塑造着我国政治生活的基本面貌，为中国特色社会主义民主政治的发展提供了坚实的制度保障。

---

① 人民论坛问卷调查中心：《中国公众的政治参与观念调查报告（2016）》，人民论坛网，http://www.rmlt.com.cn/2016/0704/431469-5.shtml。
② 亚洲风向标跨国调查计划（Asia Barometer Survey，ABS）在中国的调查。
③ 房宁主编：《中国政治参与报告（2016）》，社会科学文献出版社 2016 年版，第 35、37 页。

中国政治的社会主义规定性的制度基础在于中国共产党的领导，中国政治的人民民主规定性的制度基础在于人民代表大会制度。在当代中国政治制度的体系中，人民代表大会制度作为根本政治制度，是我国的政体，决定着国家权力的分配。充分发挥人民代表大会制度的根本政治制度作用，才能更好地吸纳公民进行有序的政治参与，从而保障人民群众当家作主的民主权利。

改革开放以来，代表联系群众制度的建设和完善、公民参与人大立法的实践发展等对于充分发挥人民代表大会的根本政治制度作用起到了极大的促进和保障作用。1992年4月，第七届全国人民代表大会第五次会议通过了《中华人民共和国全国人民代表大会和地方各级人民代表大会代表法》（以下简称《代表法》）。《代表法》明确规定，联系人民群众和接受人民群众的监督是人大代表的法定义务。2010年和2015年，我国又对《代表法》进行了两次修正。修正后的《代表法》明确规定，"与原选区选民或者原选举单位和人民群众保持密切联系，听取和反映他们的意见和要求，努力为人民服务"是人大代表应当履行的一项法定义务，同时还对代表履行这一法定义务的途径和方式做了规定，指出代表可以通过多种方式听取、反映原选民或者原选举单位的意见和要求，应当采取多种方式经常听取人民群众对代表履职的意见，回答原选区选民或者原选举单位对代表工作和代表活动的询问，接受监督。[1] 党的十八大报告指出，要"在人大设立代表联络机构，完善代表联系群众制度"[2]，党的十八届三中全会通过的《中共中央关于全面深化改革若干重大问题的决定》强调，要"通过建立健全代表联络机构、网络平台等形式密切代表同人民群众联系"[3]。《代表法》的制定、实施、修正以及一系列相关规定的出台，对于实施和完善代表联系群众制度、推进和改善代表联系群众工作起到了重要的推动和保障作用。

公民参与立法的程度是衡量一个国家政治民主发展程度的重要因素。《中华人民共和国宪法》、2000年开始实施的《中华人民共和国立

---

[1] 《中华人民共和国全国人民代表大会和地方各级人民代表大会代表法》，中国法制出版社2015年版，第8、13、19页。

[2] 胡锦涛：《坚定不移沿着中国特色社会主义道路前进 为全面建成小康社会而奋斗》，人民出版社2012年版，第26页。

[3] 《中共中央关于全面深化改革若干重大问题的决定》，人民出版社2013年版，第29页。

法法》为我国公民参与地方立法提供了充分的法律依据和保障。在地方层次上，我国大部分省份都出台了相应的立法条例，对民主立法和参与立法作出了一些规定。如《湖南省地方立法条例》《浙江省地方立法条例》等地方性立法条例中以具体的条文明确规定了与公民参与有关的要求。在一些省会城市和较大的市的人大及其常委会制定地方性法规的条例中也有关于向各方面征求意见的要求和给公民参与意见的机会和渠道的规定。这些《宪法》和法律法规及条例中的原则性或指导性规定和要求为我国公民参与地方立法提供了重要法律依据，极大地促进了公民参与立法实践的发展。

1982年4月26日，全国人大常委会发布了《关于公布〈中华人民共和国宪法修改草案〉的决议》，就《宪法》修改开展了一次全民大讨论，这是改革开放后第一部公开征求意见的法律草案，由此拉开了公民参与立法实践的序幕。此后，公民参与立法的实践不断发展，尤其是在公开法律草案向全社会征求意见方面有了更多的实践。《立法法》《物权法》《劳动合同法》等法律草案全文公布向全社会征求意见建议的做法是我国21世纪开门立法的标志性事件。仅2008—2011年，我国就有"30多部法律草案向社会公开，广泛征求人民群众意见"。①

全国人大吸纳公民参与立法的实践对于推进地方立法中的公民参与起到了重要的带头示范作用。例如，长春市人大对《长春市城市家庭宠物饲养管理条例》立法项目可行性进行问卷调查，征求社会公众对于该立法项目的意见；贵阳市向社会公开征集立法项目、向广大市民和社会各界征求关于《贵阳市第十三届人大常委会立法项目安排表〈征求意见稿〉》的意见；长沙、郑州等城市也曾经采用这种方式来征集年度立法项目。当前，我国多数省会城市和较大的市的法规草案在提交市人大常委会进行审议之前，都要先把法规草案的全文向社会公布，公开征求社会意见和建议。公民参与立法是扩大公民有序政治参与的重要途径之一，近年来我国公民立法实践的发展，不仅对于推进立法科学化、民主化进而提高立法质量具有重要作用，而且也是人民意志的体现，是落实宪法规定、实现人民当家作主的一种重要方式。这既是人民代表大会制度作为根本政治制度作

---

① 廖文根：《中国立法 从有法可依迈向良法可依》，《人民日报》2011年7月20日第17版。

用的结果，又在客观上保障和促进了人民代表大会制度作为根本政治制度作用的发挥。

中国共产党领导的多党合作和政治协商制度，规定了国家由谁领导以及执政党和参政党之间的关系，形成了中国特色的党际关系和民主治理参与形式，对于推动中国民主政治建设发挥了积极的作用。协商民主作为我国人民民主的重要形式，作为国家制度的民主政治结构内的一种具体的民主形式，在协调党际关系、促进政府决策科学化、促进公众参与、化解社会冲突等方面发挥着不可替代的重要作用。2012年10月12日《人民日报》用三个版面刊登了关于协商民主的系列文章，包括《协商民主的中国合奏》《协商民主是重要方向》《政治协商：制度更细化》和《多党合作：民主实现方式的"中国创新"》等。这些文章为党的十八大正式提出"社会主义协商民主"、把协商民主从一种民主形式上升为一种制度形式做了充分的准备和铺垫。党的十八大以来，协商民主制度的建设已经成为我国政治体制改革中较为突出的内容。党的十八大报告提出，社会主义协商民主是我国人民民主的重要形式。要完善协商民主制度和工作机制，推进协商民主广泛、多层、制度化发展，[①] 并明确提出健全社会主义协商民主制度。这是党的政治报告中首次提出"社会主义协商民主"的论断，并把协商民主从一种民主形式上升为一种制度形式。这一论断标志着中国共产党领导的多党合作和政治协商制度的进一步发展和完善，是我国社会主义民主政治理论发展的新成果，是我们党的重大理论创新。

民族区域自治制度是我国特有的处理民族关系的基本政治制度，有力促进和保障了民族关系的和谐以及一个多民族大国中各民族的协调发展，对于维护国家的政治稳定至关重要。基层群众自治制度既是我国社会主义民主政治发展的结果，又是民主政治进一步发展的基础，以制度化的形式保证了基层群众依法直接行使民主权利，为城乡基层群众直接参与社会主义民主政治建设搭建了重要平台，基层群众自治是我国最广泛、最直接的社会主义民主实践。可以说，基层群众自治制度的确立进一步推进了社会主义民主政治建设的总体进程。

综上所述，改革开放以来我国社会主义民主政治的发展取得了长足的进步，但社会阶层结构分化所导致的政治权利主体构成的复杂化对于当前

---

① 《中国共产党第十八次全国代表大会文件汇编》，人民出版社2012年版，第24—25页。

我国社会政治发展的负面影响也不容忽视。政治权利主体结构的复杂化必然意味着权利诉求的多元化，就当前我国的社会阶层结构来看，各阶层的成员之间、同一阶层内部的各成员之间都存在着不同程度的利益差别和矛盾。不仅阶层间的利益碎片化，阶层内的利益也是多元化的。如果不能有效统筹这些多元的权利诉求，就会产生矛盾，从而对社会政治体系形成巨大压力，给政治的整合带来挑战，影响中国的社会政治稳定。但是，由于当前中国社会各阶层（或各类别人群）之间乃至于同一阶层（或同一类别的人群）内部在社会政治地位、经济资源占有和文化素质等方面均存在着或大或小的差异，因此归属于不同社会阶层（或不同类别的人群）的人们甚至是归属于同一阶层（或群体）的人们，在社会政治参与上存在着明显的结构性失衡——一方面是"代表过度"，另一方面是"代表不足"。

根据宪法规定的公民权利人人平等和人民主权原则，各阶层或类别在政治参与中的代表人数与其所在阶层或类别的总人数的比例应大致相当。然而现实的情况却是具有较高的社会经济地位、政治效能感和资源动用能力的社会成员具有较高的政治参与比例和政治参与质量，人们对于社会资源的占有情况决定了其对于社会政治生活的参与度和参与效能，进而决定了其在社会政治生活中的地位。

代表过度与代表不足的问题在中国政治参与的不同层级都不同程度地存在着。根据《中国政治参与报告（2016）》公布的数据，"在十二届全国人大 2987 名代表中，只有 31 位农民工代表，而相应的农民工总数高达 2.6 亿人，人数占到城市劳动力的 1/3 以上。而在之前的十一届全国人大代表中，仅有 3 位农民工代表"①。总体看来，当前我国的各级人大代表和政协委员中，政府官员、企事业单位的领导的比例过高，代表过度是普遍现象；而一线的工人、农民工、和农民代表的比例则明显过低，代表不足的现象也比较普遍。代表过度与代表不足的问题不仅使我国社会发展中的诸多问题（甚至是一些比较严重的问题）得不到及时的表达和回应、对社会发展造成阻碍，而且也涉及根本性的政权的阶级支持基础，从而影响当前社会政治体系的政治合法性基础。

从各阶层的政治参与来看，目前我国社会基础阶层的政治参与相对于

---

① 房宁主编：《中国政治参与报告（2016）》，社会科学文献出版社 2016 年版，第 75 页。

中间阶层和社会上层来说仍然处于劣势地位，政治效能感弱，政治参与的广度与深度都亟待拓展和加强。仍然以农民工群体为例，根据国家统计局网站发布的数据，目前我国90%以上的农民工就职于第二产业和第三产业（见表4.65），这一群体的工资收入水平总体较低（见表5.20）。根据国家统计局网站发布的2016年按行业分城镇单位就业人员平均工资的数据，这一群体在第二产业和第三产业各行业就业人员的工资收入均低于当年的城镇单位就业人员的平均工资。[①] 从表4.65、表5.20的相关信息来看，这一群体所从事的职业不仅工资收入水平较低，而且职业的劳动强度也较大，难以保障关注、参与社会政治生活所需要的时间、经济和精力上的投入。因此，这个规模庞大的群体、尤其是新生代农民工，既不具备传统政治参与的条件，又因为城乡隔阂和经济条件的限制难以融入城市体系。没有明确的组织归属，就自然无法正常参与对于组织性要求较高的政治生活，而城市的物质壁垒和价值壁垒所产生的社会性排斥更使得农民工难以参加所在城市的政治生活，他们不仅是游走于城市边缘的"在游族"[②]，也是社会政治生活中的边缘化群体。规模庞大的农民工群体是当前我国基础阶层的一个重要组成部分，其在社会政治生活中的地位、对待政治生活的态度以及政治参与的实际状况极具代表性，在很大程度上反映了当前我国社会基础阶层参与社会政治生活的现实情况。

表5.20　　　　　　　　分行业农民工月均收入及增速[③]　　　　　　（单位：元、%）

行业 \ 年份	2015	2016	增速
合计	3072	3275	6.6
制造业	2970	3233	8.9
建筑业	3508	3687	5.1
批发和零售业	2716	2839	4.5
交通运输、仓储和邮政业	3553	3775	6.2

---

① 可对比国家统计局网站发布的"按行业分城镇单位就业人员年均工资"的年度数据（2015—2016），国家统计局网站，http://data.stats.gov.cn/easyquery.htm?cn=C01&zb=A040F&sj=2016。

② 黄岩：《"在游族"：城市边缘的农民工二代》，《文化纵横》2015年第1期。

③ 数据来源于《2016年农民工监测调查报告》，国家统计局网站，http://www.stats.gov.cn/tjsj/zxfb/201704/t20170428_1489334.html。

续表

年份 行业	2015	2016	增速
住宿和餐饮业	2723	2872	5.5
居民服务、修理和其他服务业	2686	2851	6.1

伴随着信息技术的快速发展及新媒体的广泛运用，互联网构建的虚拟公共空间成为人们发表政治言论、进行政治参与的便捷平台，网络政治参与已经成为当前中国民主政治中不可或缺的组成部分。然而，由于归属于不同阶层的网民的在网设备、网民自身对科技产品的理解以及对于信息获取投入的意愿、条件、能力等方面的差别，我国网民的网络政治参与存在着明显的分化：一方面，受过良好教育、经济条件较好的网民，特别是那些社会各领域的精英或知识分子，由于社会资源占有上的优势，他们拥有更多的网络话语权，在网络政治参与方面具有更大的影响力，实际政治参与的效能感也较强；另一方面，对于那些文化教育水平不高、工资收入水平较低、不具有组织资源优势的群体来说，他们无力负担网络参政所需要的经济和时间成本投入，甚至也不具备政治参与所必须的基本政治素质，直接导致了这部分群体进行网络政治参与的积极性较低，在网络政治参与方面明显缺乏话语权，政治参与意识和政治参与的效能感也较弱。这种分化现象是社会阶层结构分化在网络空间的延伸，在本质上仍然是文化资源、经济资源、组织资源占有的社会分化。"网民的增加固然会增加网民政治参与的概率，然而这几年诸多调查研究显示，网民的政治参与出现分层化，网络政治参与多以中产阶级和知识分子为主。"[①] 可以说，即使在突破了时空限制、参与成本低廉的网络政治参与领域，社会基础阶层也仍然处于劣势地位。

总体上看，虽然新中国成立以来特别是经过改革开放40年的建设和发展，中国特色社会主义民主政治发展成就显著，但在社会阶层结构复杂化的背景下，社会基础阶层特别是其中的贫困阶层政治参与受到制约，在社会政治生活中的话语权没有得到充分的行使，多元化的政治权利主体实际的政治参与、对于社会政治生活的影响力并不均衡。这种不均衡现象，一方面容易致使政治权利主体产生政治参与的挫败感和对社会政治的抵

---

① 房宁主编：《中国政治参与报告（2016）》，社会科学文献出版社2016年版，第166页。

触、冷漠情绪，另一方面，则容易导致政治动机、政治行为的急功近利进而加剧社会矛盾，可能影响党的政治权威和社会政治体系的政治合法性基础。因此，尽可能将不同的社会阶层纳入政治参与当中，推进各不同阶层在社会政治领域影响力的均衡化发展，确保各阶层群众政治权利的充分行使和发挥，就成为当前我们党建设、发展社会主义民主所亟待解决的难题。

各个不同的阶层在社会政治生活中所表现出来的差异化实质上根源于各阶层在社会资源占有上的社会分化。从社会分层的视角来看，社会主义民主政治的发展一方面强化着高校思想政治教育一般主体和客体的政治权利主体意识，为主体和客体参与社会政治生活搭建了更广阔的制度平台，创建了更多样化的政治参与渠道，提供了更多的政治参与机会，不断拓展、加深着各阶层关注、参与社会政治生活的广度与深度；另一方面，也使得各阶层在社会经济、文化领域中的差异越来越鲜明地在社会政治领域中得以体现，并且经由家庭环境的影响和作用，深刻地影响着高校思想政治教育客体（大学生）对于时事政治的关注点、对于国家方针政策的基本态度以及对于社会政治现象的态度（本书第四章中对于社会分层对大学生政治认同影响的抽样调查数据的统计分析结果表明，原生家庭的阶层归属对于大学生的制度认同和意识形态认同具有统计学意义上的显著差异）。

当前，我国高校思想政治教育客体的原生家庭阶层归属多样、复杂。从思想政治教育总目标实现的角度来看，弱化、消除各不同阶层政治影响力的不平衡发展经由家庭对于大学生所产生的负面影响，是当前我国高校思想政治教育的一项重要职责，是社会阶层结构复杂化背景下社会主义民主政治的发展给高校思想政治教育提出的一个新课题、一项新任务。

三 一元价值导向的中国特色社会主义文化与多元价值取向的社会亚文化

习近平总书记在庆祝中国共产党成立95周年大会上的讲话中指出："在5000多年文明发展中孕育的中华优秀传统文化，在党和人民伟大斗争中孕育的革命文化和社会主义先进文化，积淀着中华民族最深层的精神追求，代表着中华民族独特的精神标识。"[①] 习近平总书记的讲话不仅高度

---

① 《习近平谈文化自信》，《人民日报》（海外版）2016年7月13日第12版。

概括了中国特色社会主义文化的基本内容，也明确了中国特色社会主义文化的价值定位。实现中华民族的伟大复兴，是近现代以来中华民族的伟大梦想，中国特色社会主义是实现伟大梦想必须推进的伟大事业，而中国精神是兴国之魂，是中国特色社会主义伟大事业的精神支撑和实现中华民族伟大复兴不可或缺的精神动力。作为中华民族独特的精神标识，中国特色社会主义文化的根本使命就在于引领精神、凝聚民心、提升国家软实力。建设、发展中国特色社会主义文化的根本价值和意义就在于引领社会主义精神文明的发展方向，服务、推进人民的伟大事业。

从基本内容上来看，中国特色社会主义文化是一种复合型文化，但是内容的复合性并不意味着价值导向的多元性。文化的产生根源于人的实践活动，文化的发展取决于人在实践活动中的客观需要。中国特色社会主义文化作为中华文化发展的当代形态，它的孕育既与中华民族的悠久历史和源远流长的民族文化有着千丝万缕的联系，具有历史继承性；又与近现代以来中华民族不屈不挠的革命历史和新中国成立以来特别是改革开放以来社会主义建设和发展的实践具有密不可分的关系，具有创新性与超越性。因此，中国特色社会主义文化在基本内容上的复合性就成为必然。

中国特色社会主义文化的产生不等同于对于人类优秀文化成果的全面继承和发扬的完成，中国特色社会主义文化本身也不是人类文化优秀成果的最终形态，而是它在一个发展阶段上的具体形态，是处于不断继承和融合人类优秀文化成果的进程中的文化，是中华文化发展的新阶段，是社会主义实践的精神动力。党的十八大报告指出，文化是民族的血脉，是人民的精神家园。全面建成小康社会，实现中华民族的伟大复兴，必须推动社会主义文化大发展大繁荣，兴起社会主义文化建设新高潮，提高国家文化软实力，发挥文化引领风尚、教育人民、服务社会和推动发展的作用。党的十八大报告关于社会主义文化建设的阐述，进一步明确了我国文化建设的目标和方向——建设有中国特色社会主义的文化，吹响新一轮文化建设的号角。

作为不断发展、前进的中华文化的当前形态，在党的领导下，中国特色社会主义文化在建设、发展的进程中始终坚持着马克思主义的指导地位，始终保持着鲜明的社会主义性质，这种坚持确保了中国特色社会主义文化能够始终引领社会主义精神文明的发展方向，服务、推进人民的伟大事业。可以说，中国特色社会主义文化尽管在内容的构成上是复合的，但在价值取向上却是一元的（促进人的发展、推进人民的事业），一元的价值取向决定了其对于社会文化发展的导向也必定是一元的。

中国特色社会主义文化的发展同时也伴随着多种社会亚文化的不断形成和发展。如前所述，文化附着于人口的社会结构，因此，社会分层必然要导致文化的分化。改革开放之前，中国社会阶层的分化以政治身份、户籍身份、行政身份为依据，中国的阶层文化基于身份而产生，因此，如果依据人口结构来划分社会文化，改革开放前社会亚文化的构成基本与当时人口的阶级阶层结构相对应，大体上可以划分为农民文化、工人文化、干部文化和知识分子文化。

改革开放以后，在现代化浪潮的冲击下，传统与现代、中国与西方、个人与社会、个人与个人之间，都呈现出激烈的交融、碰撞和冲突，它们贯穿于社会的各个领域，正如美国学者亨廷顿所言，"现代化是一个多层面的进程，它涉及到人类思想和行为所有领域里的变革"①。在现代化的进程中，中国的社会关系和社会生活发生了深刻的变革，在社会的经济成分、组织形式、就业方式、利益关系和分配关系日趋多元化的背景下，社会的阶层结构逐渐分化并走向多元。如前所述，以陆学艺为核心的课题组以职业分化和三种资源（组织资源、经济资源和文化资源）的占有为依据将整个社会划分为十大社会阶层，这十大阶层组成了当前中国社会阶层结构的基本框架。

与改革开放之前相比较，当前我国的社会阶层结构在构成成分、等级秩序、阶层关系和阶层流动机制等方面都发生了深刻的变化：社会阶层结构复杂化，同一阶层内部也存在等级分化，阶层交往呈现封闭性特征，阶层结构存在一定程度的固化趋势。文化是人类精神活动的产物，中国社会阶层结构的分化为社会文化的多元化发展创造了主体条件。归属于同一阶层的人们由于社会资源占有上的相似性，在长期的生产生活实践中形成了具有阶层特色的阶层文化（这里笔者将"阶层文化"界定为能够彰显阶层成员的思维方式、行为模式和价值取向的文化符号的集合）。文化的分化不仅取决于阶层，社会亚文化也不仅意味着不同的阶层文化，但是如果从阶层分化的视角来考察社会文化的分化现象，那么在这一视域内我们可

---

① ［美］塞缪尔·P.亨廷顿：《变化社会中的政治秩序》，王冠华、刘为等译，生活·读书·新知三联书店1989年版，第30页。

以将社会亚文化理解为阶层文化。社会的阶层结构越复杂，意味着文化的主体构成越复杂，社会亚文化（阶层文化）也就越多样，文化的价值取向也就越多元。在阶层结构复杂化的条件下，阶层文化的构成也日益复杂，社会亚文化发展的多元化特征日益鲜明。值得注意的是，阶层文化的产生虽然以社会各阶层的客观存在为前提，但阶层文化形成之后却不是完全专属于其所依托的阶层。一些中层和基础阶层的人们很可能去关注、学习、选择社会上层的文化品位和形式，而部分社会上层的人们很可能对于原来被认为是庸俗的、难登大雅之堂的、本阶层之外的"异文化"持接受甚至欣赏的态度。尽管由于所拥有的社会资源的限制以及社会上层的人们有意运用特定的文化品位来拉大与中下阶层的文化距离以彰显身份和社会地位，尽管文化的边界依然存在，社会分层的背景下文化也不可能脱离阶层属性而独立发展，但人们对于文化的选择与偏好往往会跨越其自身所归属的社会阶层也是不可否认的客观事实。

社会文化环境是高校思想政治教育环境的重要组成部分。如前所述，从社会分层的视角来看，社会亚文化的多元化根源于社会利益主体构成的多元化。改革开放以来，社会主义市场经济的发展有力地促进了我国民众个体主体性的增强。利益主体构成的多元性与日益增强的个体主体性的结合，导致了一元文化一统天下局面的全面解体。国家集体利益至上的一元价值观受到自我价值认同等多元价值观的挑战。趋利性是市场经济的本质特性，社会主义市场经济也不能避免。这使得市场经济大潮中的人们的行为选择和对事物的价值判断，对个人、集体和国家政策的评价上，往往是以物质利益获取的多寡作为根本性的标准。这种情况极易造成人们为了物质利益而奔忙，却忘却了精神上的追求，导致了一部分人出现了精神危机。

因此，社会亚文化的发展一方面丰富了社会文化的内容，增强了文化主体的选择性；另一方面，多元价值取向的文化的碰撞与交锋，也必然会影响国家集体利益至上的中国特色社会主义文化。客观上，在一元价值导向的中国特色社会主义文化与多元价值取向的社会亚文化共同发展的文化环境中，高校思想政治教育客体和高校思想政治教育的一般主体（高校思想政治理论课教师和辅导员）都存在面临多种价值观时如何做出正确的取舍的问题。而如何在一个价值取向多元化的时代培养并增强大学生对于中国特色社会主义文化的价值认同，就成为高校思想政治教育必须解决的一项时代课题。

第六章

社会分层视域下高校思想政治教育的发展路径

　　科学、合理的高校思想政治教育的内容一方面要能够反映国家社会发展对于大学生的思想道德素质、政治素质和法制观念等方面的客观要求，另一方面也要能够体现、满足大学生自身成长、成才的客观需要。思想政治教育的内容作为连接教育主体与教育客体的纽带与桥梁，在具体表达上取决于高校思想政治教育工作者（高校思想政治教育的一般主体）的设计与编排，在基本框架上取决于党和政府（即思想政治教育的特殊主体）的导向与规约，而教材体系向教学体系转化的实际效果（即思想政治教育目标的实现程度）既与具体的思想政治教育环节是否完整具有直接的关系，又与高校思想政治教育一般主体的职业认同状况、宏观社会环境的影响密切关联。社会阶层结构的深刻变动要求党和政府、学校、思想政治理论课教师、辅导员必须对此及时地做出反应，采取行之有效的对策，合力推动高校思想政治教育的发展，保障、增强社会阶层结构复杂化大背景下高校思想政治教育的实效性。

第一节　加强高校思想政治教育工作者队伍建设

　　高校思想政治教育是大学生政治社会化的主渠道。作为高校思想政治教育的一般主体，高校思想政治理论课教师和辅导员是高校思想政治教育工作的具体承担者，是传播社会主导政治文化、提升大学生思想道德素质、政治素质、培育大学生法制观念的中坚力量。高校思想政治教育一般主体后续发展乏力，一方面将导致思想政治教育工作者队伍后继无人、从而使得高校思想政治教育面临可持续发展的危机，另一方面，职称等级较低、年龄较小的教师职业认同水平相对较低也不利于当前高校思想政治教育目标的实现。高校想政治教育工作者队伍的发展关系着思想政治教育的命运，吸引高质量的专业人才、提升教师和辅导员的职业认同、让他们愿意留在当前的岗位上安心工作是社会阶层结构复杂化的大背景下加强高校思想政治教育工作者队伍建设的当务之急。

一 深化高校教师工资制度改革

高校教师的工资水平直接决定了这一群体在社会经济分层中的位次。在劳动力自由流动的条件下，通过进一步深化高校工资制度改革来优化薪酬管理是高校吸引人才、留住人才，提升包括思想政治理论课教师在内的高校教师职业认同的关键手段。从我国高校现行的岗位绩效工资制度和教师的工资收入情况来看，笔者认为应从以下几个方面入手来深化高校工资制度改革。

一是通过提升高校教师工资收入的总体水平来提高教师薪酬的外部竞争力。市场经济条件下，工资收入的外部竞争力虽然不是从业者选择职业的唯一考虑因素，但却是关键性因素。高校教师薪酬的外部竞争力决定了高校在人才市场上吸引优秀人才的能力和高校留住人才、提高人才对教师职业认同度的实力。因此，通过提升高校教师的实际工资水平，提高高校教师工资水平的行业竞争力，对于高校思想政治理论课教师队伍建设，进而对于高校思想政治教育的可持续发展来说极其重要。

提高教师薪酬的外部竞争力客观上要求高校必须将劳动力市场状况纳入高校工资调整机制当中，即建立健全高校教师薪酬的市场化机制。各高校要在遵循国家和主管部门有关规定的大前提下，根据劳动力市场价格和高校教师的队伍建设需要来确定薪酬水平、制定适合自己的薪酬方案。当前，我国高校教师薪酬的市场化机制主要体现在高层次人才薪酬方案的制定上，有些高校在高端人才引进时甚至能做到薪酬水平的"一人一议"。这是当前高校为了争夺、引进高端人才制定的、针对特殊对象的特殊政策，说明高校在制定高层次人才（如学科领军人才、青年骨干教师等）薪酬方案时能够综合考虑市场因素、教师的职业特点和人才的个性化需求等方面的实际情况，并以此为依据来制定个性化的薪酬方案。需要指出的是，上述现象的存在并不意味着高校已经形成了一般性的、常态化的教师薪酬的市场化机制。实际上，虽然自2006年我国高校开始实行岗位绩效工资制度以来，高校教师的名义工资水平呈快速增长态势，但以购买力为衡量标准的高校教师的实际工资水平却并没有呈现同样的增长态势，并且与金融行业等高收入行业的工资水平差距越来越大。这表明我国高校现行的薪酬调整机制对于劳动力市场薪酬水平调整的响应还不够及时、不够迅速。而高层次人才在确定薪酬上的"一人一议"和高校薪酬水平调整与市场联系不够紧密的现象既不利于提升高校工资水平的外部竞争力，也不利于保障人才的长期稳定服务，甚至还可能因为高校依赖于高薪酬待遇竞价挖人才而引发对于高层次人才的无序竞争。面对高校之间以及高等教育行业与其他行业之间的激烈人才竞争，高校需要密切关注劳动力市场的薪酬动态，积极组织或参与行业内外的关于薪酬的各类调查，尽可能及时准确地获取劳动力市场的相关行业薪酬信息，并以此作为评价、确定本校薪酬水平和制定薪酬调节机制的重要参考依据。市场经济条件下，及时对劳动力市场的薪酬变化做出响应，建立健全薪酬调整的市场化机制是高校深化工资制度改革、提升高等教育行业薪酬水平的外部竞争力的必然要求。

二是通过优化薪酬结构完善岗位绩效工资制度。2006年开始推行高校工资制度改革以后，我国普通高等学校陆续采用了"岗位工资、薪级工资、基础性绩效工资、奖励性绩效工资"四位一体的教师薪酬结构，但各校之间无论是教师薪酬的总体水平还是构成教师薪酬的各个组成部分之间的比例以及不同职称等级之间的工资差距，都存在或大或小的差异。各高校在确定薪酬结构时要将教师的工作绩效与职位、职称级别、当地的经济发展水平结合起来。岗位工资、薪级工资、基础性绩效工资既要能够为教师生活提供基本保障，又要能够体现出教师的职称等级、岗位职责、及其在劳动力市场中的地位和层次（即知识的价值）。奖励性绩效工资的发放要以教师的教学任务、科研成果、学术成就为根本计算依据（各高校需要制定科学的量化指标体系，科学量化教师的教学、科研工作量），既要能够体现多劳多得，充分激发、调动广大教师的工作积极性，又要能够对教师的教学、科研工作起到正向的导向作用，避免功利化倾向。各高校应对奖励性绩效工资的资金来源和构成进行规范，制定出科学的管理办法，将奖励性绩效工资的资金纳入学校的财务系统进行集中管理以提高管理的透明度，同时下放给二级单位相对的自主分配权。

三是国家不仅要从政策和制度上规范高校工资制度改革，还要通过加大财政投入力度来为高校工资制度改革提供支持。我国的国家性质决定了社会主义大学的公益性和非营利性，来自中央和地方有关政府部门的财政拨款是我国普通高等学校运营的重要支撑。因此，国家不仅要通过出台相关的政策来规范和指导普通高等学校的工资方案制定，更要通过财政投入和制定保障机制来确保普通高等学校具备使教师的薪酬水平紧跟相关劳动力市场变化的实力和能力。徐谡主编的《高校人力资源管理》一书在论及当前我国高校教师薪酬福利及发展现状时指出，在高校目前实际的增资中，政府拨款仅仅占到五成至六成，剩余的经费缺口由高校自行解决。[①] 进一步加大中央和地方财政对于高等教育事业的支持力度，并通过政策进一步明确财政拨款的使用范围和比例以确保稳步提升教育经费在人员经费上的投资比例，对于提升高校教师的薪酬水平、使之与教师的知识价值相匹配具有前提性、基础性意义。

四是政府要为拓展高等教育经费来源提供政策支持和制度保障。近年来，随着我国高等教育事业的发展，一流的研究型大学已经成为我国开展科学研究的一支重要力量，承载了大量的科学研究和社会服务工作，高校的科研成果转化对于中国的经济社会发展发挥着越来越重要的促进作用。因此，出台相应的政策和制度，引导高校提升自主创收能力、鼓励校办产业发展、促进校企联合就成为市场经济条件下拓展高等院校的经费来源、促进高等教育事业发展的一条重要途径。

五是要使校领导、院系领导、高层次人才的绩效工资水平与教师平均绩效水平保持合理的比例，并适度降低"双肩挑"教师的行政职务补贴。高层次人才是决定高等院校核心竞争力的重要因素之一，对于高校的人才培养和学科建设具有重要影响，马克思主义理论学科的高层次人才亦是如此。当前，高校在制定高层次人才的薪酬政策时必须在灵活性的基础上坚持激励与约束并重、绩效奖励与岗位职责相统一、绩效优先兼顾整体公平的收入分配原则。对于研究型大学来说，上至校级领导、下至各二级学院院长，基本都是教授、博士生导师，同时又是各类人才计划的支持者，有些甚至是长江学者、院士，根据按劳分配的原则，高贡献值的人才理应获得较高的收入。因此，在我国高校中，上述人员的薪酬水平也一直处于薪酬金字塔的最顶端。适度拉开高层次人才与普通教师之间的薪酬差距，对

---

① 不同类型的高校获得的中央及地方财政的支持力度具有较大差距；相对于省属院校来说，部属高校、985院校、211院校获得的财政支持力度较大，科研经费中政府财政拨款的比例为60%—70%，甚至更高。参见徐谡主编《高校人力资源管理》，清华大学出版社2016年版，第170—176页。

于普通教师提升自身教学科研水平、对于提高骨干教师的工作积极性无疑具有良好的激励作用。但如果薪酬差距过大则容易引起一些低收入教师的不满，从而影响高校教师的内部和谐及整体的绩效。因此，建议合理控制高层次人才与普通教师绩效工资水平的差距，适度减少兼任行政职务的"双肩挑"教师的行政职务补贴。建议高层次人才的人均奖励性绩效工资水平不高于相同职称等级教师人均奖励性绩效工资水平的3倍，"双肩挑"教师的行政兼职补贴及因行政职务履职而获得的奖励性绩效工资不高于相同职称等级教师人均奖励性绩效工资的1.5倍。否则，在绩效工资总量不变的情况下，高层次人才、兼任行政职务的"双肩挑"教师的行政职务补贴过高将导致各高校特别是一流的研究型大学发放的绩效奖励高度集中到少数个人手中。根据绩效激励的"木桶原理"，这样的收入分配制度不但不利于提升教师的总体绩效水平，反而容易因内部分配失衡致使总体绩效水平降低。因此，高校为奖励性绩效工资设置上限是必要且重要的，但可以通过协议薪酬来保证高层次人才的薪资水平与其知识价值相匹配，并制定高层次科研成果的专项奖励制度，设置独立于一般教学、科研等绩效奖励之外的专项奖励基金。这样，既能够很好地贯彻按劳分配原则、体现公平与公正，又能够兼顾教师队伍的内部和谐、激励教师整体绩效的提升。

总体上看，社会阶层结构复杂化的大背景下，进一步深化高校工资制度改革，建立健全高校工资调整的市场化机制，使高校教师的薪酬水平能够与其知识价值相匹配，使高校教师的薪酬结构既能够体现出教师之间的学术地位、学术水平差距，又能够充分考虑到中低职称的教师、特别是青年教师的生活压力，不但对于高校思想政治理论课教师队伍建设来说极其必要，而且对于当前我国高校吸引人才、留住人才，让高校教师能够体面生活、安心教学、潜心做学术都是至关重要的。

二 加大对青年思想政治理论课教师的培养力度

青年思想政治理论课教师是高校思想政治教育工作者队伍的重要组成部分，是高校思想政治理论课教师队伍中的新鲜血液，加强对青年思想政治理论课教师的培养对于高校的思想政治教育工作者队伍建设、高校思想政治教育工作的可持续发展、思想政治教育学科的未来发展都具有重要意义。基于前面对思想政治理论课教师职业认同抽样调查的相关数据分析，笔者认为应该从以下几个方面加大对高校青年思想政治理论课教师的培养力度。

第一，健全青年教师的培养制度，为青年思想政治理论课教师的成长提供制度保障。从整体上看，包括青年思想政治理论课教师在内的青年教师在教育教学能力、科研能力等方面与具有多年从业经验的"老"教师还存在较大差距。因此，高校一方面要建立健全青年教师教学、科研能力培养的常态机制，把青年教师的专业化职业培训纳入学校的教师培训计划当中，精心设计专项培训内容和培训形式，特别是要从政策和制度层面加大对青年思想政治理论课教师参加各级别的专题培训、学术会议、教学观摩和访学研修的支持力度。另一方面，也要加大对青年教师科研项目的支持力度，建立健全青年教师科研项目申报指导制度与专项培育资金制度。高校可以根据实际情况组织各学科成立"青年教师项目申报指导委员会"，对于青年思想政治理论课教师来说，就是要成立"马克思主义理论学科青年教师项目申报指导委员会"，为青年思想政治理论课教师申报项目提供咨询和指导，并通过设置专项培育资金，以校级项目为起点，孵化"市级""省级"乃至"国家级"项目，为青年思想政治理论课教师的学术成长与职业生涯发展提供机会、搭建平台。此外，各校的马克思主义学院还可以根据青年思想政治理论课教师的实际需要，建立并贯彻落实一对一的"传帮带"制度。充分发挥在教学、科研上具有丰富经验和突出贡献的教师的引领示范作用，建立青年思想政治理论课教师导师制度，为青年教师的教学、科研能力提升以及职业生涯发展规划提供指导，从而使青年教师能够在提升职业能力的基础上坚定职业发展信心，提高青年教师的职业认同度。

第二，加大对高校青年思想政治理论课教师中的拔尖人才的培养和扶持力度。要制定和完善青年思想政治理论课教师拔尖人才的培养规划，根据青年拔尖人才的不同特点和实际需要加强针对性培养。比如学校可以通过改革职称评审制度对于在教学上表现优秀的教师适度降低职称晋升的科研成果标准，同时对于在科研上表现优秀的教师适度降低职称晋升的教学成果标准。除了积极响应国家号召，密切配合省级教育行政部门做好"优秀青年思想政治理论课教师择优支持计划"和"思想政治教育青年杰出人才支持计划"的立项工作，各高校的马克思主义学院还应优先安排教学和科研上具有突出表现的青年思想政治理论课教师进入学术梯队或优秀教学团队，在学校的教学改革项目和相关科研项目上予以政策倾斜，加大对这一群体教学和科研立项的支持力度，并优先推荐或安排其进入国家级、省部级的各种骨干教师培养平台，对他们进行有针对性的重点培养。

第三，支持青年思想政治理论课教师做好实地调研和交流考察活动。密切结合社会现实的思想政治理论课对于大学生来说更具有吸引力、说服力和影响力。青年思想政治理论课教师工作年限短，对于社会缺乏亲身体验，更需要通过社会调研和考察等方式加深对于社会的了解。高校的马克思主义学院应重视思想政治教育的实践性特征以及青年思想政治理论课教师全面成长的实际需要，鼓励青年思想政治理论课教师参加社会实践活动，同时在活动经费上予以一定额度的支持。马克思主义学院作为高校中承担思想政治理论课教学任务的二级学院，应定期组织青年思想政治理论课教师到城市社区、农村乡镇（特别是社会主义新农村建设中涌现出的典型）、工矿企业、社会服务机构、爱国主义基地和国防教育基地以及其他高校的马克思主义学院进行实地调研和考察活动。这不仅对于青年思想政治理论课教师开阔视野、深入了解国情社情，深化对中国特色社会主义的认识，以便在教育教学活动中更好地结合社会现实具有重要意义，而且可以增强青年教师的社会责任感和使命感，并为他们的学术研究提供社会现实材料，使学术研究与社会现实更为紧密地结合。另外，对其他高校马克思主义学院教育教学工作的实地调研和交流考察活动，有利于帮助青年教师在教学方面积累更多的经验、加快青年教师成长步伐。

第四，重视并加强对青年教师的人文关怀。人文关怀作为大学生思想政治教育工作的重要途径和方式，对于高校青年教师的思想政治教育工作来说同样重要。教育部在《关于加强和改进青年教师思想政治工作的若干意见》中强调，要关心解决青年教师实际困难、关注青年教师心理健康、搭建青年教师成长发展平台。这就要求学校及二级学院——马克思主义学院不仅要重视青年思想政治理论课教师的教学能力、学术研究能力等职业技能的提升，不仅要为他们的职业生涯发展搭建平台，还要关心、解决青年思想政治理论课教师在生活中的实际困难，关注这一青年教师群体的心理健康，这对于提升青年思想政治理论课教师的职业认同、促进这一群体职业发展具有极为重要的意义。如前所述，包括青年思想政治理论课教师在内的高校青年教师正处于职业生涯的起步阶段，这一阶段往往事业发展的压力更大，并且收入相对较低，使得青年教师在解决住房、子女入托或入学等问题时往往面临着一定的困扰。针对这种情况，高校要通过多种渠道主动听取青年教师的利益诉求，通过人事管理制度的不断完善和落实来帮助青年教师解决住房、子女入托入学等问题。比如可以适度延长提供给引进的应届博士毕业生的临时周转房的使用时间，或在不能提供临时周转房的情况下根据市场行情变化及时调整新入职的博士毕业生的住房补贴，等等。学校工会应建立相应的帮扶制度，帮助存在子女入托入学困难的青年教师解决现实困难。

青年思想政治理论课教师是高校青年教师队伍的重要组成部分，重视对青年教师的培养、提高青年教师的职业认同和职业能力，不仅对于高校思想政治理论课教师队伍建设具有重要意义，也是高校教师队伍建设的客观要求，关系着高等教育以及各学科建设的可持续发展。各高校应高度关注青年教师的成长，建立健全符合高等教育发展要求和青年教师成长特点的青年教师培养机制，加大青年教师培养力度。既要为青年教师教学、科研能力的提升搭建平台、创造条件，又要给予青年教师必要的人文关怀，帮助他们解决生活中的实际困难，使青年教师能够安心于学校的教学和科研工作，使高校的教师队伍能够保持良好的发展活力、具有发展的可持续性。

三 建立高校专职辅导员职业终身制

如前所述，高校辅导员是高校思想政治教育工作者队伍的重要组成部分，是学生工作的一支重要力量。他们的职业认同程度和自我实现程度如何，对于大学生思想政治教育的实效以及学生管理水平具有重要影响。鉴于高校辅导员职业认同现状以及辅导员工作的内容和特点，高校要在大力培育辅导员职业价值观的基础上，高度重视辅导员的职业生涯发展规划工作，积极探索高校专职辅导员职业终身制的途径，着力促进专职辅导员职业的终身制。

第一，大力培育高校辅导员职业价值观。辅导员职业价值观是关于辅导员职业的价值何在、如何充分发挥辅导员职业的价值、怎样评判辅导员职业的价值等一系列问题的基本观点。辅导员是否拥有正确的职业价值观，关系着辅导员的职业认同，不仅对于辅导员个人的职业发展具有重要影响，还直接影响着辅导员是否能够正确引领大学生的思想，影响着辅导员在大学生思想政治教育工作中的职能发挥（即影响实践中辅导员的职业价值创造），因此，高校必须注重对辅导员职业价值观的形成进行积极引导和培育。

其一，要积极帮助新入职辅导员充分了解辅导员职业角色、职业工作内容、工作职责及特点、福利待遇以及关于辅导员职业发展的政策文件等，让辅导员对于自己所从事的职业具有全面而正确的认知，从而帮助辅导员对自身所从事的职业进行科学定位。对于大学生来说，辅导员既有别于专职的思想政治理论课教师，又不同于学校的一般行政管理人员。他们既是大学生的教育者、管理者，又是大学生的知心朋友。科学定位辅导员职业角色，准确把握这一职业的工作内容、工作职责，是提升辅导员职业认同、充分发挥辅导员工作职能的基本前提。其二，引导辅导员对职业价值做出正确评价，增强辅导员职业价值感和使命意识。学校党委、各二级学院党总支要通过党课、职业培训、典型示范等多种方式和途径引导辅导员正确理解这一职业的价值与意义，使辅导员能够自觉地将自己的职业成长与大学生的成长、成才，与家庭的希望，与民族、国家的未来紧密联系在一起，从而增强自己的职业使命感和职业价值的自我认同度。其三，积极营造培育辅导员职业价值观的健康环境与良好氛围。高校辅导员职业价值观的培育除了需要辅导员自身主动提高职业认知水平、认知能力、评价能力，需要高校相关组织机构的积极推动，需要加大制度建设力度（教育部及下属各省级教育主管部门积极推动高校辅导员职业终身制的制度建设，这部分内容将在下面详细探讨）外，还需要良好的社会舆论环境和校园舆论环境的正向影响与熏陶。对于工作积极努力、表现优秀的辅导员，学校在予以一定的物质奖励的同时，也要予以相应的精神奖励，比如授予"标兵""先进人物"等荣誉称号。教育部、教育厅等各级教育主管部门在树立先进典型时也要注意挖掘高校辅导员中的先进典型。另外，学校及政府主管部门还要重视对辅导员先进事迹的宣传工作。要充分利用自己的门户网站、微信公众号等媒体平台对辅导员中的先进事迹进行报道，并与电视、报纸等媒体开展合作，对先进典型事迹进行宣传。总之，通过多方努力营造良好的校园舆论环境和社会舆论环境，有利于通过社会认同来促进辅导员的自我认同，有利于辅导员职业价值观的培育，高校和相关教育主管部门应予以足够的重视，采取多种途径、通过多种方式来做好这项工作。

第二，探索建立辅导员职业终身制的途径。实行高校辅导员职业的终身制对于增强辅导员的职业意志、坚定辅导员的职业信念、提升辅导员职业的稳定性具有重要意义，将有助于进一步提升高校辅导员的职业认同度，促进辅导员的职业发展，提高高校思想政治教育和学生工作的实效性。

建立并实行辅导员职业终身制的基础是高校辅导员工作的分工。高校要改变传统上对辅导员的"全能"要求。人的精力是有限的，辅导员也是术业有专攻。可以借鉴国外高校经验，根据学生的不同需求，将辅导员的工作分为课程辅导、心理辅导、政治与生活辅导和就业指导等几个大类。高校招聘辅导员要坚持工作内容与应聘者专业相匹配的原则，按具体工作内容招聘辅导员并将其分配到对应的岗位上。心理辅导员不限定在固定院系，归属于高校的大学生心理咨询中心，负责全校各年级学生的心理咨询与辅导工作。政治与生活辅导员依据各院系学生人数按比例配备，直接归属于各院系。学校应依据专业类型和各专业的学生人数为本科生配备相应数量的课程辅导员。课程辅导员由于具备相关的学历背景，再加上辅导员工作本身与学生接触较多的优势，可以更好地了解学生在学习上存在的问题和困难，能够在一定程度上为学生答疑解惑。对于自己解决不了的问题，可以定期集中反映给相关的专业课教师，由教师解答后再经由辅导员反馈给大学生。对于高等代数、计算机等具有全校性质的公共基础课来说，由于班型大、学生在学习中存在的问题又相对较多，课程辅导员的设立尤为重要，他们的课下工作可以与教师的课上工作形成互补，帮助教师将教学工作做得更好。本科生课程辅导员的聘用可以参考当前部分高校正在实行的兼职辅导员制度，从各校在读硕士、博士研究生中选拔聘任，这些兼职辅导员既具备该专业的基础知识储备，又不会受制于学校的辅导员岗位编制限制，并可以节约大量的人力资源成本。日常学生管理主要由政治与生活辅导员负责，心理辅导员辅助，课程辅导员紧密配合政治与生活辅导员的工作。就业辅导员可以按照各院系的学生规模按一定比例配置，承担各院系的《大学生职业生涯规划》课程的教学工作，并负责所在院系的大学本科四年级学生的就业指导工作。由于人员编制等因素所限，不具备单独设置就业辅导员岗位条件的高校，就业辅导员可以由各院系的政治与生活辅导员兼任，将辅导员所承担的教学工作量纳入绩效性奖励工资的计算范围。

研究生阶段的教育是导师负责制的教育，并且处于这一阶段的学生学习目标更为明确、思想更为成熟、考虑问题更为全面、自主学习能力更强，因此不需要配备课程辅导员和就业辅导员，但学校仍然需要根据具体的学生规模为各院系的不同年级学生配备相应数量的政治与生活辅导员。

建立高校辅导员职业终身制的关键，是要彻底改变辅导员与学校机关行政人员之间、辅导员与辅导员之间按聘期进行轮换的岗位轮换制度，同时建立起辅导员职业的职称晋升制度，使辅导员享有同教师和学校机关的行政管理岗位工作人员一样的职称晋升机会及职称晋升后的待遇。当前，我国高校辅导员晋升到科级辅导员后转到其他岗位或博士毕业后转到教师岗位是比较普遍的现象，甚至有些辅导员在这个岗位上只干满一个聘期就转到其他岗位。一方面是辅导员行政级别的晋升存在障碍（处级辅导员是极其个别的现象，一般高校都没有处级辅导员），另一方面是辅导员职称等级晋升（德育系列）与其工资收入水平没有直接的关系，比如副教授职称的科级辅导员依然拿科级行政岗的工资，其结果就是已经成长起来的、经验丰富的科级辅导员一般随着年龄的增长基本最终都会选择转岗晋升。因此，多年来辅导员队伍的稳定性较差，永远缺少成熟的、经验丰富的专业化辅导员。对于各种不同类型、不同编制性质的高等院校来说，推动高校辅导员制度的变革，实行专职辅导员职业的终身制可比照高校的教学科研系列专业技术岗位级别设立初级辅导员、中级辅导员和副高级辅导员、正高级辅导员等专业技术职称，不同等级的专职辅导员的工资水平可以在综合衡量不同岗位级别的教师与行政管理岗位人员的工资、辅导员工作特点的基础上确定。推动高校专职辅导员职业的终身制作为高校人事制度的变革牵扯面广，既涉及对于当前在岗辅导员的专业化在职培训，使其适应制度变革的需要，也涉及辅导员招聘条件的改变和招聘制度的完善；既需要各级教育主管部门以及高校的上级主管部门的大力推动与支持，比如在编制设置和财政投入上的支持、出台相应的政策文件、为高校辅导员制度的变革创造条件和提供指导等，也需要高校自身的积极配合、贯彻落实。

从长远来看，高校辅导员队伍的健康发展，必须彻底改变当前高校实行的辅导员与辅导员之间、辅导员与学校机关行政人员按聘期进行轮换的岗位轮换制度，通过培育辅导员职业价值观和制定、落实相关政策文件，积极探索实行高校专职辅导员职业终身制的有效途径，为高校辅导员的职业生涯发展提供一条既切实可行又具有美好前景的路线。这对于坚定辅导员的职业意志和职业信念、提升辅导员队伍的整体稳定性、使辅导员能安于本职工作、提高工作效能从而提升高校思想政治教育的实效性具有极为重要的意义。

四 充实高校思想政治理论课教师队伍

首先，高校的领导层面必须要给予思想政治教育工作以足够的重视，充分考虑到思想政治教育的重要性和特殊性，在思想政治理论课教师招聘的过程中要灵活把握高校的进人条件。比如当前一般省属和部属普通高等学校都将应聘人员本科必须毕业于985院校、211院校列入教师招聘条件，对于不满足该项要求的应聘博士生坚决拒之门外，无论该应聘者其他方面条件如何。但由于我国马克思主义理论学科设立时间相对较短、博士研究生的毕业人数难以满足马克思主义理论学科发展和思想政治理论课教学的实际需要，高校在招聘思想政治理论课教师的过程中如果坚持这项教师招聘条件，各校激烈竞争的结果就是在经济和科研条件等综合实力居于弱势的高校可能陷入无人问津的窘境。因此，高校招聘思想政治理论课教师的条件应该具有一定的选择性和灵活性。对于"出身"不符合学校规定条件的应聘者，如果科研能力特别强（比如攻读博士期间以独立或以第一作者的身份在马克思主义学科或相关学科领域的CSSCI来源期刊上发表3篇及以上学术论文或在《光明日报》《人民日报》上以独立或以第一作者身份发表一篇及以上理论文章等）并且试讲过程中在语言表达、讲课内容的逻辑性、课程环节设置等方面能够达到作为一名思想政治理论课教师的要求即可视为满足应聘条件。各高校可以根据实际情况列出具有可选择性的若干招聘条件，应聘者只要满足其中的一项或几项即可。灵活的招聘条件将有助于解决目前我国高校马克思主义学院教师普遍存在的编制"闲置"现象，尽快充实高校思想政治理论课教师队伍。

其次，除了在教师招聘中要不拘一格选聘人才，各高校还要严格按师生比不低于1∶350的比例来设置马克思主义学院教师的编制，加快配齐思想政治理论课专职教师队伍。自各高校马克思主义学院相继成立以来，经过持续的师资建设，高校思想政治理论课专职教师队伍也在不断扩大，但目前的师资配备仍然普遍低于1∶350的水平，教师即使采用合班（一般20—30人为一个自然班，四个以上自然班合成一个大班）上课的方式，教学任务依然十分繁重。因此，教师为了完成繁重的教学任务，往往无暇顾及个人职业素质的全面提升，也无法给学生以思想政治教育所必须的人文关怀。当前马克思主义学院教师教学工作量普遍过大、制约教师综合素质提高、影响思想政治教育人文关怀的现象，一方面是因为教师招聘条件的灵活性差导致"新人"引进困难，因此造成现有编制的"闲置"现象；另一方面也是因为一些高校马克思主义学院教师编制不足，学校没有严格按照教育部关于"高校思想政治理论课教学要按照师生比不低于1∶350的比例设置专职教师岗位"的要求来设置马克思主义学院的教师编制。因此，高校不仅要通过灵活的招聘条件将能够满足教学与科研要求的应聘者补充到思想政治理论课的教师队伍当中，还要积极贯彻落实中央文件要求，解决当前马克思主义学院教师编制不足的问题，从而为进一步扩充思想政治理论课教师队伍提供保障，为科学安排思想政治理论课教师工作量，使教师能够有时间提升自身的综合素质和学科交叉能力、加大对学生的人文关怀力度、完善思想政治教育环节创造条件。

第二节 做实思想政治教育基础性工作

思想政治教育基础性工作是"教育者确定教育目标，选择、确定教育内容和方法，评估教学效果以及为完成这些工作而获得信息并对相关信息进行统计和分析的工作"[①]。就目前高校思想政治教育的现实情况来看，充分重视对与思想政治教育有关的一切信息的把握、了解和搜集、统计分析工作，做好调查研究工作，是思想政治教育基础性工作的重中之重，是完善思想政治教育环节的关键。如前所述，"思想政治教育过程是一种有目的的活动过程……是教育者和受教育者借助一定的教育手段和方式进行互动，实现思想政治教育目的的过程，也就是通过教育，使受教育者在思想道德上逐渐达到社会要求的过程"[②]。这是一个充满矛盾的过程，就高校的思想政治教育过程来看，这些矛盾主要包括：作为教育主体的教师、辅导员的要求与作为接受主体的学生的需要之间的矛盾；教育目标价值导向的一元化与教育对象价值取向的多元化之间的矛盾；思想政治理论课教

[①] 张志荣、薛忠义：《思想政治教育基础性工作研究》，《湖北社会科学》2012年第9期。
[②] 陈万柏、张耀灿主编：《思想政治教育学原理》，华中师范大学出版社2009年版，第107页。

学效果评估方法的标准化与学生思想实际的复杂性之间的矛盾；思想政治教育的相对理想化倾向与社会现实之间的矛盾；学生作为教育客体的多样性与相对规范化、单一化的教学环节设计及内容安排、方法选择之间的矛盾，等等。这些矛盾能否解决、或在多大程度上解决直接关系着高校思想政治教育的实效。笔者认为，这些矛盾最终能否得到有效解决与调查研究工作的开展情况直接相关。相应地，只有处理好以下四个方面的问题，高校的思想政治教育基础性工作才能富有成效地开展：一是调查研究在思想政治教育中的定位问题；二是调查研究在高校思想政治教育中如何开展问题；三是调查研究运用的主体条件问题；四是调查研究运用的制度保障问题。

一 准确定位调查研究在思想政治教育中的地位

教育者以受教育者为目标群体所做的调查研究工作是思想政治教育工作者开展一切工作的前提，是思想政治教育工作的首要环节，同时也是思想政治教育工作能够紧跟形势发展需要，结合学生的思想政治状况实际、重新确定教育目标、设置教育内容、选择教育方式和方法，不断在更高水平开展的中介环节（如图6.1所示）。

马克思主义共性与个性关系原理告诉我们，认识和把握事物虽然离不开共性的指导，但首先必须从活生生的个性出发，只有尊重个性、尊重具体实际才能正确认识和把握事物的性质和属性。虽然思想政治教育工作的方法因其自身特征和教育的特点而具有一般性，思想政治教育的目标导向由于居于主导地位的社会政治思想和政治价值取向的规定也必然具有一致性和共性，但其具体内容的设置和方法的选择及确定必须建立在对不同的教育对象的实际情况特别是政治素质的现实状况进行充分的了解和把握的基础上。为了实现共性的教育目标而选择个性化的教育方法和针对个性要求的教育内容是思想政治教育工作特别是当前高校思想政治理论课提高实效性的根本出路。只有在了解个性的前提下才能做到尊重个性，就高校思想政治教育工作的实际情况来看，只有做好充分的调查研究工作，才能了解学生的个体差异，在思想政治教育开展过程中才可能充分照顾到个体差异性，从而增强思想政治教育的针对性、提升高校思想政治理论课的教学实效性。因此，可以说调查研究工作是高校思想政治教育工作者有效开展其他一切工作的前提，在思想政治教育工作中必然是居于第一位的、首要

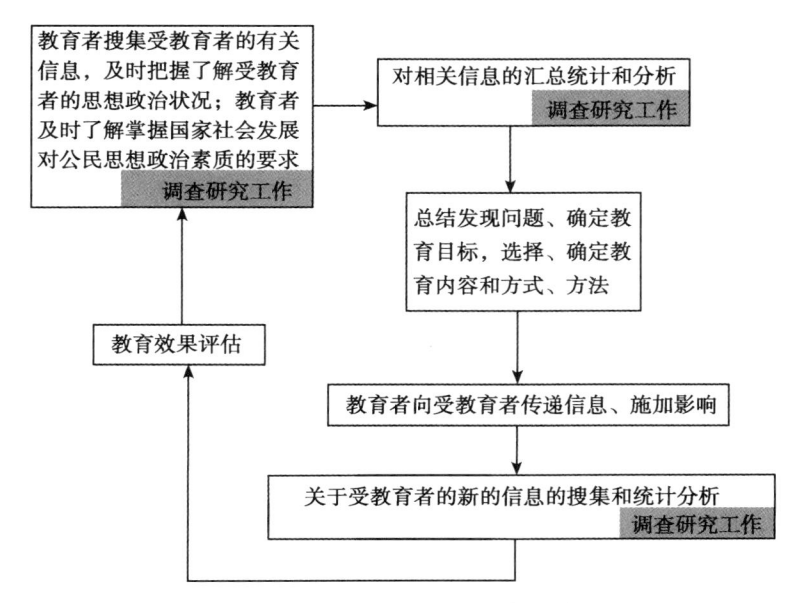

```
┌─────────────────────┐      ┌──────────────────────┐
│ 教育者搜集受教育者的有关 │      │ 对相关信息的汇总统计和分析 │
│ 信息，及时把握了解受教育 │─────▶│      调查研究工作       │
│ 者的思想政治状况；教育者 │      └──────────┬───────────┘
│ 及时了解掌握国家社会发展 │                 │
│ 对公民思想政治素质的要求 │                 ▼
│      调查研究工作       │      ┌──────────────────────┐
└──────────▲──────────┘      │ 总结发现问题、确定教    │
           │                  │ 育目标，选择、确定教    │
┌──────────┴──────────┐      │ 育内容和方式、方法      │
│      教育效果评估     │      └──────────┬───────────┘
└──────────▲──────────┘                 │
           │                             ▼
           │                  ┌──────────────────────┐
           │                  │ 教育者向受教育者传递信息、施加影响 │
           │                  └──────────┬───────────┘
           │                             │
           │                             ▼
           │                  ┌──────────────────────┐
           └──────────────────│ 关于受教育者的新的信息的搜集和统计分析 │
                              │      调查研究工作       │
                              └──────────────────────┘
```

图 6.1　思想政治教育过程

的环节，是思想政治教育基础性工作的核心。

同时，思想政治教育工作要紧跟形势发展需要，不断在更高水平开展，从而更好地为经济社会发展服务，就必须在巩固以往成果的基础上有进一步的提高和创新，以应对形势发展的挑战。这就要求思想政治教育工作在解决当前问题的同时在教育目标的设定及其对教育对象施加的在政治态度塑造、政治价值取向形成等方面的影响上又要具有前瞻性，而对以往的思想政治教育工作的总结、评估，以及在此基础上发现新问题和新动向是推动当前思想政治教育工作在更高水平开展的客观要求。对以往思想政治教育工作的总结和评估的根本依据就是对经历了上一个教育过程之后的受教育者的新一轮的调查研究工作的结果。从这个角度来看，调查研究及相关的统计分析工作又是推动思想政治教育工作不断在更高水平上开展的中介环节。

二　科学开展调查研究工作

笔者认为这涉及两个方面的问题：一是调查研究工作应该什么时候做的问题，二是调查研究工作应该由谁来做的问题。

根据图 6.1 对思想政治教育过程的解析，从整体上看，在高校的思想政治教育工作中，调查研究及相关的统计分析工作既是一个教育过程开始的起点，同时也是一个教育过程结束的标志，如果将思想政治教育视为一个不断循环的动态过程，那么，调查研究即介于具体的教育教学活动[①]开始之前和结束之后的中间环节。因此，广泛、深入的调查研究工作应在具体的教育教学活动开始之前和一个教育教学过程结束之后展开。因为大范围的调查研究工作（即使是抽样调查）需要耗费大量成本，既需要调查者时间上的付出，也需要一定的资金支持。一些常用的数据收集方法，如问卷调查、电话调查、面对面的访谈等均是如此，所以在实际的思想政治教育过程中，这种大范围的调查研究工作不可能频繁地、周期性地开展。但这不意味着在具体的教育教学活动中不能进行调查研究工作，相反地，客观事实是思想政治教育工作者必须时刻留意受教育者的反应，即信息流动过程中作为受体的教育对象对于信息接收和解读的实际情况，并以此为依据及时调整教育内容、选择更为适合受教育者的方式方法，以便收到更好的教育效果。这就要求高校思想政治教育的一般主体能够切实领悟思想政治教育过程是一个教育者与受教育者互动的过程，充分尊重受教育者在教育教学工作中的主体性，积极创造条件与学生交流互动，在交流互动过程中细心观察、认真体会，从而及时得到受教育者接收教育者发出的信息后的反馈情况，发现问题、总结经验、及时调整教育内容。可能还需要变更教育的方式和途径，以充分尊重受教育者的个体差异性、尊重其作为现实的人所具有的主体性，提高思想政治教育的效能。

  以大学生为目标群体的调查研究工作对于提高思想政治教育的实效性至关重要，但这一工作要由谁来做呢？笔者认为，这要取决于具体的调查研究工作发生的时段。在思想政治理论课教学过程中，教师始终是课堂的主导者，一般而言，在课堂教学过程中，只有教师和学生，其他思想政治教育工作者（特别是高校辅导员）是不会介入课堂教学的。因此，这时候的调查研究工作必须由教师承担，教师需要在具体的教学活动中创造条件、灵活运用不同的教学方式方法来与学生交流和互动，并在交流互动中观察、留意学生的反应，以及时把握教育信息传递出去之后，作为信息传递的受体——学生解读和接受信息的实际情况，从而对教学内容、方式、

---

  ① 如确定教育内容、设计课程教学环节、选择传递教育内容的方式方法、评估教育活动开展的效果，等等。

方法等及时做出调整,增强思想政治教育的"适应性",保证教师能够在教学过程中始终处于主动状态。

在思想政治理论课的课堂教学活动之外,相应的调查研究工作的承担者就不能仅仅局限于教师了。一方面,教师要保证课堂教学的质量、提升自身职业素养,不可能有充足的时间和精力来承担全部的、繁重的调查研究工作;另一方面,高校的思想政治教育工作者也不仅仅是教师,还包括相当数量的辅导员。对学生进行思想政治教育是高校辅导员工作的重要内容,从辅导员的工作性质来看,与学生接触更为频繁,情感上与学生更近,因此,也更适合做课堂之外的相关调查研究工作。综合看来,在高校的思想政治教育工作中,教师和辅导员应共同承担起相关的调查研究工作,两者应相互配合,当然这需要平台的支撑、需要制度的保障,这一问题,我们会在后面继续讨论。

三 提高高校教师和辅导员的综合素质

我们所探讨的调查研究工作实质上是社会学中的社会调查与统计方法在思想政治教育中的具体运用。在高校思想政治教育的过程中,思想政治理论课教师与辅导员的角色是多元的,不仅是教育方案的实施者,同时也是教育方案的制订者和评估者。由于方案的制订、评估以及人文关怀的需要,教师和辅导员又需要承担相关的调查研究工作,这就要求教师和辅导员必须具备社会学、统计学和心理学的相关知识,特别是掌握一定的社会调查及统计分析方法。教师和辅导员知识结构的多元化,是调查研究工作得以顺利开展、思想政治教育实效性得以提升的必要主体条件。

辅导员由于其自身的培养方式所限,不可能具备相关的知识储备,而从事思想政治理论课教学的教师,特别是中青年教师,虽然均毕业于马克思主义理论及相关学科,从其接受教育期间所就读专业的本科课程设置上来看,也充分体现了其学科交叉性强的特点。比如在很多高校心理学、社会学、社会调查与统计、哲学等课程都被列入思想政治教育及相关专业的必修课范畴,但毕竟这一阶段的教育更多地倾向于基础知识传授,而缺乏对学生的实践技能的训练,随后的研究生阶段的教育由于培养经费及研究方向等多方因素的影响则又趋向于对专业理论知识的深入学习。因此,从教师的培养过程来看,思想政治理论课教师综合运用相关学科知识开展调查研究工作的能力也相对较弱。鉴于以上情况,一方面,学校及马克思主义学院要将心理学、社会学、社会调查与统计等课程列为教师与辅导员职业培训的"必修课",有计划地在职业培训中提升思想政治理论课教师与辅导员的综合运用相关学科知识开展调查研究工作的能力。另一方面,高校思想政治理论课教师和辅导员也要有提升自身综合素质,特别是运用相关学科知识开展本职工作的自觉意识和积极行动。

四 推进调查研究工作开展的制度化

如前所述,当前学术界关于高校思想政治教育的理论研究有余、实证研究严重不足的现象客观上反映了教育教学工作中对于调查研究工作的忽视,这种现象已经成为影响思想政治教育针对性和思想政治理论课教学实效、制约其向更高水平发展的瓶颈。从制度保障入手促进调查研究工作在思想政治教育过程中的常态化对于提高思想政治教育的实效、促进思想政治教育目标的实现具有重要的现实意义。

一方面,学校应通过相应的制度安排,规定和鼓励学生工作部(或学生处)和承担思想政治理论课教学任务的二级单位(马克思主义学院)联合定期开展关于大学生思想政治教育的调查研究工作。只有通过问卷调查、个别访谈、参与学生活动等多种形式,认真做好调查研究工作,获得相关信息并对其进行整理和分析,才可能掌握真实反映学生思想状况的第一手材料,并且在了解学生的心理需求的同时,形成相应的理论成果,为学术研究和学科建设夯实基础、提供参考,同时也为增强教育教学工作的针对性提供依据和指导。要建立起思想政治教育工作者与学生沟通和交流的长效机制。学校在师资力量允许的前提下要规定并鼓励思想政治教育工作者特别是辅导员通过与学生个别交流,召开小范围会议,甚至网上谈心的形式,全方位了解学生情况,形成固定的工作制度,使这项工作成为思想政治理论课教师和辅导员的一项基本工作内容。总体上看,要保证高校思想政治教育的实效性,教师和辅导员需要做大量的调查研究工作,这不仅需要时间和精力的投入,还需要一定的经费支持。因此,高校及其下属的马克思主义学院不仅要通过思想政治教育工作者队伍建设为调查研究创造主体条件,还要设置专项资金,按年度为调查研究工作的开展提供持续的资金支持。

另一方面,高校要制定详细的、科学的工作量计算指标体系,将辅导员、思想政治理论课教师基于思想政治教育工作需要所做的上述工作合理量化，计入年度工作量当中，作为发放奖励性绩效工资的一项基本依据，以鼓励思想政治理论课教师和辅导员经常开展针对学生思想、学习、生活状况的抽样调查，使思想政治理论课教师和辅导员能够更加及时、准确地把握学生的思想动态和学习、生活的现实状况，在完善思想政治教育环节的同时推动思想政治教育向更高水平发展。高校要通过制定科学的工作量考核与评价机制，使思想政治理论课教师和辅导员不仅能够完成学校规定的教学科研任务和学生的日常教育管理工作，还能够有充裕的时间来提升职业素养，提高学科交叉能力。高校要在不断加大师资建设投入、充实思想政治理论课教师队伍的基础上，积极推行中班上课、小班研学讨论的教学模式。长期以来，高校思想政治理论课的班型过大给思想政治理论课教师带来了沉重的负担。课堂人数过多，不利于教师在课堂上与学生进行充分的互动，教师的关注无法覆盖到每一个学生。教师在课堂上已经竭尽全力，但仍然有相当多的学生游离于教师的视野之外，特别是那些坐在教室后排的学生。教师在课堂上无法与学生充分的互动，必然导致教师不能及时、深入地了解学生的思想状况、关注点以及那些使他们困惑、不解的问题，不利于教师有的放矢，进而通过提出问题、回答问题的形式来引领课堂、激活课堂氛围，不利于提高思想政治理论课的吸引力和实效性。

教师人数不足，可以大班上课，但可能会导致部分教师因教学工作任务繁重、压力大，希望少上课；教师规模足够大了，也可能出现教师为了获得更多的奖励性绩效工资而要求缩小班型多上课的情况。通过制定科学的教学工作量考核机制，比如设置教学绩效奖励的上限，规定教师必须完成学校规定的基本教学工作量否则扣减相应的基础性绩效工资，等等。通过这样的制度安排，一方面可以保证教师能够完成其所应当承担的基本教学任务，另一方面，也能够引导教师在绩效激励面前理性安排自己的教学任务。

第三节　做好教材体系向教学体系的转化工作

思想政治理论课是高校思想政治教育的主渠道，教材内容是高校思想政治理论课的基本内容，相对于具体的、针对性强的教学体系来说，教材体系是高校思想政治教育的一般的、规范化的介体，教材体系向教学体系的转化是高校思想政治理论课顺利开展的客观要求。从阶层结构复杂化条件下高校思想政治教育所面临的问题来看，当前思想政治理论课教材体系向教学体系转化的过程中要着力做好以下四个方面的工作：坚持社会主义核心价值体系的主线方向、推进落实高校思想政治教育的实践教学环节、完善高校思想政治理论课教学评价制度、着力构建人文表达模式。

一 坚持社会主义核心价值体系的主线方向

社会主义核心价值体系是社会主义意识形态的核心内容和最重要的组成部分，作为引领大学生成长成才的根本指针，社会主义核心价值体系是思想政治教育过程中必须抓牢的主线和始终坚持的根本原则。思想政治教育可以采用不同的载体、可以有不同的内容（介体）、可以通过多样化的方式进行，对于学生可以有层次化的目标要求，但在总体的目标导向上必须与社会主义核心价值体系保持方向的一致性。

要抓牢社会主义核心价值体系这条主线，以价值导向的一元性统领价值取向的多样性，有两个问题是必须解决的。其一，如何应对、处理好教材体系的庞杂性问题。由思想政治教育的学科特点和思想政治教育的目标所决定，教材作为高校思想政治教育的"规范化"介体，其内容本身是非常庞杂的（涉及政治学、哲学、经济学、社会学、伦理学等多学科的知识）。将内容如此庞杂的"规范化"介体转化为针对具体教育对象的、"特殊"的介体并传递给教育对象，思想政治理论课教师必须要有自觉的"整体"意识和"全局"意识，始终坚持社会主义核心价值体系不动摇。要将教材体系与学生的实际情况结合起来，将社会主义核心价值体系贯穿于设计、编排教学体系的始终，用社会主义核心价值体系这条主线串联起教学体系各部分的具体内容。因此，做好教材体系向教学体系的转化工作，处理好教材体系庞杂的知识，要求思想政治理论课教师不仅要具备扎实的马克思主义理论功底和一定量的相关学科知识储备，还要有融会贯通的能力，将教材体系转化为以社会主义核心价值观为主线的教学体系。

其二，如何用好反面案例材料、处理好反面案例材料与社会主义核心价值体系的矛盾性的问题。思想政治教育过程实质上就是教育者向教育对象传递信息、施加影响的过程。信息的传递即流动，是信息的存在形式，从信息本身的特点看，信息必须附着于一定的载体之上才能实现其流动。载体选择的恰当与否直接决定了信息流动的效能。从思想政治教育的角度看，这个效能就是作为教育者其教育目标的实现程度，就是作为受教育者即信息流动过程中的受体（大学生）对信息的解读和接受程度。思想政治教育的案例材料来源于现实生活，聚焦于社会热点，能够有效提升学生的关注度，而受教育者对于信息本身的兴趣和关注是其自觉解读和接受信息的必要前提。同时，案例材料又能够将社会主导政治文化、教育者的教育目标寓于具体、真实的事例之中，通过事例展示来引导教育对象对相关问题能动地进行思考、判断、得出结论，能够充分调动、激发大学生的能动性，并且避免由"说教"式教学引发逆反心理，从而起到"和风细雨、润物无声"的效果。对于思想政治理论课来说，真实、具体、密切联系学生实际和社会热点的案例材料较之于单纯的理论说教、知识灌输往往具有更强的感染性，从而能够在有效吸引学生关注、激发学生情感共鸣的基础上实现思想政治教育的一般目标。因此，案例材料是思想政治教育中不可或缺的重要载体。

在信息化社会，身处相对开放的大学校园并拥有相当的自主时间的大学生对于外部世界的感知更迅速、所受影响因素更复杂。大学教育，尤其是针对大学生的思想政治教育必须与社会相对接，才能让学生在情感上接受、在理性上认同，有鉴于此，高校思想政治教育必须在立足于现实的社会生活环境的基础上开展。来自不同社会阶层家庭的大学生对于所生活的社会具有不同的关注点和观察视角，从这些关注点和观察视角出发，学生们看到的往往只是这个社会的一个个侧面，但这些侧面的组合却构成了一个完整的社会。因此，针对大学生的成长规律和错综复杂的社会环境（详见本书第五章第四节），思想政治理论课教学过程中运用的案例材料要在尊重现实、尊重规律的基础上，合理选择、合理搭配正反两方面的案例材料：要用正面的材料鼓舞学生，激发思想共鸣；要用反面的事例教育学生，发人深省。唯有如此，才能有效避免强加给学生一个片面的、理想化的社会印象或带给学生一个"糟糕"的、问题重重而又前途渺茫的社会印象。在尊重现实的基础上还原给学生一个真实的、全面的社会，教育、引导学生全面地认识各种社会现象和问题，并学会如何正确地分析问题，这是阶层结构复杂化背景下，思想政治理论课教师在运用案例材料、把教材体系转化为教学体系的过程中尤其需要注意的。人为地净化环境实际上无异于将教育对象从完整的、现实的社会中剥离出来，以假定这些教育对象生活在同样的社会环境当中作为思想政治教育的前提，必将导致教学体系与现实社会和学生的实际脱节。因此，作为一名思想政治理论课教师，要始终牢记立足于现实基础上的教育才是可行的，与社会相衔接的教育才能实现为社会发展培养合格政治人的教育目标。

基于以上原因，在实际教学过程中，正反两个方面的材料都要运用才能收到较为理想的教学效果，但其必要前提是对于两方面材料的合理运用。那么要怎样才能做到在运用正反两方面材料的过程中始终抓牢社会主义核心价值体系这条主线，以保障信息传递的方向性呢？一个客观事实是反面事例本身无疑是与社会主义核心价值体系相背离的，运用反面事例意在通过展现真实的社会消除教育理想化的负面效应，同时通过对反面事例的深刻剖析帮助学生正确认识社会问题，并培养学生理论联系实际分析问题的能力。但必须注意的是，不是所有的学生都能够自发地通过反面事例得出教育者所期望得出的结论，因为在信息传递过程中，不同的受体对于同一编码的解读存在差异是完全可能的。因此，反面事例展示之后，教师对案例材料本身的评论以及引导学生对相关问题的思考是必不可少的。也就是说，鉴于个体差异性客观存在的事实，教师必须引导学生正确地"译码"（对于信息的解读），以保障信息传递过程中不偏离社会主义核心价值体系的主线方向。在设计、编排教学体系的过程中，思想政治理论课教师对学生可能提出的问题、对学生在认识和分析反面事例的过程中可能出现的偏差要有一定的预期并准备好应对之策，这是教材体系向教学体系转化中的一项重要任务，思想政治理论课教师对此要有高度的自觉意识。

二 推进落实高校思想政治教育的实践教学环节

实践教学作为高校思想政治理论课课程建设的一个重要部分，是教学过程中不可或缺的重要环节。自"05方案"实施以来，教育部开始大力推进高校思想政治教育课程建设，高校思想政治理论课的实践教学有了一定的发展。为了进一步加强普通高等学校思想政治理论课的课程建设，2015年，中宣部、教育部印发了《普通高校思想政治理论课建设体系创新计划》，强调各高校要"坚持理论与实际相结合，注重发挥实践环节的育人功能,创新推动学生实践教学和教师实践研修"①,要"努力强化实践教学,建设与课堂教学相互促进的思想政治理论课第二课堂教学体系"②。地方各级教育主管部门和高校要认真贯彻执行中央关于高校思想政治理论课建设的通知要求,将思想政治理论课的实践教学做实、做好。

第一,正确理解思想政治理论课实践教学,处理好实践教学与课堂上的理论教学之间的关系。从思想政治理论课日常的开展来看,实践教学往往指向课堂理论讲授之外的教学活动。思想政治理论课实践教学在本质上仍然是一种教学活动,只不过是一种具有实践形式和应用性的教学活动。高校思想政治理论课实践教学形式本身具有多样性和层次性,比如社会实践、基地教育、阅读实践、校园文化建设、研究实践、情景再现、案例教学等都是高校思想政治教育实践教学的具体形式。不同的实践教学形式角度不同、层次不同,但都是承载思想政治教育内容的具体形式。实践教学的直接策划者、组织者、实施者必须是高校思想政治理论课教师或辅导员,也就是说教师或辅导员一定是实践教学的主导者,学生还不具备自行主导实践教学活动的能力和自觉性。当然,我们在高度重视、推进落实实践教学的同时,也要清醒地认识到实践教学毕竟只是思想政治理论课教学的一种形式,是高校思想政治教育工作的一个组成部分。实践教学固然重要,但不等于实践教学可以高于或取代课堂的理论教学。在高校思想政治理论课教学中,理论教学与实践教学互相支持,理论教学注重理论知识的传递,提升学生的马克思主义理论素养,教育引导学生客观理性地认识和评价社会现象和问题,为实践教学提供理论基础;实践教学更贴近社会现实,更能激发出大学生的课程参与的积极性、主动性,并且能够更好地帮助大学生观察和了解社会,加深对理论的理解和认同程度。

第二,完善保障机制,推进思想政治理论课实践教学的落实。首先,高校应充分重视实践教学在思想政治理论课教学中的重要地位,认真贯彻教育部关于思想政治理论课实践教学的文件要求,积极推动思想政治理论课的实践教学的落实,完善思想政治理论课实践教学的保障机制。应将实践教学学时列入整体教学计划,规定合理的学时和学分,并严格执行培养

---

① 《中央宣传部 教育部关于印发〈普通高校思想政治理论课建设体系创新计划〉的通知》,教育部网站,http://www.moe.gov.cn/srcsite/A13/moe_772/201508/t20150811_199379.html。

② 同上。

计划，在学期课表中明确体现出思想政治理论课实践教学的学时，在教学大纲中标明实践教学的具体内容、目标、方式和要求。其次，高校应进一步完善体制，形成学校主管领导、宣传部、教务处、学生工作处、马克思主义学院等多主体密切合作的常态化的协同联动工作机制，共同组织运作思想政治理论课的实践教学。高校本科生人数众多，单靠思想政治理论课教师和辅导员的努力难以完成实践教学任务，需要多部门联动协同工作，相互配合，对实践教学活动进行总体规划、科学指导并且监督到位。要多部门联动充分挖掘、不断扩充思想政治理论课实践教学资源，建立并拓展校内外的思想政治理论课社会实践基地。应严格按照中央有关要求，通过加强学校层面的制度建设，为实践教学提供专项资金和场所等方面的支持，确保思想政治理论课实践教学的落实。

第三，要加强对高校思想政治理论课实践教学的规范化管理，避免随意性，提升实践教学的实效性。一是要加强思想政治理论课实践教学的整体规划与设计，合理设置实践教学的班级规模，分类细化教学环节，统筹规划不同的思想政治理论课的实践教学内容。二是要出台具体措施，推进思想政治理论课实践教学的规范化运作。比如要求相关任课教师和辅导员必须制定思想政治理论课实践教学的年度计划，思想政治理论课教师和辅导员必须亲身参与、指导实践教学的全过程，建立长线的、动态的、多样化的实践教学考评方式，完善实践教学考评体系，将提高组织开展实践教学的胜任力列入思想政治理论课教师和辅导员培训的基本内容，等等。

实践是思想政治教育的重要载体形式。在思想政治理论课实践教学中，实践活动所承载的思想政治教育信息能够更为鲜活地呈现在教育对象面前，对教育对象的情感和思想的影响更直接、更深刻。高等学校、马克思主义学院、思想政治理论课教师及辅导员要通力合作，做实思想政治理论课的实践教学，从理论与实践两个方面做好教材体系向教学体系的转化工作。

三　完善高校思想政治理论课教学评价制度

高校思想政治理论课教学质量评价是高校思想政治教育工作的重要组成部分。从评价的对象上来看，它涉及对学校的教学管理、师资配置、课程建设、教材编写、教学过程、教师的教学水平、学生的学习态度和学习成效、对教学评价的再评价等多个方面。本书中提出的"高校思想政治理论课的教学评价"是指对高校思想政治理论课任课教师的教学活动的评价，它只是思想政治理论课教学质量评价工作的一部分。但由于这项工作对任课教师在教学中的能动性、创造性，对任课教师的授课内容、方式方法所具有特殊的激励和导向作用，故而对思想政治理论课教材体系向教学体系的转化具有直接影响。如前所述，"以学校为主"的教学评价制度既难以对教师的教学活动做出客观、准确的评价，也不利于教材体系向教学体系的有效转化。而在社会阶层结构复杂化、大学生作为教育客体、接受主体的主体性不断增强的条件下，忽视客体的多样性与主体性的、"以学校为主"的教学评价制度对于高校思想政治教育的上述负面影响将进一步放大。因此，在坚持教育者在思想政治教育中的主导地位的前提下，以充分尊重教育客体的多样性与主体性为基本思路，完善高校思想政治理论课教学评价制度，对于以教学评价为参考和引导进一步做好教材体系向教学体系的转化工作、不断提高教师的职业素养和职业能力无疑具有重要意义。

一是要推进教学评价制度改革，全面建立"三级"评价制度——校级评价、院级评价和学生评价相结合的教学评价制度。高校的教学评价制度是教学管理的重要组成部分，在教学质量监控中起着不可替代的重要作用。

一级评价是校级教学评价。为了确保教学评价的质量，高校要从根本上改变当前校级评价的"外行听内行"制度，校级评价的主体——学校的督导组教师应由具有多年教学经验的思想政治理论课教师组成。各高校可以结合自身情况从马克思主义学院现任专职教师或离退休教师中选拔督导教师组建教学督导组，与同一地区的其他高校之间联合组建高校思想政治理论课教学督导中心，由教学督导中心根据马克思主义理论学科建设中关于人才培养的总体目标要求、思想政治教育的学科特点以及高校思想政治教育的具体目标制定统一的思想政治理论课教学评价指标体系，各校之间采取交叉听课的方式，根据教学督导中心制定的各项教学评价指标进行交互教学评价。

二级评价是院级评价，即由马克思学院自己组建教学督导组对思想政治理论课教学进行评价。督导组组长一般应由学院的教学院长担任，督导组成员可由教研室主任和本学院在教学方面表现突出的教学骨干组成。二级教学督导可以直接依据各校联合组建的教学督导中心制定的评价指标体系对本院教师的思想政治理论课教学进行评价，也可以结合实际情况进一步细化一级督导中使用的各项评价指标。建立二级督导的目的在于弥补一级督导由于运作成本相对较高、不能对思想政治理论课教学进行全过程监控、评价和指导的不足。各校的二级督导组从组长到成员均来自本校的马克思主义学院，因此，二级督导相对于一级督导来说其运作成本低、职能发挥更具灵活性。

三级评价是学生评价，即由学生作为评价主体对思想政治理论课教师的教学进行评价。"思想政治理论课教育教学的实效性是体现在思想政治理论课教育教学活动的价值属性，是思想政治理论课教育教学在满足大学生的思想成长需要、实现他们的人生目标方面所表现出的积极特性。按照传统方面的理解，思政课的实效性实质上就是对思政课教学结果的考察。"[1] 从这一角度来看，对于思想政治理论课教师教学水平和能力的评价、对于教学质量监控的核心内容应是思想政治理论课的说服力和感染力，即作为教育教学对象的大学生对于教师教学内容的认同度、对于教师的教育教学方法的满意度。因此，大学生作为高校思想政治理论课教学的对象，在对教师的教学评价方面拥有无可辩驳的发言权。赋予学生教学评价的权利，是对高校思想政治教育客体的多样性与主体性发展的尊重，相对于学校评价和学院评价而言，作为思想政治理论课的授课对象，学生对于教师的教学方式、方法的满意度及意见和建议，对于教师授课内容的满意度、认同度及意见和建议对于教师改进思想政治理论课教学、提高思想政治理论课教学质量具有更为直接的参考和导向意义。

二是要合理设置各级教学评价的权重。作为教学管理和质量监控的重要手段，校级教学评价和院级教学评价的目的不仅在于对思想政治理论课教师的教学能力作出客观、准确的评估，还在于要"以评价促提升"，即为教师进一步提高教学能力、改进教学方式方法、优化教学内容设计提供指导。对于高校思想政治理论课教师来说，被业内同行听课和评价的过程既是接受监督的过程，也是接受指导和学习、提升的过程。特别是学校之间的交叉听课，无异于教师的跨校交流，对于教学评价的主客体双方来说都是很好的学习机会。因此，虽然校级评价忽视了教育客体的能动性与多样性，但只要权重分配合理，不把校级评价置于决定教师教学水平高低的绝对优势地位，就能够充分发挥其对于提升教师的教学水平进而提高思想政治理论课教学的实效性具有的积极作用。院级评价相对于校级评价来说

---

[1] 房玫：《思想政治理论教育教学导论》，安徽人民出版社2005年版，第189页。

成本低、运作灵活，既可以弥补校级教学评价无法经常开展的不足，又能够为学院教师提供经常性的指导和帮助，尤其是对于青年思想政治理论课教师而言，院级听课及评价制度能够为青年教师的快速成长创造良好的条件。但由于学院教师之间彼此熟识，在教学评价中如果院级教学评价权重过大，以至于能够决定教师教学能力的评价等级，则可能导致评价结果缺乏客观性或影响同事之间的关系和谐。因此，尽管院级评价很重要，但不宜赋予过高权重。鉴于作为教育客体、接受主体的大学生在思想政治教育过程中所具有主体性以及高校思想政治教育的目标，应赋予学生评价与校级评价同等的权重。建议各级教学评价的权重系数如下：校级评价权重系数设为0.45，院级评价权重系数设为0.10，学生评价权重系数设为0.45。这样的权重系数分配可以在坚持校级评价与学生评价两者并重的同时，又为院级评价职能的发挥保留了一定空间。

三是要科学建构教学评价指标体系（即教学活动评价指标体系）。科学的教学评价指标体系是科学的教学活动评价的基本前提。高校思想政治理论课教学评价指标体系是一个为评价四门本科生思想政治教育公共基础课而构建的指标集合，这一指标集合是思想政治理论课教学质量评价指标体系的一个重要组成部分。它的构建是一个围绕思想政治理论课教育教学活动考察配置各项评价指标的过程。基于以往的教学经验及对相关教学评价制度考察的结果，笔者认为，应将下列指标列为高校思想政治理论课教学活动评价的基础指标（见表6.1）。校级教学评价和院级教学评价可以结合自身实际需要进一步补充和细化。比如可以通过设置课程的总学时数、章节教学学时分配、课堂规模等教学指标来测评课程安排，等等。

表6.1　高校思想政治理论课教学活动评价的基础指标体系

测评对象	测评内容	主要指标
思想政治理论课教学活动	教学准备	1. 教案质量 2. 多媒体课件及质量 3. 教学案例及质量
	教材使用	1. 教材使用版本
	教学内容（教学体系）	1. 教学内容是否符合教学目标要求 2. 教学内容的逻辑结构与学时安排是否合理 3. 教学内容是否突出重点 4. 对于教学难点讲解是否清晰、透彻
	教学方式方法	1. 教学方法与教学内容是否匹配 2. 实践教学开展情况 3. 是否灵活运用多种教学方法

续表

测评对象	测评内容	主要指标
思想政治理论课教学活动	教学目标	1. 对教学目标的把握、理解、定位是否准确
	教师职业素质和职业能力	1. 思想政治素质 2. 马克思主义理论素养 3. 逻辑思维与语言表达能力 4. 教学组织能力 5. 教学热情与精神状态

随着互联网技术的发展及移动终端的普及和应用,越来越多的高校开始将网上评教作为学生评教的基本途径。高等学校本科生人数较多,而网上评教操作简单、成本低廉、便于统计,因此比较适合学生进行教学评价。学生在规定时间内登录所在学校的教务处网站,进入网上评教页面对学期内给自己上思想政治理论课的教师的教学活动进行评价。学生网上评价的各项指标由所在学校制定,主要围绕学生对教师教学内容的接受、认同程度,对教师教学方式方法的满意程度以及教师职业素养和职业能力评价三大方面来设置基础评价指标。为了确保学生教学评价的客观、公正,学生的网上评教均采用匿名形式。当前,关于学生的网上评教有两点需要改进:一是上面提到的需要增加学生教学评价的权重,并且赋予学生评价与校级评价同等大小的权重系数;二是及时将学生评价结果反馈给任课教师。

从 2014 年以来"社会分层对高校思想政治教育影响的实证研究"课题组对 35 所高校的教学评价制度的考察结果表明,已经实行学生网上评教的高校一般不会将学生的教学评价结果及具体评价信息反馈给教师,只会在学期末或年终反馈给教师一个最终的教学评价结果(分数)。个别学校是老师主动找教务处相关人员询问,才会获得一部分学生的具体评价信息,而不去询问则没有权限看到学生对自己的教学评价。任课教师没有权限查看学生评价的具体信息是当前高校普遍存在的现象。对于高校思想政治理论课教师来说,无法获得学生评价的具体信息,即意味着教师无法通过学生评价了解学生对于思想政治理论课教学内容的接受、认同程度,以及对于当前教学体系、教学方式方法的意见、看法和要求,从而直接影响教材体系向教学体系的转化工作,也使教师失去了一条自我评价与自我提升的重要途径。因此,各高校在积极开展网上学生评教的同时,还要通过采取增加学生评价权重、向任课教师开放查询学生评价具体信息的权限等措施积极改进学生评价的运作模式，使学生评价能够充分发挥其应有的职能。

四 着力建构人文表达模式

基于思想政治教育视野下的人文关怀，是对教育对象的主体性地位和个性差异的尊重。思想政治教育中的人文关怀以关心人丰富多样的个体需求、关注人的现实生存状态为立足点，以引领和提升人们的精神生存状态为根本目标指向。而主观层面的价值目标要取得客观层面的实效，必须借助于实践活动本身，思想政治教育者的人文关怀总要借助于语言、行为活动等"有形"的东西作用于教育对象。人文表达是教育者为了有效地达到思想政治教育的目的而运用的、以对教育对象的人格尊严和个体价值的尊重为基本特征的工作方式（信息传递方式）的总称。人文表达是人文关怀的实践层面，是人文关怀的价值取向的外化，是思想政治教育的教材体系转化为教学体系的重要途径。人文关怀只有通过人文表达才能实现其目标，发挥其价值引领功能，思想政治教育的内容经过人文表达的途径才更容易被教育对象接受。在高校思想政治教育中，教育对象的多样性和不断成长的主体性以及教育任务的艰巨性都对思想政治教育者的"人文表达"提出了较高的要求。教育者是否能够审时度势，娴熟地通过"人文表达"去开展工作，在很大程度上决定了思想政治教育的实际效果。依据思想政治教育工作的本质、目的及其特殊性建构思想政治教育的"人文表达"模式对思想政治教育教材体系向教学体系的有效转化具有重要的现实意义。

第一，以主体主导下的主客体之间平等的交往实践为"人文表达"的基本形式。主体（教育者）的主导是指主体对思想政治教育内容和过程在方向上的总体控制和把握，主体的主导不能抹杀或无视客体的主体性。只有在明确受教育者的主体地位、充分尊重受教育者的人格发展、尊重受教育者的合理需求和个性发展，把思想政治教育与人的自由、幸福和终极价值联系起来的基础上，与受教育者进行平等对话、交往，才能唤醒和激发蕴藏在受教育者身上的自主本性，思想政治教育才能成为受教育者的内在要求。因此，交往实践是思想政治教育"人文表达"的基本形式。在思想政治教育活动中，教育者与教育对象通过平等的交往实现各自的需要。思想政治教育的"人文表达"是通过在教育者与受教育者这两个平等主体之间的交往实践来实现的。在这样的交往实践中，教育者要尊重教育对象作为接受主体的主体地位，坚持思想政治教育"以人为本"的价值取向，教育对象也要尊重教育者在思想政治教育中的主导地位。

第二，以情感互动为"人文表达"的根本依托。"人文表达"是"人文关怀"的实践层面，建立在教育者与受教育者之间良好的情感互动基础之上的"人文表达"既是"人文关怀"的题中应有之义，也是"人文关怀"从精神性、主观性转向物质性、客观性的根本依托。思想政治教育客体的特殊性决定了思想政治教育者与教育对象之间必须建立起良好的关系，营造平等、民主、和谐的氛围。可以说，良好的人际情感互动是思想政治教育工作有效开展的基本前提，是最能够体现"人文关怀"的"人文表达"途径和条件。良好的人际情感互动的建立，有助于在思想政治教育过程中引导和帮助教育对象自主地做出合理的判断和选择，充分发挥教育对象在思想政治教育过程中的主体性。以情感互动作为"人文表达"的根本依托，在实质上是通过建立人际关系而达到思想政治教育的预期目标。而教育者只有以理解、同感、关心的态度对待教育对象，才可能与教育对象建立良好的人际情感互动，进而为思想政治教育的教材体系向教学体系的有效转化创造条件。

第三，以思想政治教育艺术为"人文表达"的内在支撑。所谓思想政治教育艺术，是指"教育者为了有效地达到思想政治教育的目的而创造性地运用具有感染力的教育技能和技巧的总和。它是思想政治教育者的学识、才能、智慧、品格、经验、胆识和灵感的综合体现"[①]。思想政治教育的"人文表达"效果在很大程度上取决于教育者对于思想政治教育艺术的掌握程度。比如教育者运用语言的艺术、选择时机的艺术、选择突破口的艺术、把握适度的艺术，等等。在一定意义上，思想政治教育又是一种艺术性的活动。

如前所述，作为教育人、引导人的活动，思想政治教育是教育者与受教育者的互动过程，为了实现二者之间的良性互动，达到思想政治教育的预期效果，教育者必须仔细分析教育对象的处境和双方互动的情景，巧妙设计教育活动方案，精心安排每一次活动，机智地应对教育过程中各种可

---

① 陈万柏、张耀灿主编：《思想政治教育学原理》，华中师范大学出版社2009年版，第191页。

能突发的情况和问题。语言、场景、活动、大众传播媒介甚至是思想政治教育的管理都可能成为思想政治教育"人文表达"的载体，而对于这些载体的艺术化处理和运用的熟练程度则极大地影响着思想政治教育"人文表达"的实际效果。因此，教育者对于思想政治教育艺术的把握是思想政治教育"人文表达"的内在支撑。

第四节　加大对社会环境影响的控制力度

高校思想政治教育一般主体在开展思想政治教育过程中，既要立足于现实的社会环境、避免思想政治教育与社会环境相脱节，又要加大对社会环境影响的控制力度，在尽可能降低社会环境对高校思想政治教育负面影响的同时，提高社会环境对高校思想政治教育目标实现的正向促进作用。

一　消解贫富差距的负面效应

改革开放以来，中国社会贫富差距的扩大深刻影响着社会大众的思想、行为乃至社会生活的方方面面。这是大学生生活、成长的社会经济环境，也是高校思想政治教育的宏观经济背景。鉴于辉煌的经济发展成就与较大的贫富差距并存的现象很可能会给大学生的学习动机与学习行为、人生观、价值观、以及心理健康和政治认同带来一系列的负面影响，采取有效措施抑制、消解贫富差距的负面效应，对于高校思想政治教育的目标实现来说无疑具有基础性意义。

第一，强化经济发展形势教育。教育、引导大学生全面、客观、理性地认识当代中国社会分层的现状，帮助学生理解社会贫富分化的原因及其暂时性。贫富差距是社会经济分层最为直观的表现形式，是经济发展不平衡、不充分的结果。中国经济发展的不充分的根本原因是生产力不发达，然而经济发展不平衡的原因却是多方面的——既有自然条件的影响，也有历史因素、文化传统的作用，还与新中国成立以来的国家政策和社会经济体制有直接的关系。对于普通百姓来说，感受最深的是贫富差距所带来的现实体验，更容易观察到的是社会贫富差距的各种表现形式，那些隐藏于现象、感受背后的原因则往往被忽视了。其结果就是人们往往倾向于从自身的感受和利益得失出发来评判、分析当前中国经济发展的不平衡以及社会的阶层分化，因此也就容易导致仇富心理、不患寡而患不均观念的滋生和蔓延，以及价值观的冲突。个别贫穷者将自己的贫穷归咎于社会，认为自己的贫穷是富人和中产者"强加"给自己的，"消灭""让"自己贫穷的人，或者让中产者、富人、国家来帮助自己，才是摆脱贫穷的唯一出路。因为认为面临悬殊的贫富差距，仅靠个人努力是改变不了自身命运的，所以他们仇视中产者特别是仇视富裕者，并且不愿再努力，甚至对社会发展道路和社会制度产生质疑。而部分富人和中产阶层则认为，自己今天的地位和财富是自己努力的结果，社会给了大家足够的机会，只是有些人自己能力不强、努力程度不够。如果上述观念在社会蔓延开来，则意味着整个社会的矛盾加剧，将严重影响社会稳定。

高校思想政治教育不仅要让大学生深刻理解社会阶层分化特别是贫富差距产生的原因，还要着重让学生认识到阶层分化既是社会发展到一定阶段的必然产物，它的出现给社会发展增添了新的活力，有效激活了人的发展潜能，促进了社会整体向上进取的社会竞争意识与竞争机制的形成；也要让学生理解贫富差距现象的存在是暂时的，是正处在社会主义初级阶段的中国在经济发展过程中的阶段性产物，但社会主义中国最终将要消除两极分化、实现共同富裕，这是社会主义市场经济同资本主义市场经济的本质区别。虽然人们归属的阶层不同、在利益诉求上存在着或大或小的差异，甚至可能存在一定程度的矛盾，但一个和谐稳定、共同富裕的社会始终是各阶层群众的共同愿望。要讲清楚党的十八届五中全会提出的五大发展理念、特别是"共享发展"对于中国发展全局具有的重大意义。要让学生清楚地了解到党和政府对于收入分化问题的高度关注，在《形势与政策》课当中对于那些调整收入分配的政策以及其他意在不断缩小贫富差距、逐步形成合理的利益分配格局的宏观调控手段的出台和实施要进行重点讲解。总体上看，对于来自各阶层的大学生来说，都要进一步加强形势与政策教育、基本国情教育，特别是要加强党的十八届五中全会提出的"新发展理念"的宣传和教育，使学生在立足我国国情的基础上，能够自觉结合党的方针政策来深刻理解党的"协调""共享"等新发展理念，正确看待当前的贫富差距，并坚定实现共同富裕的信心。

第二，要充分利用思想政治教育基础性工作的成果，强化差异化教育，并坚持把思想政治教育与帮助学生解决实际问题结合起来。社会分层的种种表现形式特别是经济生活中的贫富差异现象很可能导致大学生对思想政治教育产生不同的情感体验和心理感受，使得来自不同阶层家庭的大学生对思想政治教育形成不同的认知、不同程度的价值认同以及接纳态度。面对社会阶层结构复杂化环境中成长起来的差异化教育客体，要充分利用思想政治教育基础性工作成果，强化差异化教育、有的放矢地开展教育教学工作，这是社会发展对高校思想政治教育提出的客观要求。

基于本书第五章当中对社会阶层结构复杂化背景下高校思想政治教育客体多样性的分析，在人生观方面，对于来自社会上层家庭的大学生需要加强人生目的、人生态度的引导和教育，以帮助这部分学生做好人生规划，激励他们自强自立、拼搏进取，引领、教育他们科学地面对人生的顺境与逆境。针对个别来自富裕家庭大学生的炫富行为要及时教育，引导其树立正确的消费观和金钱观，帮助其树立正确的人生价值观，鼓励他们勤学奋进，并为他们体验生活、深入了解社会创造条件、搭建平台、提供机会，进而引导学生感受自身的存在价值及劳动活动的社会意义。对来自基础阶层家庭和中间阶层家庭的大学生要加强人生价值教育，引导、教育他们正确地看待物质价值与精神价值、自我价值与社会价值的关系，帮助他们正确认识和把握衡量人生价值的根本尺度。

在政治认同方面，相对于来自其他两个阶层的大学生来说，中间阶层家庭的大学生更需要加强制度认同和意识形态认同教育。高校思想政治教育要特别加强对这部分学生的马克思主义理论教育，从而进一步坚定这些学生对中国特色社会主义理论、中国特色社会主义制度的信心，进一步坚定他们对于走中国特色社会主义道路的信心。对于来自社会基础阶层家庭的大学生来说，则需要进一步加强社会主义民主政治制度教育，以帮助学生更为全面、深刻地理解当前我国的根本政治制度和基本政治制度，以及在立足中国实际的基础上更为深刻地理解公民政治权利，从而进一步提升这部分大学生对于中国特色社会主义政治制度的认同感。"如果没有利益的保障，政治认同便丧失了基本的纽带；而同时如果没有利益的驱动，政治认同亦失去其基本的动力。"[1] 部分出身于贫困家庭的大学生，因其家庭在社会资源占有特别是社会经济资源占有中的弱势地位，在学习、生活、就业中遭遇的困难相对多些，往往容易产生被剥夺感和不公平感，甚至对自己的未来丧失信心、对社会主导价值观产生质疑、理想信念发生动

---

[1] 梁丽萍：《政治认同的理论发展》，《浙江学刊》2012年第1期。

摇。针对这种现象，要坚持思想政治教育与解决实际问题相结合的原则，以帮助学生解决实际困难作为加强意识形态教育的一个基本切入点，切实帮助以贫困生为重点的各阶层大学生解决学习生活、个人发展中所遇到的问题与困难，让他们真实地感受到党和政府的关心，认识到党和政府为缩小贫富差距、促进社会公平公正所采取的现实举措，进而增强大学生对党和政府的情感认同、制度认同和政策认同。

针对近年来大学生心理问题频发的现象，要加大对学生心理健康状况的关注力度，将提升学生的自我教育能力、自我心理调适能力作为高校思想政治教育的一项基本内容。高校思想政治理论课教师和辅导员要与负责大学生心理健康教育或心理健康咨询工作的专业教师（或心理辅导员）相互配合，针对发现的问题，要及时疏导、教育，注重培育学生自立、自强的优良品格，帮助学生提高自我心理调适能力，使学生在个人志向确立与实践的过程中能够以积极的心态面对社会和人生，能够以"平常心"看待成功与失败、顺境与逆境，最终达到一种心理的满意与愉悦，增强学生的自我认同感、家庭责任感和社会使命感。

第三，培育良好的学风、教风和校风，以健康向上的校园文化抵制社会经济分层的负面效应。健康向上的校园文化环境是隐性思想政治教育的重要载体，对大学生思想政治教育工作能够起到春风化雨、润物无声的作用。通过举办学术交流会、研讨会、学术讲座、演讲比赛、红歌会、经典阅读等活动，结合公益活动以及勤工俭学、社会服务等各种实践活动，营造勤学奋进的校园文化氛围，倡导勤俭节约的校园风气，抵制相互攀比、嫌贫爱富等不良风气的侵蚀，降低（消除）由于社会阶层分化特别是社会主义市场经济发展过程中逐渐拉大的贫富差距对大学生人生观、价值观形成所产生的负面影响。

二 降低政治参与不均衡的消极影响

中国的社会阶层分化始于20世纪80年代，自20世纪90年代中后期以来社会阶层结构开始逐渐稳定，人们的阶层归属意识逐渐增强，家庭文化及家庭成员行为的阶层特征也日益鲜明。当代大学生出生、成长于这样的大环境中，其原生家庭中家庭成员及与之交往密切的亲朋好友的政治认知、政治情感、政治动机、政治行为以直接或间接的方式影响、塑造着大学生的思想认识、价值认同和行为方式，使他们面对社会政治生活呈现出不同的心理反应，对于社会政治生活中同一现象或问题可能做出不同的判断和评价，这是影响高校思想政治教育的先在性因素。如前所述，社会主义民主政治不断发展的大环境中由利益格局的多元化导致的政治权利主体结构的复杂化以及来自不同阶层的政治权利主体政治参与的不均衡可能对大学生产生的负面影响不容忽视。高校思想政治教育要自觉将弱化、消除各不同阶层政治影响力的不平衡发展经由家庭对于大学生所产生的负面影响作为自身的一项重要任务，积极主动地应对社会阶层结构复杂化背景下社会主义民主政治的发展给高校思想政治教育提出的这个新课题。

第一，在思想政治理论课教学中加强对社会主义民主政治发展历程、发展条件的阐释，让学生在全面、准确地把握当前中国社会主义民主政治发展状况的基础上形成对社会主义民主政治及其发展的阶段性和条件性的正确认知，这是提升大学生的政治认同、增强执政党和政府的政治合法性的重要基础性工作。在高等教育阶段，对于一种社会现象或问题学生更需要的是在"知其然"基础上的"知其所以然"，相对于接受、认同一个被告知的结论，他们更倾向于通过自己的思考做出判断和评价。社会主义民主政治的建设和发展总是在一定的社会历史条件下进行的，受社会历史条件的制约。社会主义初级阶段的基本国情，决定了中国社会主义民主政治建设一定是一个长期的过程。社会主义民主政治的发展不可能一蹴而就，既需要经济发展的基础性、保障性作用，又需要党和政府立足于中国社会发展实际做好顶层设计，自上而下地不断推动社会主义民主政治制度的改革，还需要不断提升公民的政治素质为社会主义民主政治的发展创造主体条件。即使面对同样的制度安排，由于政治权利主体的经济条件、政治素质的差距，以及他们在政治认知、政治情感、政治参与意识等方面的差异，其参与社会政治生活的程度和效能也一定会存在或大或小的差异，在宏观上就表现为利益格局多元化条件下不同阶层的政治权利主体政治参与的不均衡，不同阶层在社会政治生活中呈现出不同的影响力。在思想政治理论课中加强对社会主义民主政治发展历程、发展条件的阐述，引导学生正确地看待中国社会主义民主政治的发展现状、特别是不同阶层的政治权利主体政治参与不均衡的现象，将有助于提高大学生的政治认知水平，引导一些学生摒弃对于参与社会政治生活的无力感和冷漠态度，增强他们对于社会主义民主政治发展的信心、提升他们的政治认同进而巩固党和政府的政治合法性基础。

第二，在提高大学生政治认知水平的基础上，强化政治情感培养力度，为政治认同的形成奠定坚实的感情基础。政治情感是政治主体在政治生活中对政治体系、政治活动、政治事件和政治人物等所产生的内心体验和感受，是伴随人的政治认知过程所形成的对各种政治客体的好恶、爱憎感、美丑感、亲疏感等心理反应的统称，它是政治认同的感情基础。社会成员对于一定的社会政治体系的认同是建立在认为它能够维护自身权利和利益、实现自己的政治理想的基础之上的，其对应的政治情感应该是社会成员对该政治体系的喜欢、拥戴、爱和亲近。大学生还没有真正步入社会，社会阅历浅薄，也欠缺政治生活经验，即使具备了一定的政治理论知识，联系实际分析社会现象的能力也还存在很大不足，其政治认同受到情绪、情感、好恶等非理性因素的影响相当明显。因此，即使在高等教育阶段，政治情感培养仍然不能放松。

面对在社会主义民主政治不断发展的条件下各阶层政治参与不均衡、在社会政治生活中的话语权和影响力所呈现的分化现象，高校思想政治教育要在提高大学生政治认知水平的基础上，以实践教学为基本途径强化对学生政治情感的培养。可以将各阶层中一些具有高度代表性的群体（如农民工群体、企业高管、教师、文艺工作者等）的政治参与事例列为案例教学的一项基本内容，帮助学生更好地了解社会各阶层政治参与的实际情况，使学生们通过实际的事例体会到党和政府为扩大公民政治参与、促进社会公平公正、消除各阶层政治参与不均衡现象所做的努力及取得的成效，引导学生的政治情感正向发展。各高校还可以结合本地实际情况有计划地组织学生到农村的村委会、城市居民委员会等进行调研活动，为学生能够深入社会了解各阶层政治参与的实际状况、体会社会主义民主政治的发展创造条件、搭建平台。要通过富有成效的实践教学强化政治情感的培养力度，使学生对我国当前的社会政治体系产生喜欢、拥戴、爱和亲近的情感，降低、消除部分学生由于各阶层政治参与不均衡而产生的被剥夺感和不公正感或基于其家庭阶层归属而产生的政治优越感。总之，要通过加强政治情感的培养，有效防止学生产生对社会政治的抵触、冷漠情感或政治动机、政治行为上的急功近利。

第三，培育公共意识，强化学生的整体意识、合作意识。当前，我国的社会阶层结构复杂，各阶层利益诉求和思想观念混杂，利益上的冲突和矛盾不可避免，而各阶层政治参与的不均衡、在社会政治生活中影响力的差异，在激发竞争意识的同时也往往会弱化合作意识、整体意识。这容易导致各阶层政治权利主体在利益面前重个人、轻整体甚至是只见个人、不见整体，从而激化社会矛盾，弱化社会成员的政治认同，削弱社会政治体系的政治合法性基础，影响社会稳定和发展。因此，社会阶层结构复杂化、社会各阶层政治参与不均衡的条件下，高校思想政治教育更应该重视大学生公共意识培育，教育、引导学生正确认识个体与整体之间的关系，不仅要重视个人利益，也要重视政治社群的利益，将自己视为一个与他人相互联系在一起的整体中的一员。

在思想政治教育工作中，培育公共意识是一项非常复杂的、具有整体性的教育工程，尤其需要理论教学与实践教学相互配合，要求高校思想政治教育要真正做到与学生学习生活、与社会实践相衔接，在学校生活、社会生活的实践中增强学生的合作意识、整体意识，引导学生正确地看待和处理整体与个体的关系。相对于理论教育来说，实践教学为将学生培养为具备公共意识的公民提供了感受、体验和成长的机会和平台，使"虚"的理论落到"实"的践行，能够有效提升、巩固和强化理论教育的实效。做好这项工作，要求高校思想政治教育工作者必须高度重视学生党支部、高校学生社团的管理和建设工作，充分发挥高校学生党组织和学生社团在思想政治教育中的特殊职能。

高校学生党组织是党在学生中的战斗堡垒，学生党员特别是学生党员干部要有高度的党员意识、先锋意识；不仅要有高度自觉的整体意识、整体观念，处理好个人利益与整体利益之间的关系，以身作则，为普通同学树立榜样，更要有效发挥桥梁和纽带作用，关心爱护普通同学，依托于党组织，积极帮助同学解决学习、生活中的困难和问题，使同学感受到生活在集体中的温暖，增强党组织的向心力。学生社团是学生自愿结成的群众性文化、艺术或学术团体，没有年级、专业甚至学校的界限，由具有相同、相近兴趣爱好的学生组成。高校学生社团是活跃校园氛围、提高学生自治能力、丰富课余生活、交流思想、增进友谊、切磋技艺的重要组织。由于群体效应，社团成员之间相互影响较大。高校思想政治理论课教师、辅导员要与校学生工作部、校团委的相关工作人员相互配合，关注学生社团活动的开展，协助社团骨干做好学生社团的管理和建设工作，在必要时为社团骨干成员提供指导和培训，使广大学生能够在社团活动中增强整体意识与合作意识，淡化、消解社会主义民主政治不断发展条件下各阶层政治参与不均衡对高校思想政治教育的负面影响。

三 排除多元文化价值取向的纷扰

党的十八大报告将"必须坚持促进社会和谐"作为在新的历史条件下夺取中国特色社会主义新胜利必须牢牢把握的基本要求之一,而文化既是社会政治经济关系在精神心理层面的反映,又通过对生活在一定的政治经济关系中的个人发生现实的影响来反作用于社会政治经济关系。和谐的社会文化既是和谐的社会政治经济关系的反映,也是和谐的社会政治经济关系形成和发展的精神支撑。面对阶层结构复杂化背景下一元价值导向的中国特色社会主义文化与多元价值取向的社会亚文化共同发展的大环境,高校思想政治教育尤其要注重文化心理、文化价值认同的教育和引领工作,努力消除来自不同阶层家庭的大学生之间的文化心理隔阂,促进阶层融合,排除多元文化价值取向纷扰,提高大学生对中国特色社会主义文化的价值认同度。

第一,要消除文化心理隔阂,以文化和谐促进来自不同阶层家庭的大学生的人际和谐。阶层文化心理是指归属于某一阶层的人们在日常生活中所表现出来的、以精神文化形式积淀下来的集体性的心理走向和精神状态。它植根于阶层的社会生活实践,是一个阶层的社会文化在传承变迁中内化、积淀而成的心理气质,表现为该阶层所特有的人生态度、情感方式、伦理道德、思维模式、审美情趣以及对于自身所归属的阶层的情感和态度,等等。由社会各群体或阶层在社会经济政治关系中所处的地位和相互之间的关系所决定的、具有群体或阶层特色的文化心理可能彼此认同,也可能相互排斥,其外在表现就是群体或阶层之间的彼此认同或排斥。这种文化心理层面的冲突或融合深刻地影响着群体或阶层之间的关系,进而影响着社会政治稳定和建设中国特色社会主义伟大事业的顺利推进。大学生是中国特色社会主义事业的建设者和接班人,消除大学生之间的文化心理隔阂、促进来自不同阶层家庭的大学生之间彼此接受、融入,为促进阶层关系和谐打下良好基础,是高校思想政治教育工作的一项重要任务。

心理意识是行为活动的先导。要排除多元文化价值取向纷扰、特别是消除大学生源自阶层文化的心理隔阂,促进来自不同阶层家庭的大学生彼此接受、融入,要着重做好以下两方面的工作。一是要消除部分来自在社会资源占有上居于优势地位阶层家庭的大学生在文化心理层面对来自社基础阶层家庭特别是贫困家庭的大学生的优越感或偏见、歧视。为此，要精心设计实践教学环节、指导社团活动，通过实践教学活动或社团活动促进来自不同阶层家庭的大学生彼此交流、交往，增加他们之间的相互了解。要注重在实践教学中强化来自富裕家庭的大学生对于现实社会生活的体验，让他们有机会接触、了解、体会基础阶层特别是贫困人口的生存样态，从而让他们懂得"人间疾苦"，认识到在艰苦的环境中奋斗出来的大学生本身就是值得学习的榜样。也要引导、教育他们懂得珍惜所拥有的资源和条件，明确人生理想和目标，通过不懈努力去实现自己的人生价值。二是要消除部分来自基础阶层家庭特别是贫困家庭的大学生文化心理层面的自卑感，让他们既能够正视自己的家庭的阶层归属，又能够对自己的能力和未来充满自信；既能够正视自己的缺点和不足之处、努力改进，又不怨天尤人，始终对自己、对国家、对社会充满信心，保持积极向上的心态，相信通过自己的不懈努力会改变自身的命运，相信阶层向上流动的可能。总之，高校思想政治教育工作者要以高度的自觉意识积极消解社会分层带给大学生的文化心理隔阂，为大学生人际交往和身心健康成长创造良好的环境和条件。

第二，加强对网络空间中多元文化影响的导向力度。中国互联网络信息中心于 2016 年 8 月 3 日发布的第 38 次《中国互联网络发展状况统计报告》数据显示，截至 2016 年 6 月，中国网民规模达 7.10 亿人，手机网民达到 6.56 亿人，互联网普及率达到 51.7%。游走于网络空间已经成为大学生日常学习生活的常态。网络迅猛发展以及互联网移动终端的普及，使得网络空间成为意识形态斗争以及多元文化自我展示和相互斗争的前沿阵地，给中国特色社会主义文化的主导地位带来巨大冲击。网络社会中谁掌握了网络权力，谁就主导了斗争的话语权。正如阿尔温·托夫勒指出的，世界已经离开了暴力和金钱控制的时代，而未来世界政治的魔方将控制在拥有信息强权人的手里。① 由于具有较高的文化教育水平，大学生群体对网络的利用和感知能力要远高于其他群体。网络空间上多元的文化深刻影响着青年大学生的价值观念和行为选择。虽然多元化的文化中不乏积极的、充满正能量的文化，但不可否认的是，网络空间中文化的多元化、碎

---

① ［美］阿尔温·托夫勒：《权力的转移》，吴迎春译，四川人民出版社 1992 年版，第 105 页。

片化、部分文化作品的反权威化以及去中心化等特征,无疑会给中国特色社会主义文化主导作用的发挥带来挑战,特别是那些消极的、颓废的甚至是与居于主导地位的中国特色社会主义文化在价值取向上相背离的文化,会成为大学生树立正确的文化价值观的干扰和障碍。

要加强对网络空间中的多元化文化的影响的导向力度,使中国特色社会主义文化能够在网络场域真正居于主导地位,高校思想政治教育工作者必须跟上时代发展的步伐,主动接触、进入网络世界,了解、融入网络文化生活,全面掌握网络空间的文化发展和传播的现状,这是思想政治教育者能够加强对多元化的网络文化影响的导向力度的重要前提。要善于运用大学生熟悉的网络语言、网络符号等切实融入大学生的话语体系,既要注重以理服人,也要注意语言艺术,以亲切、平等的语言讲事实、摆道理。要高度重视网络传播的即时效应,对网络上的文化热点,对大学生最关心、感兴趣的文化现象及时进行评论,帮助大学生提高文化鉴别水平和鉴赏能力,抵御良莠不齐的多元文化对大学生树立正确的人生观、价值观的干扰,提升大学生对中国特色社会主义文化的价值认同度。

要充分重视大学生在网络交流中所展现出来的碎片化的意识形态信息,及时发现问题,及时、主动地为学生答疑解惑。高校思想政治理论课教师特别是辅导员要利用好微信、微博等自媒体平台,增加与学生的交流与互动。对于大学生在微信、微博、论坛/BBS等网络社区中交流互动,通过朋友圈吐槽、发感慨、晒图、点赞、表情包以及通过说说、公开日志、发表评论和看法等方式清晰表达出的价值判断和倾向要高度关注,发现问题及时做出反应,采取应对措施,对文化舆论走向进行积极引导。特别是要将那些有代表性的问题纳入思想政治理论课的课堂教学内容当中,进行重点讲解、集中解决,以排除多元文化价值取向给高校思想政治教育带来的纷扰。

第三,加强中华传统文化教育、革命文化教育和社会主义优秀文化教育,提高中国特色社会主义文化的价值认同度,在校园文化建设中唱响主旋律,以中国特色社会主义文化整合、引领多元亚文化共同发展。所谓整合,"就是通过一定的方式和手段,使各不同部分在保持各自性质特点的前提下,共同构成一个有机的、完整的整体"①。社会文化总是附着于一

---

① 王长江:《现代政党执政规律研究》,上海人民出版社2002年版,第178页。

定的社会结构，社会各群体或阶层一方面面临着共同的宏观社会文化背景，一方面又有属于自己的群体或阶层的亚文化。伴随着改革开放以来中国社会结构的深刻变动，当前中国社会文化多元化特征日趋明显。在校园文化建设和高校思想政治理论课教学当中注重对社会文化的整合与引导，不仅能够促进主导文化吸收新的文化养料，增强其活力和影响力，还有利于来自不同阶层的学生之间在文化上达成普遍共识、增进彼此理解和相互包容，营造和谐的校园文化环境，从而有效抵御多元化的亚文化对中国特色社会主义文化主导地位的冲击，并为未来的社会阶层关系和谐奠定良好基础。

用主导文化的"一元化"统领社会亚文化的"多样化"最重要的就是要坚持社会主义政治意识形态的主导地位，这是营造和谐的校园文化环境必须坚持的根本原则，也是高校学生工作部、宣传部、思想政治理论课教师和辅导员加强校园文化建设、对多样化的社会亚文化进行整合的基本前提。政治意识形态是政治文化的核心，保证政治文化的性质与为何种政治服务，始终在政治文化中居于主导地位。"统治阶级的思想在每一时代都是占统治地位的思想。"① 显然，政治意识形态的这种特性，决定了它必须在文化的整合中起着规范与统摄的作用，以保证社会及文化发展的特定方向。因而，对社会文化的整合，必须始终坚持社会主义政治意识形态的主导地位。在社会结构复杂的当代中国，社会主义政治意识形态有着被弱化的风险。一旦社会主义政治意识形态在多元化的社会文化中丧失主导地位，不但思想文化领域的冲突和矛盾会加剧，还会对广大人民群众的政治社会化造成不利影响，进而影响社会各群体或阶层之间的关系，严重影响中国的社会政治稳定。因此，必须坚持社会主义政治意识形态的主导地位，即在校园文化建设中坚持马克思主义的指导思想地位，以确保校园文化发展的社会主义方向。

用主导文化的"一元化"统领社会亚文化的"多样化"就是要在坚持中国特色社会主义文化的主导地位，尤其是在坚持社会主义政治意识形态的主导地位的前提下积极促进多种亚文化健康有序地发展。群体成员是在宏观背景下具体的个人，每个个体都具体地生活在一个特定的、微观的环境当中，同一群体中的成员彼此相互影响，形成一定的群体效应。这种

---

① 《马克思恩格斯文集》第 1 卷，人民出版社 2009 年版，第 550 页。

群体效应又进一步加固了群体的特色并促使其进一步趋同。群体效应广泛存在于社会各群体之中，各阶层成员在文化发展和文化认同上同样具备这样的特征。对不同的亚文化进行整合是构建和谐的文化环境、排除多元文化价值取向纷扰的题中应有之义。但文化的整合并不是削弱和否定各种亚文化，而是要创造一种文化传播和发展的环境，实现各种文化的协调与健康发展。

事实上，文化的整合也只能建立在对各种亚文化积极引导、促使其不断发展的基础之上，积极引导和推动是整合的前提。高校及思想政治理论课教师和辅导员无力改变多元化的社会文化产生和发展的根基，却能够通过思想政治教育工作和校园文化建设有效控制其可能给大学生树立正确的世界观、人生观、价值观带来的消极影响。对于高校思想政治教育一般主体来说，客体所生活的政治、经济、文化环境不能够被抽离，因为那是客体过去、现在和未来赖以生存和发展的现实环境和条件。因此，即使是在高校内部，包括阶层文化在内的群体文化也不可能被消灭。那么，和谐的文化环境就只能在有效地引导和推动各种不同的亚文化不断发展的进程中得以实现。高校的学生工作部、宣传部等部门和思想政治教育工作者既要为各亚文化的良性发展创造条件（比如支持、鼓励学生开展丰富多彩的校园文化活动等），又要以中国特色社会主义文化的价值取向为根本尺度，引导和规范校园文化建设发展、控制多元化的社会亚文化对于学生影响的导向方向。

第四，坚决抵制反主导文化因素的干扰与影响。任何主导政治文化都是一定政治体系的精神支柱，对于维护政治体系起着辩护和解释的功能，以保证政治体系存在的正当性和合理性。与之相对的，反主导政治文化则会对政治体系及其实践产生各种不良影响，必须对其进行批判和改造，以保证中国特色社会主义政治文化的主导地位和各种亚文化的正确发展方向。由思想政治教育的目的所决定，传播主导政治文化（中国特色社会主义政治文化）、巩固政治体系的政治合法性基础是高校思想政治教育的一项根本任务。当前，对于那些敌视、敌对中国政治体系的政治文化，要进行坚决的批判和抵制，以净化社会文化舆论环境，在提高学生对于社会文化的鉴别能力的同时，帮助学生养成文化批判的自觉、提升学生进行文化批判的理论基础和素养。

高校的思想政治教育工作总是在一定的社会历史条件下进行，并随着社会历史条件的变化而发展的。社会阶层结构的复杂化是我国社会转型时期的一个显著特征,是经济社会发展的必然结果。高校管理者和广大高校思想政治教育工作者应当高度重视社会阶层结构变迁给大学生思想政治教育工作带来的严峻挑战;加大思想政治教育工作者队伍的建设力度;加强对社会分层现状及其对大学生思想政治教育影响的考察和研究;扎实做好实证研究工作;及时调整、更新思想政治教育内容,创新思想政治教育方式方法;加大对社会环境影响的控制力度,切实增强思想政治教育的时代性、针对性和实效性。

附录一

社会分层对高校思想政治理论课教师职业认同影响的调查问卷

尊敬的老师：

您好！本调查问卷是为了了解当前普通高等学校思想政治理论课教师的职业认同现状而设计。问卷采用匿名形式，调查结果仅用于学术研究，请您根据实际情况作答。谢谢您的支持与配合！

第一部分：

请您在题目备选项前的"□"内打"√"，所有题目均为单选。

1. 您的性别：□男 □女
2. 您的年龄：□30 岁以下 □30—39 岁 □40—49 岁
　　　　　　□50 岁及以上
3. 您现在的职称是：□助教 □讲师 □副教授 □教授
4. 您所在的学校类型是：□教育部直属院校 □其他部属院校 □省属本科院校
5. 您的学校所在地域：□西部地区 □中部地区 □东部及东南沿海地区 □北京
6. 在下面的社会阶层选项中，您认为自己归属于哪个层次：
　　□（1）下层 □（2）中下层 □（3）中层 □（4）中上层
　　□（5）上层
7. 您对当前的工资收入水平是否满意？
　　□满意 □不满意

第二部分：

请您根据下面的题目描述，选择您认为与之符合的程度，在其下面相应的数字上面打"√"。

题目描述	非常不符合	比较不符合	不符合	不确定	符合	比较符合	非常符合
8. 思政课教师具有传递知识和对学生进行情感关怀的双重职责	0	1	2	3	4	5	6
9. 思政课教师在思想政治素质和道德素质等方面对自己要有更高的要求	0	1	2	3	4	5	6
10. 思政课教师必须具备一定的政治学、社会学、心理学等相关学科的宽口径知识储备	0	1	2	3	4	5	6
11. 我认为思政课教师是值得尊敬的职业	0	1	2	3	4	5	6
12. 我在乎别人如何看待思政课教师这一职业	0	1	2	3	4	5	6
13. 我喜欢从事思想政治理论课的教育教学工作	0	1	2	3	4	5	6
14. 在产生职业倦怠时我能够积极想办法克服	0	1	2	3	4	5	6
15. 我能够以积极的心态面对工作中遇到的困难并努力想办法解决	0	1	2	3	4	5	6
16. 我能够接受新的、富有挑战性的任务	0	1	2	3	4	5	6
17. 即使有重新选择职业的机会我仍然会选择当前所从事的职业	0	1	2	3	4	5	6
18. 我对于做好思想政治理论课教学工作充满信心	0	1	2	3	4	5	6
19. 即使总体收入低于专业课教师但我从不后悔自己的职业选择	0	1	2	3	4	5	6
20. 我认为做一名思政课教师能够实现自己的人生价值	0	1	2	3	4	5	6
21. 我在工作中积极帮助同事解决工作中的相关问题或主动分担工作任务	0	1	2	3	4	5	6
22. 我能够主动学习知识、借鉴他人工作方法、提高职业素养和能力	0	1	2	3	4	5	6
23. 我能够认真对待职责范围内的工作并按要求及时完成工作任务	0	1	2	3	4	5	6
24. 学校重视思想政治理论课教学	0	1	2	3	4	5	6

续表

题目描述	非常不符合	比较不符合	不符合	不确定	符合	比较符合	非常符合
25. 学生重视思想政治理论课教学	0	1	2	3	4	5	6
26. 社会重视高校思想政治教育工作	0	1	2	3	4	5	6

附录二

社会分层对大学生人生观、道德观、政治认同影响的调查问卷

亲爱的同学：

您好！本调查问卷是为了了解当前普通高等学校在读本科生的人生观、道德观、政治认同现状而设计。问卷采用匿名形式，调查结果仅用于学术研究，请您根据实际情况作答。谢谢您的支持与配合！

年级	1	年级	2	年级	3	年级	4	备注：请选择所在年级在数字后打"√"

父亲的职业类型（请将父亲的职业类型所对应的数字填在相应的空格内）

	1		2		3			
无业或失业者	农业劳动者	产业工人	商业服务业人员	个体工商户	基层公务员	专业技术人员	私营企业主	企业中高层管理者	党政机关领导

续表

请将你的选项的具体数值填写在对应的空格内（下表中的"党"均指中国共产党）

爱国是一项最基本的个人价值准则							
完全不认同	0	1	2	3	4	5	6	完全认同

你对党坚持群众路线的状况是否满意							
非常不满意	0	1	2	3	4	5	6	非常满意

你对党的执政能效能否满意							
非常不满意	0	1	2	3	4	5	6	非常满意

中国共产党是中国特色社会主义事业的领导核心							
完全不认同	0	1	2	3	4	5	6	非常认同

你对中国共产党领导的多党合作和政治协商制度是否认同							
完全不认同	0	1	2	3	4	5	6	非常认同

你对人民代表大会制度是否认同							
完全不认同	0	1	2	3	4	5	6	非常认同

爱国主义是中华民族精神的核心							
完全不认同	0	1	2	3	4	5	6	非常认同

你认为共同富裕能否实现							
一定不能实现	0	1	2	3	4	5	6	一定能实现

你对公有制为主体，多种所有制经济共同发展的基本经济制度是否认同							
完全不认同	0	1	2	3	4	5	6	非常认同

续表

题目	完全不认同						非常认同
爱国主义是维护祖国统一和民族团结的纽带	0	1	2	3	4	5	6
你对邓小平理论、"三个代表"重要思想、科学发展观的指导地位是否认同	0	1	2	3	4	5	6

题目	完全没有规划						有非常清晰的规划
你对自己的未来有清晰的规划吗	0	1	2	3	4	5	6

题目	一定不能实现						一定能实现
你认为社会主义现代化和中华民族的伟大复兴能否实现	0	1	2	3	4	5	6

题目	完全不认同						非常认同
金钱不能决定爱情	0	1	2	3	4	5	6
天下兴亡，匹夫有责	0	1	2	3	4	5	6
不断地自我实现对我很重要	0	1	2	3	4	5	6
人生目的对于人的发展具有重要作用，决定了人生的态度和人生价值	0	1	2	3	4	5	6
满足自我，实现自我不是人生的唯一目的	0	1	2	3	4	5	6

续表

逆境没有什么可怕，遭遇逆境能够激发我的斗志								人生价值评价的根本标准在于奉献								事业的成功主要靠自己，没有家庭的资金和人脉支持也能有较好的发展							
完全不认同	0	1	2	3	4	5	非常认同 6	完全不认同	0	1	2	3	4	5	非常认同 6	完全不认同	0	1	2	3	4	5	非常认同 6

你知道《公民基本道德规范》的主要内容吗								你了解中华民族精神的主要内容吗								应该以有利于他人和社会作为道德的"善"的根本标准							
完全不知道	0	1	2	3	4	5	非常熟悉 6	完全不知道	0	1	2	3	4	5	非常熟悉 6	完全不认同	0	1	2	3	4	5	非常认同 6

赶时间也不应该抄近路踩踏草坪								在公共卫生间洗手后必须关掉水龙头								你是否认同公民道德建设要坚持"集体主义"原则							
完全不认同	0	1	2	3	4	5	非常认同 6	完全不认同	0	1	2	3	4	5	非常认同 6	完全不认同	0	1	2	3	4	5	非常认同 6

续表

在公交车上应该主动给老弱病残者让座位								你认为人与人交往中诚信重要吗								你是否认同公民道德建设要以"为人民服务"为核心							
完全不认同						非常认同		根本不重要						非常重要		完全不认同						非常认同
0	1	2	3	4	5	6		0	1	2	3	4	5	6		0	1	2	3	4	5	6

你是否熟悉社会主义荣辱观的主要内容							
完全不熟悉						非常熟悉	
0	1	2	3	4	5	6	

附录三

大学生道德观、人生观、政治认同的构成因子及对应测度项

维度	构成因子	题项描述
道德观	道德认知	A1 你知道《公民基本道德规范》的主要内容吗
		A2 你了解中华民族精神的主要内容吗
		A3 你是否熟悉社会主义荣辱观的主要内容
	道德价值取向	A4 应该以有利于他人和社会作为道德的"善"的根本标准
		A5 你是否认同公民道德建设要以"为人民服务"为核心
		A6 你是否认同公民道德建设要坚持"集体主义"原则
		A7 你认为人与人交往中诚信重要吗
	道德情感	A8 在公交车上应该主动给老弱病残者让座位
		A9 赶时间也不应该抄近路踩踏草坪
		A10 在公共卫生间洗手后必须关掉水龙头
人生观	人生目的	B1 你对自己的未来有清晰的规划吗
		B2 人生目的对于人的发展具有重要作用,决定了人生态度和人生价值
		B3 满足自我、实现自我不是人生的唯一目的
	人生态度	B4 不断地自我实现对我很重要
		B5 事业的成功主要靠自己,没有家庭的资金和人脉支持也能有较好的发展
		B6 逆境没有什么可怕,遭遇逆境能够激发我的斗志
	人生价值	B7 金钱不能决定爱情
		B8 人生价值评价的根本标准在于奉献
		B9 天下兴亡、匹夫有责

续表

维度	构成因子	题项描述
政治认同	国家认同	C1 爱国是一项最基本的个人价值准则
		C2 爱国主义是维护祖国统一和民族团结的纽带
		C3 爱国主义是中华民族精神的核心
	政党认同	C4 中国共产党是中国特色社会主义事业的领导核心
		C5 你对党坚持群众路线的状况是否满意
		C6 你对党的执政效能是否满意
	制度认同	C7 你对中国共产党领导的多党合作和政治协商制度是否认同
		C8 你对人民代表大会制度是否认同
		C9 你对公有制为主体、多种所有制经济共同发展的基本经济制度是否认同
	意识形态认同	C10 你对邓小平理论、"三个代表"重要思想、科学发展观的指导地位是否认同
		C11 你认为共同富裕能否实现
		C12 你认为社会主义现代化和中华民族的伟大复兴能否实现

参考文献

一 著作类

［美］阿尔温·托夫勒：《权利的转移》，吴迎春译，四川人民出版社1992年版。

艾四林、吴潜涛主编：《高校马克思主义理论学科发展报告（2014）》，高等教育出版社2015年版。

［英］安东尼·吉登斯：《现代性与自我认同》，赵旭东等译，生活·读书·新知三联书店1998年版。

陈清泉、宋广渭：《陆定一传》，中共党史出版社1999年版。

陈万柏、张耀灿主编：《思想政治教育学原理》，华中师范大学出版社2009年版。

《邓小平文选》第2卷，人民出版社1994年版。

房玫：《思想政治理论教育教学导论》，安徽人民出版社2005年版。

房宁主编：《中国政治参与报告（2016）》，社会科学文献出版社2016年版。

国务院研究室课题组：《中国农民工调研报告》，中国言实出版社2006年版。

胡锦涛：《坚定不移沿着中国特色社会主义道路前进　为全面建成小康社会而奋斗》，人民出版社2012年版。

李春玲：《断裂与碎片：当代中国社会阶层分化实证分析》，社会科学文献出版社2005年版。

李建新等：《中国民生发展报告2015》，北京大学出版社2015年版。

［法］卢梭：《社会契约论》，何兆武译，商务印书馆2003年版。

陆学艺主编：《当代中国社会流动》，社会科学文献出版社2004年版。

《马克思恩格斯文集》第1、2、4卷，人民出版社2009年版。

《毛泽东选集》第1卷，人民出版社1991年版。

［美］塞缪尔·P.亨廷顿：《变化社会中的政治秩序》，王冠华、刘为等译，生活·读书·新知三联书店1989年版。

王长江：《现代政党执政规律研究》，上海人民出版社2002年版。

王浦劬主编：《政治学基础》，北京大学出版社2006年版。

王树荫、王炎：《新中国思想政治教育史纲（1949—2009）》，人民出版社2010年版。

［美］威廉·F.斯通：《政治心理学》，胡杰译，黑龙江人民出版社1987年版。

习近平：《习近平谈治国理政》，外文出版社2014年版。

张耀灿等：《现代思想政治教育学》，人民出版社2006年版。

《中共中央关于全面深化改革若干重大问题的决定》，人民出版社2013年版。

《中国共产党第十八次全国代表大会文件汇编》，人民出版社2012年版。

《中华人民共和国全国人民代表大会和地方各级人民代表大会代表法》，中国法制出版社2015年版。

二 论文类

冯华：《贫富差距到底有多大？[民生视线·正视贫富差距（上）]》，《人民日报》2015年1月23日第17版。

高长法：《论高校思想政治教育的观念变革》，《安徽财贸学院学报》1989年第S1期。

顾海良：《思想政治教育学科建设的新起点——学习习近平系列重要讲话中阐发的思想政治教育思想》，《教学与研究》2014年第9期。

韩兆洲、戈龙：《农民工对中国经济增长贡献与成果分享的统计分析》，《统计与决策》2015年第4期。

胡咏梅等：《高校教师收入不平等——基于中国和加拿大高校教师工资性年收入的比较研究》，《中国高教研究》2016年第11期。

黄岩：《"在游族"：城市边缘的农民工二代》，《文化纵横》2015年第1期。

梁丽萍：《政治认同的理论发展》，《浙江学刊》2012 年第 1 期。

廖文根：《中国立法从有法可依迈向良法可依》，《人民日报》2011 年 7 月 20 日第 17 版。

刘世勇：《高校辅导员职业认同研究》，博士学位论文，中国地质大学，2014 年。

彭正德：《论政治认同的内涵、结构与功能》，《湖南师范大学社会科学学报》2014 年第 5 期。

齐卫平：《当代中国政治认同的"接续"与"重构"》，《当代社科视野》2012 年第 10 期。

孙福好：《高校思想政治教育的立体网络》，《安徽财贸学院学报》1986 年第 S1 期。

王志健：《社会分层：大学生思想政治教育面临的机遇与挑战》，《黑龙江高教研究》2007 年第 1 期。

《习近平谈文化自信》，《人民日报》（海外版）2016 年 7 月 13 日第 12 版。

习近平：《胸怀大局把握大势着眼大事　努力把宣传思想工作做得更好》，《人民日报》2013 年 8 月 21 日第 1 版。

由由、朱菲菲：《我国高校工资水平竞争力的实证分析》，《教育与经济》2017 年第 4 期。

张林江、赵卫华：《中产阶层壮大、扩大内需与经济转型》，《中国党政干部论坛》2016 年第 9 期。

张志荣、薛忠义：《思想政治教育基础性工作研究》，《湖北社会科学》2012 年第 9 期。

赵继伟：《着力提升思想政治教育的科学化水平——"全国思想政治教育高层论坛"综述》，《思想理论教育导刊》2012 年第 1 期。

赵联：《高校思想政治理论课教师职业认同状况调查研究》，《教育学术月刊》2014 年第 8 期。

《中共中央关于社会主义精神文明建设指导方针的决议》，《人民日报》1986 年 9 月 29 日第 1 版。

三　网络文献类

《2003—2016 年全国居民人均可支配收入基尼系数》，国家统计局网站，http：//www.stats.gov.cn/ztjc/zdtjgz/yblh/zysj/201710/t20171010_1540710.html。

《2016年农民工监测调查报告》，国家统计局网站，http：//www.stats.gov.cn/tjsj/zxfb/201704/t20170428_1489334.html。

《"按行业分城镇单位就业人员平均工资"年度数据（2009—2014）》，国家统计局网站，http：//data.stats.gov.cn/easyquery.htm？cn=C01。

《"按行业分城镇单位就业人员平均工资"年度数据（2015—2016）》，国家统计局网站，http：//data.stats.gov.cn/easyquery.htm？cn=C01&zb=A040F&sj=2016。

《"城乡居民家庭人均收入及恩格尔系数"年度数据（1999—2012）》，国家统计局网站，http：//data.stats.gov.cn/easyquery.htm？cn=C01。

《"各级各类学历教育毕业生数"年度数据（2006—2015）》，国家统计局网站，http：//data.stats.gov.cn/easyquery.htm？cn=C01。

《"各级各类学历教育在校学生数"年度数据（2008—2014）》，国家统计局网站，http：//data.stats.gov.cn/easyquery.htm？cn=C01。

《"各级各类学历教育招生数"年度数据（2011—2014）》，国家统计局网站，http：//data.stats.gov.cn/easyquery.htm？cn=C01。

《"各级各类学校毕业生数"年度数据（2010—2014）》，国家统计局网站，http：//data.stats.gov.cn/easyquery.htm？cn=C01。

《"各级各类学校专任教师数"年度数据（2010）》，国家统计局网站，http：//data.stats.gov.cn/easyquery.htm？cn=C01。

《"工业产品产量"年度数据（2001—2016）》，国家统计局网站，http：//data.stats.gov.cn/easyquery.htm？cn=C01&zb=A0E0H&sj=2016。

《"国家财政收支总额及增长速度"年度数据（1978—2016）》，国家统计局网站，http：//data.stats.gov.cn/easyquery.htm？cn=C01&zb=A0L04&sj=2016。

《"国内生产总值"年度数据（1997—2016）》，国家统计局网站，http：//data.stats.gov.cn/easyquery.htm？cn=C01&zb=A0201&sj=2016。

《"黄金和外汇储备"年度数据（1978—2016）》，国家统计局网站，http：//data.stats.gov.cn/easyquery.htm？cn=C01&zb=A0L04&sj=2016。

《"货物进出口总额"年度数据（1978—2016）》，国家统计局网站，http：//data.stats.gov.cn/easyquery.htm？cn=C01&zb=A0601&sj=2016。

《普通高校思想政治理论课建设体系创新计划》，教育部网站，http：//www.moe.gov.cn/srcsite/A13/moe_772/201508/t20150811_199379.html。

《"全体及分城乡居民收支基本情况"（新口径）（2013—2016）》，国家统计局网站，http：//data.stats.gov.cn/easyquery.htm？cn=C01。

人民论坛问卷调查中心：《中国公众的政治参与观念调查报告（2016）》，人民论坛网，http：//www.rmlt.com.cn/2016/0704/431469.shtml。

《"人口普查人口基本情况"数据》，国家统计局网站，http：//data.stats.gov.cn/easyquery.htm？cn=C01。

《"总人口"年度数据（2014）》，国家统计局网站，http：//data.stats.gov.cn/easyquery.htm？cn=C01&zb=A0301&sj=2014。

《中央宣传部 教育部关于印发〈普通高校思想政治理论课建设体系创新计划〉的通知》，教育部网站，http：//www.moe.gov.cn/srcsite/A13/moe_772/201508/t20150811_199379.html。

中共中央宣传部、教育部关于印发《〈中共中央宣传部 教育部关于进一步加强和改进高等学校思想政治理论课的意见〉实施方案》的通知，教育部网站，http：//old.moe.gov.cn/publicfiles/business/htmlfiles/moe/moe_772/201001/xxgk_80414.htm。

中华人民共和国国家统计局编：《中国统计年鉴2015》，国家统计局网站，http：//www.stats.gov.cn/tjsj/ndsj/2015/indexch.htm。

后 记

　　社会环境是思想政治教育主体、客体生成和发展的客观条件，随着社会环境的变化而不断变化着的个人现实需求与国家社会发展的客观需要是确定思想政治教育介体的基本依据。改革开放以来，中国的社会转型和体制转轨所引发的社会利益格局的深刻变动，导致了社会阶层结构的深层变革。思想政治教育的目的、大学生本身的特点和成长需求、高校思想政治教育工作者作为现实的个人的生存和发展需要、大学校园的开放性、信息化时代的特征……使得高校思想政治教育必须高度重视社会分层的影响。基于多年的教学和学生工作经验，我们深切地体会到社会分层经由家庭给大学生的世界观、人生观、价值观带来的深刻影响；作为社会成员，我们在社会阶层结构复杂化的大背景下体会着、品味着高校思想政治教育工作者这一职业所带来的苦辣酸甜。2014年以来，笔者一直致力于撰写这样一本书：在目标定位上借助于实证研究成果，尽可能清晰地描述社会分层对高校思想政治教育的现实影响，并提出具体的应对措施，以便为进一步做好高校思想政治教育工作提供参考；在内容上不求面面俱到，而是以社会分层对于高校思想政治教育系统要素的影响为基本框架，根据思想政治教育的目的和内容突出重点；在体系结构上遵循思想政治教育系统的"四体结构"，描述社会分层对高校思想政治教育的现实影响，分析社会分层视域下高校思想政治教育面临的困境，提出高校思想政治教育的目标实现路径。经过四年多的努力，这本书终于成稿。

　　这本书凝聚着"社会分层对高校思想政治教育影响的实证研究"课题组全体成员的心血，四年多来，于霞、邢文利、薛忠义、朱小檬、李东艳等老师在完成自己的教学科研工作的同时对于本书稿提供了无私的帮助，特别是对于调查量表的设计提出了许多中肯的意见。在此对全体课题组成员的付出表示衷心的感谢。硕士生林颖承担了部分书稿的校对工作，一并表示感谢。

张志荣

2018 年 9 月

于大连海事大学文华二公寓